地域研究入門

―世界の地域を理解するために―

吉田昌夫 編

古今書院

はしがき

　本書は，現代の国際関係を知る上で必須の基礎知識となる，世界の地域の特徴あるいは個性といったものを描き出し，その理解の上に立ちながら新しい世界のあり方を模索し，さらに進んでそれら地域をより深く研究するための準備ができるようにする，との目的と展望を持って書かれた入門書である。最近日本の大学において，国際関係学あるいは国際学，国際文化学などの名をつけた学部が急増しており，その学部の科目として，「地域研究論」あるいはその類似の講義科目がしばしば置かれている。しかしその講義のための入門書的なテキストで，日本の学生の学習意欲をそそらせるようなものをさがすのは，大変難しい。

　本書の編者は，中部大学の国際関係学部において，大学１年生を対象に「地域研究入門」を講義してきた経験から，このような入門書の必要性を強く感じてきた。幸いこの学部は地域研究を専門としてきた先生方に恵まれ，世界全体の地域をほぼ網羅する講義を，時にこれらの先生方の協力を得て行なうことができた。学部の先生方が長期滞在したことのない地域に関しては，大学外からゲストスピーカーに来ていただき，講義をお願いしたこともあった。異なる地域を多数取り上げることができても，それらをつなげる糸ともいうべき，全体のテーマがなくては講義のまとまりがつくれない。そこで，地域の見方を考えさせるための「地域研究入門」といった教科書的な書物を編集することを試みてみようと思い立ち，講義に協力してもらった先生方と相談の上，出版の企画をたてた。

　「地域研究」とはいったい何なのか，という質問は，常に発せられるものの，その明解な答はなかなか見出し難い。既存の学問分野にあてはまらず，それを地域というくくり方で，分野横断的，総合的に扱うのが地域研究の特性であるが，対象枠となる「地域」の選び方でさえ，問題の性質によって異なる。しかし現代の世界では，地域間の関係がますます稠密となり，以前ははるか遠い地域であるとされていたところとも関係が深まるようになり，「地域」を知り，そこに視点を据えて世界全体を見通すことの重要性が格段に高くなった。このことは何人も否定できないのである。この難しいけれども必要性の高まった「地

域研究」を，入門者に判りやすい言葉で説明し，大学の講義に適するような形で編集するというのが，本書の意図したところである。

本書の構成は，三部よりなっている。まず第Ⅰ部は「地域研究とは何か」という総論的なテーマで，地域研究がかかえる課題，地域区分，対象の分析方法などを説明する。世界の地域個性の内容を規定するものとして，さまざまな自然や，その中で育（はぐく）まれた文化，そしてより大きい領域を持つ文明圏，それを歴史的に形づくってきた文明交流のあり方などをそれぞれ検討する。この第Ⅰ部で強調しているのは，地域の個性を形づくる最重要な社会集団として「民族」があり，近代において民族意識や民族主義の高揚がみられ，それがまた地域内あるいは地域間の紛争をまきおこす大きな要因となっていることである。さらに近代の「国民国家」あるいは「民族自決」といったイデオロギーが，植民地民族主義を強化し，独立運動を盛んにしたと同時に，実際には，それが多民族国家をもたらさざるを得なかったという矛盾を，地域事例をもとに検討する。

次いで第Ⅱ部では，世界の15地域を取り上げ，それを大きく九つにくくり（そのうちの一つとして日本を置く），それぞれの地域に長年接して，地域を研究対象としてきた15名の先生方に，専門地域のエッセンス，あるいはその地域の理解のしかたを，簡潔にして深く掘り下げた形で執筆していただいている。執筆枚数に限りのあるなかで，各々の地域の取り上げ方は執筆者にまかせ，マクロな取り上げ方，ミクロな取り上げ方など，担当者の得意な方法で執筆するようお願いした。

最後の第Ⅲ部では，現代における世界的な一体化を促す現象，すなわち「グローバリゼーション」がもたらす社会変動の大きなものとして，国際労働力移動をテーマとして取り上げ，現代における地域変化の特徴に光をあてる。人の移動あるいは移住がこれほど大量に，また急速に起こっているのは，まさに現代の特徴であるが，この現象が世界の各地域にもたらす影響は，一律ではないにしても，多文化社会の形成という共通項を持つものである。その国際的な動きの中で，日本もまた例外ではない。地域研究の使命は，他者をよく知ることによって，自らを相対化しながら見直し，自らの地域を世界に整合させる能力を高めることにある，とよくいわれる。そうであるとするならば，日本における移民社会を知り，その問題を我がものとして，よりよい解決の道を導き出す

ことは，日本の国際化の大きな第一歩となるのである．本書が，このように世界の地域に親しむため，その地域がかかえる課題を知るため，ことに世界の中にある日本を考えるための入門書として使われることを，執筆者一同は心から望んでいる．

　なお最後に，最近の厳しい出版事情にもかかわらず，私たちの企画に快く応じてくださり，出版の機会を与えてくださった橋本寿資社長および編集部の長田信男氏に，記して厚くお礼を申しあげたい．

2002年1月　　　　　　　　　　　　　　　　　　　　　　　　　　　編者

目　次

はしがき ———————————————————————————— i

Ⅰ　地域研究とは何か ———————————————————————— 1
　　1．地域研究の課題　2
　　2．地域研究における「地域区分」　4
　　3．地域対象の分析方法　7
　　4．自然と地域　9
　　5．文明の比較と文明交流圏の考え　13
　　6．民族・民族意識・民族主義　15
　　7．植民地民族主義と現代　18

Ⅱ　世界の地域 ———————————————————————————— 23
［東アジア］
　2－1　中国—多民族・多文化が共存する社会— ———————————— 24
　　1．中国人が生活する自然環境　24
　　2．多民族国家　27
　　3．多種多様の言語と文字　32
　　4．儒教・道教と外来宗教　34
　　5．黄河文明と長江文明　36
　2－2　朝鮮半島—日本を映し出す鏡— ———————————————— 39
　　1．はじめに　39
　　2．朝鮮戦争と分断された国土　39
　　3．二つの国家　40
　　4．日朝の歴史的関係　43
　　5．韓国の都市と農村　45
　　6．門中と祖先祭祀　49
　　7．宗教と民間信仰—理性と霊性—　50

8．むすび―「日本大衆文化開放」と「軍事大国化」への懸念― 52

[東南アジア]
　2-3　東南アジア大陸部およびフィリピン ──────── 54
　　1．多様な自然と文化　54
　　2．注目されるホアビン文化　57
　　3．文化が共存し，重なり合う社会　58
　　4．「くに」は発展を続ける　62
　　5．東南アジアを学ぶこころ　64

　2-4　インドネシア，マレーシア，シンガポール ──────── 69
　　1．インドネシア，マレーシア，シンガポールの民族と人口　69
　　2．インドネシアの自然と人　70
　　3．インドネシアの歴史的な歩み　72
　　4．インドネシアの政治と経済―スハルト体制期―　74
　　5．インドネシアの政治と経済―スハルト体制後―　76
　　6．マレーシアの自然と人　77
　　7．マレーシアの歴史的な歩み　79
　　8．マレーシアの政治制度　81
　　9．ブミプトラ政策とビジョン2020　82
　　10．マハティール長期政権とその成果　83
　　11．シンガポールの政治と経済　86

[オセアニア]
　2-5　オセアニア―人・海洋・島― ──────── 89
　　1．オセアニアとは？　89
　　2．オセアニアに住む人々　90
　　3．外来者との接触　92
　　4．熱帯圏の首長制　95
　　5．文化的背景　96
　　6．現代オセアニア　97

[南アジア]
　2-6　南アジア―歴史に育まれた多元的社会― ──────── 105

1．「南アジア」という呼称　105
　　2．自然・地形・歴史―陸と海の南アジア―　106
　　3．人々とその文化的多様性　110
　　4．政治と経済―イギリス植民地統治から現代まで―　114
　　5．南アジアの国際関係―地域協力と核軍備競争―　116
　　6．おわりに―私たちと南アジア―　117

［中東］
　2－7　アラブ・イスラム世界 ──────────────── 119
　　1．イスラム世界　119
　　2．アラブ世界　120
　　3．イスラム教，その平等性と助け合いの教えと実践　124
　2－8　トルコ―世俗化，イスラム，女性の相互関係― ─────── 129
　　1．トルコを理解するための三つのポイント　129
　　2．世俗化したムスリム大国　131
　　3．近代化の試金石となった女性　132
　　4．ヴェールを脱いだ女性たち　134
　　5．ヴェールを被り直した女性たち　136
　　6．ヴェールを被り続ける女性たち　138
　　7．おわりに　140

［アフリカ］
　2－9　熱帯アフリカ―伝統と近代をまたぐ住民― ───────── 142
　　1．アフリカの大きさと多様性　142
　　2．アフリカにおける部族／民族と言語　145
　　3．食生活の変化　149
　　4．アフリカの農業と食料危機　151
　　5．都市住民をめぐる問題　153
　2－10　南部アフリカ―多様性と差別の歴史― ─────────── 157
　　1．南部アフリカはどこにある　157
　　2．歴史と重層的文化　158
　　3．人種差別と出稼ぎ労働　165

4．アフリカの一部としての南ア　166

[ヨーロッパ]

　2－11　西ヨーロッパ―城壁と市門の都市，パリの場合―――――― 168
　　1．古代から中世へ　168
　　2．ルネサンスから絶対王政時代へ　172
　　3．大革命と「聖月曜日」　173
　　4．エトワール凱旋門とティエールの城壁　175
　　5．オスマン計画とベル・エポック　176
　　6．20世紀，「おわりに」に代えて　178

　2－12　東ヨーロッパおよびロシア―ヨーロッパとアジアのはざまで― 180
　　1．歴史とともに流動する地域概念　180
　　2．歴史地理学・生態学の観点から　181
　　3．東ヨーロッパおよびロシアにはどんな人々が住んでいるのか　182
　　4．社会と文化の特質　187
　　5．政治の動向　188
　　6．ヨーロッパの中の東欧と北欧　191

[アメリカ]

　2－13　北アメリカ―多様性にみる社会―――――――――――― 194
　　1．北アメリカの地勢と地域区分　194
　　2．北アメリカの民族・人種・出身地の構成　201
　　3．北アメリカの政治制度・政治機構　203
　　4．北アメリカの経済　205

　2－14　ラテンアメリカ―人種と文化の混淆―――――――――― 208
　　1．地域概念と地域区分　208
　　2．どんな人々が住んでいるのか　209
　　3．歴史の流れ　211
　　4．政治の特質　215
　　5．経済の変遷　217
　　6．民族と文化　218

[日本]

2－15　家族と男女関係の変動―比較日本研究の意義― ─── 220
　　1．日本研究における家族の比較研究の意義　220
　　2．ヨーロッパと日本における近代家族とその男女役割分業モデルの
　　　　発達　223
　　3．家族と男女関係の比較日本研究のための資料　229

Ⅲ　グローバル化の現代における国際労働力移動と移民社会 ── 235
　　1．国際労働力移動と多文化社会　236
　　2．日本における移民社会　242

I 地域研究とは何か

1. 地域研究の課題

　地域研究という言葉を聞いた時，君たちは何を考えるだろうか。世界のいろいろな国のことや，大陸や島，あるいはもっと大きい文明圏などの特徴を学ぶことだ，と思うひとが多いかも知れない。それは間違いではないが，実は，「地域研究」とは，もっと大きな目的をもって始まったものなのだ。今までの学問体系に対し違ったものの見方をする必要にせまられて，できてきたものなのである。

　大学では，普通いくつかの学問分野に分けて（これを英語でディシプリン discipline と呼ぶ），それぞれの分野ごとの見方，ないしは理論的分析方法に基づいて勉強する。その分野は主に西欧で発達した学問体系に基づいて形成されたきた。それも時代によって変わってきたものである。例えば，西欧の古い大学では，最初は神学と法学しかなかったところが多かった。それが学問の発達とともに，いろいろな分野の学問が増えてきた。経済学などは比較的新しい学問で，経済に法則があると認められた18世紀後半に成立したといってもよい。こうして社会を理解するという目的で，多くの学問分野がつくられてきた。

　しかし，実際の社会の動きは，学問の体系を増やすことだけでは理解できないほど，複雑さを増してきた。むしろ今までの個別の学問分野では捉えられない問題を扱う必要が出てきた。例えば環境問題がその典型的なものであり，人口問題などもそうであろう。

　こういった問題は，経済学，政治学，社会学，文化人類学，自然地理学，医学など，多くの学問分野の間に位置する問題ともいえ，またこれらの関連する学問分野をすべて動員しなければ理解できない，ということが判ってきた。要するに，今までは社会の多様な問題を学問分野を増やすことによってよりよく理解できると考えられてきたのが，今日ではむしろ多くの既存の学問分野を統合するような考え方をもつことによって，現代の多様な問題をよりよく理解できる，という見方が強まってきたのである。しかし，これをもって既存の学問分野が必要なくなったわけではない。総合を適切に行なうためには，やはり既存の学問分野の分析方法の基礎を知識として踏まえていなければできない。

　現代の世界は，だんだん緊密に統合されつつあり，最近はこれを「グローバ

リゼーション」と呼ぶようになってきた。しかし世界は一色に塗りつぶされてしまったのだろうか。「否」である。私たちがちょっと旅行をしてみれば判るとおり，場所を変えれば，そこには大変違った生活様式や言葉，社会の成り立ちが見えてくる。日本の国内だけでも，北海道，東北などと，九州，沖縄などの違いは，とても大きいであろう。大都会だけでも，東京，名古屋，京都，大阪はみなそれぞれ違う。これらは文化の違いといってよいであろう。日本国内でもこんなに違うのであるから，まして海外に行ってみると，その文化が大変に違うのは一目瞭然である。しかし一方非常に遠く離れたところでも，ある面ではとても似ている文化を見ることもできる。このような文化の違いと類似性はどこから出てくるのだろうか。文化の違いは，一目で判ることもあるが，長く，よく見ないとわからないことも多い。実際にその場所に住むひとびとの過去の歴史を知らなければ理解できないことがよくある。いずれにしても，世界がこんなに多様でそれぞれが違うということは，なんとすばらしいことであろうか。世界がもし一色に塗りつぶされたら，なんとつまらないことであろう。

「地域研究」というものは，ある特定の場所に注意を集中させ，その場所について，できるだけ全体的にその個性をつかみ，その文化を理解し，そこに現われている現代的問題を抽象的レベルではなく，具体的に深く分析し，理解する学問のあり方である。

分野別の学問体系が，どこにでもあてはまる抽象性を備えていることに比べ，地域研究は個別的であり，しかも具体的である。自分がどこの地域を深く勉強，研究したいかは，各自が自分の興味，過去のかかわり，将来重要と考えられる問題の存在する場所などを考えながら選ぶことになる。しかし「地域研究」が単に特定の限られた場所の勉強に終わってしまっては，その意味を失ってしまう。ある場所の個性が個性として認識されるためには，他の場所と比較して初めて明らかになるのである。したがって「比較の視点」が地域研究には絶対に必要である。

私たちが，海外に行って，違いを非常に意識するのは，知らず知らずのうちに，一番身近に知っている日本と比較しているからである。無意識に比較の基準として，自分自身の文化，社会制度，自然環境，価値感を使っているのである。これは国内の見知らぬ地域に入った時でも同じである。しかし「地域研究」

は「他者研究」ではない。むしろ自分のものでない「他者」の視点を知り、その眼から「自己」を見て、自己、あるいは自分の住む「地域」を客観的に理解することが必要なのである。このようなことができて、初めて「地域研究」が他の学問にない重要な特性をもった学問、すなわち世界が多様性を保ちながら共存していける社会をつくるための学問となることができるであろう。

2. 地域研究における「地域区分」

「地域研究」が国際化時代において大変重要になってきた。しかし、この場合の「地域」という言葉は、どの範囲を指しているのだろうか。また文化というものを理解するためには、どのように地域をとらえたらよいのであろうか。

地域という言葉は、国境で枠がつくられている国という単位を指すこともできれば、国の一部を構成する場所を指すこともあり、また国境を超える、より大きな範囲（文明圏のような）を指すこともある。地域は重層的なものとして考えられ、異なる問題を取り上げて検討する時、問題関心によって異なる地域区分が必要になってくるという性格をもっている。

地域という時、「国」という単位を対象として取り上げるという方法が、一番判りやすいかも知れない。しかし現在の国境は一体いつつくられたのかという歴史的な視点からみると、「国」という単位では理解があまり進まない事柄が多いことに気がつくであろう。特に現代における地球の一体化としての「グローバリゼーション」の動きの中で、その反作用としての地域からの反発や、地域紛争などの現実を理解するには、国の内部におけるより小さい範囲の地域と、また逆に国の範囲を大きく超えた単位としての地域という枠組みとで検討することが重要であることが判る。

これは、現代の「グローバリゼーション」がよりどころとしがちな、西欧近代がつくり上げてきた世界観、人間観、単線的進歩史観などでは、地球上の全人類の総体性を把握できなくなってきたことと軌を一にしている。地域研究はこれまで辺境としか見られなかった「地域」の人々や、無視されてきた人々の視点から世界を大局的に見ること、さらには異なる地域の人々のアイデンティ

ティや当事者意識を会得することによって，新しい世界像を構築するという，大きな課題を負っているということもできる。

　最近「文明」の衝突という言葉が，盛んに聞かれるようになった。これはアメリカ合衆国の政治学者であるサムエル・ハンティントンが，東西冷戦終結後の国際紛争の特徴として「文明の衝突」をキーワードとして取り上げたことに始まったといってよい。これに対して，いやそのような言葉を流布させること自体が，あらゆる紛争を文明の衝突に還元させてしまう危険をはらんでいる，と考える人も多い。また現在我々が考えなければならないのは，「文明の衝突」ではなくて「文明の共存」であるという意見もよく聞かれる。さらに「文明」の区分のしかたに大きな問題をはらんでいるという意見も多く，これもハンティントン流の理解に対する強い批判となっている。例えば，彼はインドネシアから北アフリカまでを含む単一のイスラム文明というものを想定するが，これは文明区分としてはいかにも粗雑である。

　ここで文明という言葉について，少し説明しておこう。文明とは何かということを考える時，文化という言葉との対比で考えると判りやすい。文化の定義にはいろいろあるが，ある特定地域の特定集団の生活様式を指すことが多い。また同時に観念形態，価値感情，生活規範などをも意味し，親から子へ，または教育によって相続される価値観の総体という，永続的ではあるが見えない側面をも持っている。これに対し，文明とはある文化によってつくりだされた組織化，制度化，技術化を高度に達成した，より大きな枠組みであり，その枠組み形成には思想や宗教が大きな役割を果たしている。文明は自らを他の諸文化にも拡大させようとする意志を持ち，その中には常に，包摂されてはいるが同化されない少数者が存在している。文明のこのような特徴から，「文明化」という言葉が生まれたり，「高度文明」という言葉が使われたりするのである。

　世界の大きな流れを考慮しながら地域研究を進めるため，地域区分を考えてみようとする時，参考になるのが，国立民族学博物館の中に設立された「地域研究企画交流センター」が作成した区分図である。図1に示したのがその区分図であるが，これは「文明」および「文化」を最大限に考慮した世界大の地域区分を試みたものであり，またかなり一般に理解されている常識的な区分の方法であるといってよいであろう。したがって，本書においても，この地域区分

6　I　地域研究とは何か

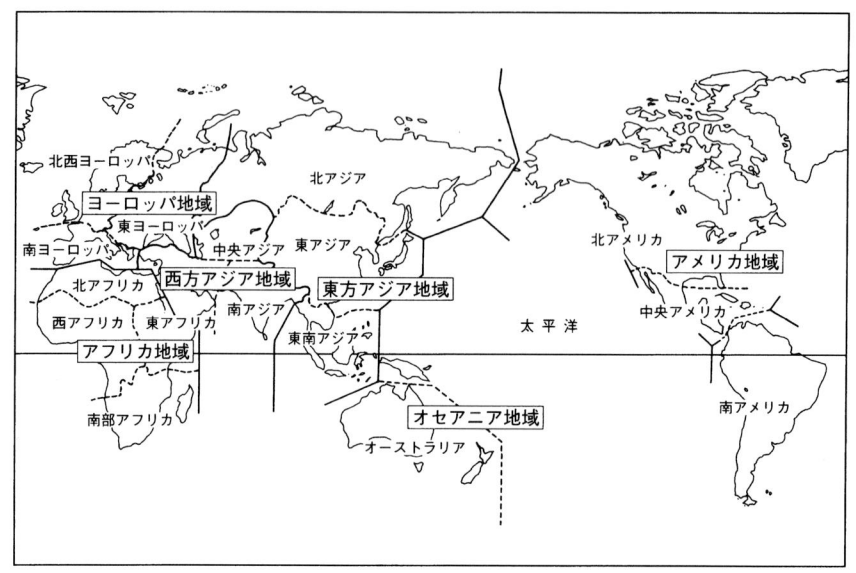

図1　世界全図
　　出所：国立民族学博物館・地域研究企画交流センター，1993年調査委員会報告書

図2　ペーターズによる新世界地図
　　この世界地図は，ドイツの歴史学者A・ペーターズ Arno Peters が1974年に発表したもの。従来の世界地図の多くが西欧中心主義に毒されているのに対して，この地図は，あらゆる国，あらゆる地域の大きさや位置をできる限り公正に描き出そうとしたもので，国連開発計画によっても提唱されている。
　　出所：川田侃，石井摩耶子編『発展途上国の政治経済学』東京書籍，1991年，378頁

を主として用いながら，より歴史的，政治経済的要素を加味した独自の区分を使っていくこととしたい（なお，この図1は多くの世界地図と同じくメルカトール法で書かれており，緯度の高い地域が拡張されて描かれている。これは低緯度に多い貧困国を実際より小さく見せてしまう欠陥がある。これを矯正するために描かれたのが図2である）。

　本書における地域区分は，編者の属する中部大学の「地域研究入門」の講義で用いているものである。日本の大学1年生程度の知識を考え，彼らが地域研究を始める際に知っておくべき世界の地域の特性を描き出すことを目標として設定した区分である。本書の第Ⅱ部は，これまで見すごしがちであった地域を積極的に取り上げ，この区分に基づいて各地域に詳しい先生方に執筆していただいたものである。

3．地域対象の分析方法

　地域研究の特徴である全体的把握とか，個性をつかむということは，どのようにして可能になるのか，その方法について考えてみよう。その方法には，対照的な二つの方法があると考えられる（北村貞太郎「地域科学と地域研究の統合への試論」，京都大学国際地域研究会「地域研究と地域科学の総合のために」『国際地域研究3』1992年）。

　まず一つは，多面的方法とでもいうべきものである。これは最終的に見出そうとする対象に関する全体像をまったく判らないものとして，極端にいえば手当たり次第に気がついた（きわめて主観的，試行的に）要因を分析し，その結果を集めていって，将来徐々に全体像が判るであろうとする立場といってよい。またある地域にあるものを徹底的に分解してみて，その結果それを新たに集積すれば，何かが判るであろうとする立場である。

　これに対して，第二の立場は，最終的に見出そうとする像の大きな枠組みは既知のものとして，その枠組みの中を更に分割し，常に全体を想定しつつ分析する立場である。この場合は分析結果を統合することによって，最初に持っていたものよりはるかに深い，対象の全体像認識に到達すると考える立場である。

これは通常,何か深く理解したい部分を当初の目的として持っている場合が多いので,目的的分析法と呼んでもよい。

　以上の二つの異なる方法は,極端なタイプ分けの場合をみたものであって,実際の地域研究においては,この二つを総合した方法をとることがほとんどである。ある程度の全体像を最初に持ちながら,その内部の種々の要因をそれぞれ検討してみる。全体認識を深めながらも,常に最初に持った全体像がどこか誤っているのではないか,という疑問を持ちながらそれを修正していくという方法が,最も一般的な立場を表わしているといえる。しかし往々にして,ある人が今までの概念を大きく覆すような発見をして,それまでの全体像ではそれが収まりきらないということが出てきた場合,新しい全体像が創出されるということが起こり得る。このような新しい像が,根本的にこれまでと異なる概念創造をもたらす場合,それは「パラダイム(規範)の転換」にほかならない。この転換があり得ることを可能性として認めながら,種々の要因を検討する態度こそ,地域研究を意義あるものとする原動力なのである。

　このように地域研究を深めていくには,順序立てとして,次のような研究方法を学ぶことが望ましい。まず対象地域の人々がどのような考え方をし,どのような問題をかかえているかというような事を知ることが重要である。それを知るにはその地域の人々とコミュニケーション(意志疎通)ができる能力を持つ必要がある。ある程度のことは自国語で本を読んだりすることによって知ることができるが,現地の人々の言葉の中には,他の言語では言い表わせない文化的な内容が含まれているので,深く知るには,やはり現地語を習得することが大切となる。また地域研究には現地調査を行なうことが欠かせないと考える人も多い。百聞は一見にしかずという言葉があるが,本で読んでピンと来ないことでも,現地に行ってみればすぐ判ることもある。しかし本当に判るためには,参与観察という方法をとって,住民の生活の中に入り込みながら観察したり,会話を交わしたりすることにある程度の時間をかけることが必要なのである。またこうすることによって,土地勘というものも養われてくる。そして,さらに分析を深めるためには,インタビュー調査のような,いわゆるフィールドワークを行なう必要も出てくる。

　対象地域を全体的に知るためには,前に述べたように,学際的に種々の学問

分野からアプローチすることが望まれているが，少なくともある学問分野だけに執着することなく，隣接した他の学問分野を合わせて考えるという，柔軟な思考方法を持つようにしたい。これは知るためにいろいろな眼鏡を用いるというように例えてもよい。ある時には虫眼鏡を使って近接距離より眺め，ある時は望遠鏡を使って眺めるということを心がける。また一つの対象地域を見るだけではなく，他の対象地域とも比較することによって，地域の固有性と共通性が見えてくるという点にも留意するようにしたい。

4．自然と地域

　地域というものを自然環境から説明することは，はるか昔から行なわれてきており，最も判りやすい区分の方法であるといってもよい。熱帯地方，温帯地方，寒帯地方という言葉は，日常的に世界を区分する方法として使われている。その他，世界を降水量の大小によって分ける方法，植生によって分ける方法，河の流域によって分ける方法などが，地域区分によく使われる。ここでは植生の面を重視して作成された吉良龍夫による世界気候区分図を，代表的な自然による地域区分の例としてあげておく（図3参照）。
　世界の気候帯とか自然というものは，かなり永続的なものなので，地域区分としては，多くの人の合意を取り付けやすい。そしてこの自然が人間生活に及ぼす影響は多大であり，特定の地域に住む人々の生活様式や生活感情も，独自のものをつくり出しやすい。
　この自然環境が人間生活に与える影響を重視する考え方を「風土論」あるいは「風土決定論」と呼ぶ。「風土論」という場合は，他の要素とともに重要視するという意味合いで使われるが，「風土決定論」という場合は，自然環境がまさに決定的な重要性を持つと考えることを意味する。風土という言葉は，日本の古代の『風土記』が出雲など五つの「国」の自然と住民を記述した時に使った言葉を取ったものである。
　風土を重視した古代の学者としては，ギリシアのヒポクラテスやアリストテレスなどがあげられるが，近代の西欧ではボーダン，モンテスキュー，ヘルダー

10　Ⅰ　地域研究とは何か

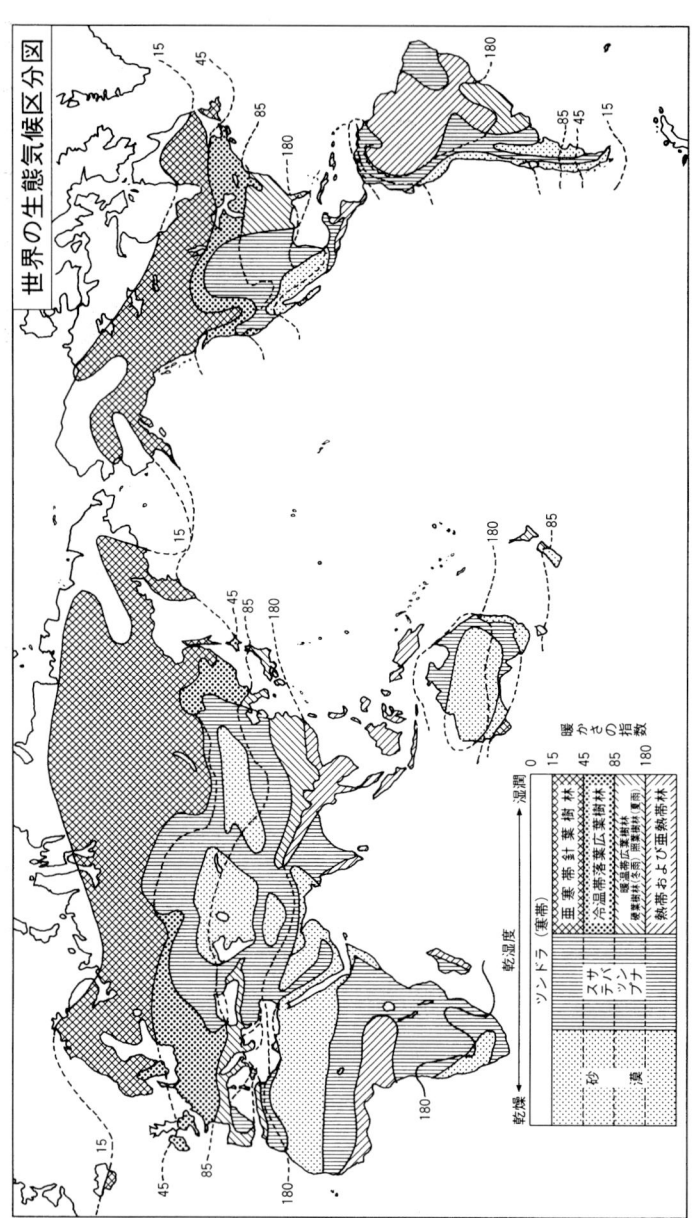

図3　吉良龍夫による生態気候区分図
出所：上山春平編『照葉樹林文化』中公新書、1969年、60-61頁より作成

などをあげることができる（加藤義喜『風土と世界経済』，1986，7-9頁）。日本の近代において風土論を有名にしたのは，何といっても和辻哲郎の『風土－人間学的考察』（1935年）であろう。この著作で和辻は風土を，「ある土地の気候，気象，地質，地味，地形，景観などの総称」と規定し，人間存在の風土的特性を考察している。和辻は古代日本人の人生観や世界観に強い関心を持っていたが，1927～28年にヨーロッパに留学した際に通過した地域に強く印象づけられ，この書を著した。彼はアジアからヨーロッパに至る地域を次の三つに分けた。

(1) 南アジアを中心とするモンスーン地帯

　この地帯には，インドから日本までを含むと考える。ここではモンスーンと呼ばれる風が，1年にそれぞれ反対の方向に吹く。インドでは1～2月に北東モンスーン，6～9月には南西モンスーンとなるが，二つの季節に大別されるので，これを季節風と呼ぶ。この南西モンスーン期は暑熱で耐えがたい湿気がある。また植生の特徴として樹木が繁茂し，あたかも生が充満しているようである。この自然の巨大な力に対して人間は受容的にならざるを得ず，忍従的になる。

(2) 西アジアの砂漠地帯

　砂漠は死の世界であり，人間は厳しい自然に対抗し団結して生きていかなければならない。ここから住民に戦闘的で，団結と指導者に対する服従を重んずる生き方が生まれる。人は自然の脅威とともに他の人間の恐怖とも戦わなければならない。しかし砂漠では個人としては生きていけない。こうして世界の三大宗教（ユダヤ教，キリスト教，イスラム教）が砂漠地帯で生まれた理由を，和辻は風土に求める。

(3) ヨーロッパの牧場地帯

　ヨーロッパでは，家畜の飼料である牧草を成育させる土地，いわゆる牧場が，自然の景観の中で目立つ。和辻はヨーロッパには雑草がないということに驚きを示しており，これは夏が乾燥していて雑草に必要な湿気を与えないからだと

いっている。雨は冬に降るため草は主として冬草であり，牧草となる。また風が少なく雨もおだやかに降るため，河の堤防も低く，自然の従順さを表わしている。和辻はこのようにヨーロッパの自然を従順で規則的であると考え，そこから自然の中から法則を見出す合理的な生き方が生まれたと考える。しかしその理性の光の裏側に残忍性も見られるといっている。和辻が日本人をどう見たかというと，基調的にはモンスーン地帯の受容的忍従的な生き方をするが，南アジアと比べて，四季の変化に伴う感情の時間的変化が著しく，激情と淡白な諦めが混じり合っているという。このように，人間の存在は風土に強く限定されているが，それは逃れられない決定的なものではなく，自己の長所を他者に示しながら短所を自覚することによって，異なる風土に生きる者が互いに相学び，風土的限定を超えて己を育てていくことができる，と和辻は人間の変化の可能性にも言及している（和辻『風土』1990，143頁）。

　このような和辻の「風土論」には，いくつかの点に疑問が表明されてきた。まず直感に頼って感覚的分析に偏り過ぎていること，対象地域が世界の中で限られていること，風土を自然風土，ことに気候に視野を限定し，人間が長期にわたってつくりだしてきた歴史の所産としての風土を取り入れていないこと，などが問題とされてきた。

　しかし人間のあり方を，風土論の形をとって分析する手法は最近でも用いられている。例えば地理学者の鈴木秀夫は『森林の思考，砂漠の思考』(1978年)の中で，人間の思考の特徴をこの二分法により説明する。森林には生が満ちていて，そこでは人間は生への道か死（滅）への道か思いわずらう必要がないのに対し，砂漠では生と滅は反対概念で，そこを行く人は，その行く手に水場があるか否か，どちらかであるとして決断をせまられると彼はいう。これはまた，円環的世界観と直線的世界観の違いとしても説明できる。ただし鈴木のいうところでは，人間の長い歴史の中で森林地帯と砂漠地帯は激しく交代し，必ずしも固定されているわけではないのである。

5．文明の比較と文明交流圏の考え

　風土論が自然を基礎として地域を区分する方法であったのに対し，主として歴史を基礎として世界を区分する方法として「比較文明論」がある。これは世界史上にいくつかの「文明」と呼ばれるまとまりが存在したと考える方法で，その最も有名なのは，イギリス人のアーノルド・トインビーが，『歴史の研究』という大著で展開したものである。

　トインビーは元来中東の古代史の研究者であったが，1927年に38歳のとき『歴史の研究』を書き始め，1961年に第12巻でこの研究を書き終えた。前にも述べたように，文明とは文化と似たものと考えられることも多いが，文化がより小範囲の特定の生活様式や生活規範，観念形態や価値感情としてとらえられるのに対して，文明はある文化によってつくり出された制度，組織，技術，思想，世界観などがより大きな地域に広がり，能動的な伝播，移植の働きを持つものと，通常は考えられる。トインビーは，文明に独特の定義を与えており，それは「固有の空間ならびに時間の限界内で，それ自体において理解することのできる歴史研究の領域」(トインビー『歴史の研究』1，1975，26頁)としている。これは国の範囲を越える領域であると彼は考えており，「文明圏」と呼んでもよい領域である。

　このように定義した文明を，最初トインビーは21存在すると考えたが，後には24文明を想

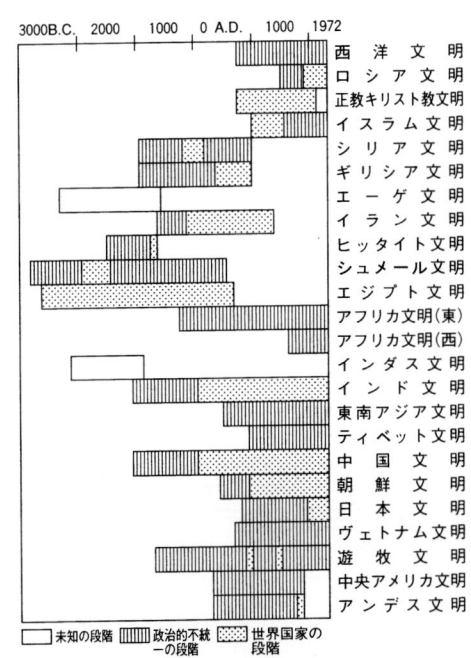

図4　トインビーによる『図説　歴史の研究』の文明表 (1972年)
出所：山本新『わかりやすいトインビー』経済往来社，1976年，198頁

定するようになった。このうち7文明（エジプト，シュメール，エーゲ［ミノス］，インド，中国，中央アメリカ，アンデス）は自ら独立文明として発生したが他の文明は先行する文明，すなわち「親文明」から生まれた「子文明」の関係にあると考えた。トインビーによるこの文明表を図4で示す。彼は文明発生の積極的要因の探究に努力を傾け，また文明には発生から消滅までいくつかの段階があることを想定した。そして文明の成長と挫折，また文明の出会いには，彼が「高度宗教」と呼んだ思想，宗教の力が大きいことを力説した。トインビーの考え方は，世界の歴史は一元的にすべて同じく発展すると考える「単線史観」ではなく，「複線史観」であり，この点に多くの共感が寄せられた。現在では，彼のギリシア・ローマ文明から西洋文明への文明継承モデルを他の文明にあてはめ過ぎていることに批判がなされている。しかし彼の文明論に触発されて，梅棹忠夫の「文明の生態史観」（「中央公論」1957年2月号）が著されるなど，今も文明を考察するために豊かな素材を提供し続けているといえる。

近年，文明を並列的，親子的にとらえる方法では，比較文明論の方法的装置として不十分であるという議論がなされている。伊東俊太郎は『比較文明と日本』（1990年）という著書で，「諸文明の発展というものを一層動的に，相互関連的にとらえるためには，それを可能にする概念枠組み，すなわち「文明交流圏」というものが必要だと思われてきた」（55頁）と語っている。

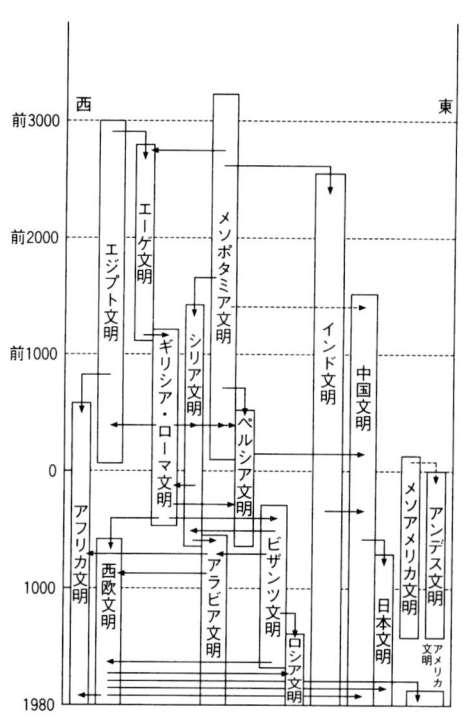

図5　伊東俊太郎による文明史の枠組
　　出所：伊東俊太郎『文明の誕生』講談社，1988
　　　　年，41頁

文明の交流圏とは，複数の文明が渉(わた)り合う地域で，歴史的に交流が盛んに行なわれた場と定義できる。その代表的な場として地中海がしばしばあげられる。文明交流圏としての地中海の重要性に着目して書かれた著名な書物として，フランスの地理学者のフェルナン・ブローデルの『地中海』Ⅰ－Ⅴ（邦訳は1991～1995年）がある。地中海は北方にはエーゲ，ギリシア，ローマ，ビザンチウム，ヨーロッパがあり，南方にはエジプト，フェニキア，シリア，アラビアがあって，これらが関連し合った一つの文明のるつぼであった。伊東俊太郎によれば，地中海文明交流圏の他に，シルクロード文明交流圏，インド洋文明交流圏，サハラ文明交流圏，中米文明交流圏などが想定できるという（伊東俊太郎『比較文明と日本』1990年，55-56頁）。以上のような文明交流圏の基軸になる文明としては，伊東は図5にあるように17の基本文明圏を設定している。

6．民族・民族意識・民族主義

　現代，特に東西冷戦対立時代が終わってから，国際紛争の大きな要因として，「民族」の問題が浮かび上がってきている。民族という言葉はよく使われるが，それを厳密に定義することはきわめて困難である。民族という概念は，その言葉を使う人によって異なる意味合いを持たされ，また歴史的に変化してきた。それは人類という範囲の下位にくる社会集団であるが，明確な基準で分類したというようなものではないのである。しかしそれは国際関係を切り結ぶ行動主体としての実体を持った存在である。地域研究を行なう際に，民族の問題を避けて通ることはできない。むしろ特定地域の民族のあり方を理解することが地域研究の鍵ともいってもよい。

　民族は，しばしば人種と混同されて使われるが，人種はまったく生物的な特徴で人類を分類したものであるのに対し，民族は言語をはじめとする文化的，社会的共通基盤をもつ社会集団を指す（『新社会学辞典』有斐閣，1993，1399頁）。したがって民族の概念は，その本質において文化的，社会的存在であるといえる。民族とはある程度の，しばしば神話上の血縁の共通性と，居住地域の同一性を基礎として成立した文化共同体と定義することができる。その最も明

確な指標は同一言語であるとされることが多い。また別の定義によれば（アンソニー・スミス『20世紀のナショナリズム』1995，311頁），民族とは共通の歴史と文化を分かち合い，その他の集団から自らを区別するような，相互の連帯感を持ちそれを保持しようとする社会集団である。

　しかし，このような民族の本質に対する見解としては，学者のあいだに「客観説」と「主観説」と呼んでもよいような二つの異なる見方が存在する。また両者の綜合の立場ももちろんある。「客観説」というのは，民族構成の要素として客観的な共通の指標を捜し出して，その指標が重なり合う集団を民族と考える立場をとる。この場合の指標としては，人種，地域，言語，宗教，政治的境遇，経済的環境などが多く使われる。ソ連共産党第一書記のスターリンが下した定義が，まさにこのような客観説の代表的なものであるが，エドワード・シルズなどの社会学者も，このような指標で分けられた分類が歴史の自然の単位であると主張することにおいて客観主義者である。これに対して，集団の心理的，情緒的要素を重視し，民族をもって心理的総体とする立場を「主観説」と呼ぶことができる（山口圭介『ナショナリズムと現代』1987，28-48頁）。主観説の代表的論者として，チェコ生まれでアメリカに渡った政治学者，ハンス・コーンをあげることができよう。彼は客観的要素のどれ一つをとっても民族の不可欠の要素ではないとし，最も重要なのは生き生きとした共同意志であるとした。そして民族があって民族意識ができるのではなく，自ら民族たることを自覚する集団が民族であることを強調した（ハンス・コーン『民族的使命』1952）。「民族主義なくして民族なし」というのは，ドイツの主観論者フランツ・オッペンハイマーの有名な言葉である。しかし客観説と主観説のどちらか一つでは，やはり民族主義の全体理解に欠けるものとなる。前に紹介したような，アンソニー・スミスの見解のような両者の綜合の立場が必要となる。

　民族という言葉を使う時，日本語に独自の困難さがつきまとう。日本語では民族という場合，歴史的な意味合いによって区別することなく，通歴史的に，その言葉を用いる慣習がある。アングロサクソン民族といったり，民族分布といったりする場合や，アフリカのアシャンティ族とかマサイ族，ラテンアメリカのミスキート族とかツェルタル族などを指していう場合の民族はおおむね，そのような用い方をする。しかし政治，歴史学的に民族という言葉を使う時は，

国民あるいは国家の形成と関連する動的な主体として用いられる。民族は生成消滅する可能性を常に保持しており、民族国家をつくることを最終目標とするような社会集団というイメージがある。この双方に民族という言葉をあてるということは、前者は客観説に大きく傾く理解を招き、後者は主観説に親和性を持つような概念構成を持つこととなる。このような民族という場合の用語上の混乱を避けるために、翻訳語として「エトニ」および「ネイション」というカタカナの言葉を使うことも、日本語の文献ではしばしばなされる。

英語の文献を読むと、エスニックな要素とかエスニックな共同体、すなわちエトニという言葉がよく出てくる。アンソニー・スミスの The Ethnic Origins of Nations という著作の題は、翻訳書では『ネイションとエスニシティ』と訳されているが、この著者はギリシア語にある「エトノス」という言葉の語源からエスニックという英語の意味を説明している。ギリシア語のエトノスはいっしょに生活し、いっしょに行動する多くの人々という意味を持ち、「ゲノス」という別の、血縁に基礎をおいた小集団を指す言葉より広義な、より文化的な共属性に強調点をおいた言葉として紹介している。近代の言葉でこれに最も近い意味を持つのはフランス語の「エトニ Ethnie」であるとして、スミスはこの言葉を使うことを推奨するとともに、エトニの特徴として①集団の名前を持つ、②共通の血統神話を持つ、③歴史の共有がある、④独自の文化の共有がある、⑤ある特定の領域との結びつきがある、⑥連帯感がある、の六つの点をあげる（スミス『ネイションとエスニシティ』1999, 29-39 頁）。

これに対して、民族をネイションの意味で用いる場合は、どのような違いがあるだろうか。ネイションという言葉は、近代社会に独特の用語として生まれたものであり、国家の形成に原理としての意義を与えた言葉で、ナショナリズムという言葉とセットとして使われる。ナショナリズムを日本語で民族主義と訳したり、国民主義あるいは国家主義と訳したりするのは、この性格があるからである。

ネイションという概念は、18 世紀のヨーロッパで生まれたという説が強い。15 世紀末から 18 世紀にかけてヨーロッパ王朝の領土支配と政治支配が大きく拡大し、そこでは訓練された官僚制も出現した。こうして領土という概念が行政上重要となったが、これに精神的内容を盛り込むことに決定的な役割を果た

したのが，1789年に始まるフランス革命である。それまでは国家は国王とほとんど同一と考えられ，領土を取ったり取られたりする戦争は，国王どうしの戦争であった。しかしフランス革命の思想的基盤となった自由民権思想は，人民（住民）がどのような国をつくるかの自由を持っている，という思想を広めることになった。革命に大きな影響を与えたジャン・ジャック・ルソーは，民族と人民を同一視した。フランス革命を潰そうとして攻め込んできた外国の軍隊に対して，フランスでは「国民軍」が組織され，一般の住民が国を守るために立ち上がった。これは民族主義の民主化にほかならない。この思想はその後，復古的な揺れ戻しはあったものの，近代ヨーロッパの普遍的な思想として広がっていく。こうしてネイションの言葉に内容が盛られたのである。

　このようなヨーロッパに生まれた民族主義（ナショナリズム）は，その後国際関係の動きを主役としてつくり出すことになる。1870年代にはヨーロッパにおいてドイツとイタリアという二大国が生まれたのも，ナショナリズムの思想を現実化したものであるし，またヨーロッパ全土に散らばっていたユダヤ人を一つに糾合する思想となったテオドア・ヘルツェルによる『ユダヤ人国家』の出版（1896年）が強い影響力を持ったのも，エトニをネイションに高めることができるという近代の流れのなかで理解する必要がある。こうしたナショナリズムの考えは，主としてヨーロッパ諸国によって植民地にされていた世界が，自らの独立のための武器として使用することとなっていくのである。

7．植民地民族主義と現代

　民族とは，特にネイションとは何か，という問題は，第一次世界大戦後のパリ会議で，民族は自らの意志で国をつくることができるという「民族自決」の原則が採択されたことから，あらためて注目される主題となった。この原則を実行することは，多くの場合，地域的な紛争が起こることを不可避なものとした。しかもパリ会議ではヨーロッパに対してはこの原則を適用しようとしていても，アジア，アフリカの植民地に対しては，これを適用しようとはしなかったのである。

しかし第一次世界大戦後に、いわゆる植民地民族主義が盛んになり、ヨーロッパ、アメリカ、日本などの植民地宗主国といわれる国々に対して、民族独立を要求する運動が活発になった。その際に武器となった思想が、民族自決の原則は植民地にも適用されるべきであるというものであった。植民地の人民も自らの意志で国をつくることができるという考え方は、近代の世界では否定できない思想であった。こうして多くの植民地が、特に第二次世界大戦後に独立を達成するのであるが、旧来の領土を保ったまま半植民地化された中国や、植民地化された朝鮮などと異なり、植民地となる前はその植民地の範囲を領域として治めた経験を持たない地域が、一体となって独立運動を進めるということになったのである。その好例が、イギリスのインド植民地が一体となって、「インド国民会議」を中心とする独立運動を展開したことに見られる。

このような植民地民族運動の場合、支配と搾取に反抗するという経済的目的以外に、その運動の指導者たちは、立ち上がった民衆を民族という形でまとめる政治意識上の統一性を見出さなければならなかった。この指導者の苦悩が、インド独立運動をガンジーとともに率い、投獄された中でネルーが書いた『インドの発見』の著述によく表されている。またインドネシアで、オランダが植民地として統治するまでは、ほとんど統合が見られなかった多くの島からなる領域で、これを一体とする独立運動が高まったのもその好例である。さらに時代を下ってヨーロッパ諸国に分割統治されていたアフリカで、その植民地ごとの独立運動が進展したのである。その際に使ったネイションという言葉は、いわば理想を投影した概念であった。こうして独立を達成した国では、独立したのちに国民形成を行なわざるを得ないという難問に直面した。こうした国々では、一つの国の中に多くのエトニをかかえる多文化・多言語・多民族国家である場合が圧倒的に多かった。独立後の国民統合をめぐる紛争は、多くの場合、このような国家の成り立ちに大きな原因がある。

ここに見たような国家が、現代の国際社会では大多数を占めていることにより、これまでの民族あるいはネイションの概念を再検討する必要にせまられてきた。その時代が、1980〜90年代であるといってよい。この時期に多くの英語文献でナショナリズム研究が出版されているが、なかでも影響力の大きかったのが、ベネディクト・アンダーソンの『想像の共同体（Imagined Communities）』

である。アンダーソンはこの書のなかで，人々が何によって国民意識を得るか，という問題を考察し，ヨーロッパでは16世紀までに印刷，書籍の廉価版の出版が進み，17世紀には大規模な読者公衆をつくりだし，彼らを政治宗教目的に動員したという歴史に着目する。この「印刷資本主義」と彼が名づけた近代的な発展が，面と向かって相対する範囲で言葉をかわすことにより成り立っていた共同体というものを，活字の力により国民という単位を持った想像上の政治共同体としてつくりかえ，互いに会うことのない広範囲に住む人々の間に共通の意識をつくることができた原因であったというのが，彼の主張である。アンダーソンはさらに新興アメリカ諸国が，アメリカ合衆国，ブラジル，スペイン旧植民地を問わず，なぜ早い時期に国民意識を発展させ得たのか，と問い，南北アメリカの共和国は，かつてはそれぞれ植民地行政上の単位であったことに解答を見出す。その仕組みは行政組織が住民のあいだに「祖国」と思わせるような意味内容を創造したことにあった。18世紀にアメリカにも印刷資本主義が到来すると，現地生まれの「クレオール」役人と印刷業者は，出版物を武器として植民地宗主国からの国民解放運動を成功させたのである（アンダーソン，増補『想像の共同体』1997，92-112頁）。このような考察からアンダーソンは，現代の植民地ナショナリズムには，初期の時代の植民地「南北アメリカ」ナショナリズムとの類似が見られるという。新興国家の「国民建設」政策には，正真正銘の民衆的ナショナリズムの熱狂とともに，マス・メディア，教育制度，行政規則，人口調査や新しい地図の作成その他を利用した，体系的な国民主義的イデオロギーの注入が認められ，それによりネイションの意識をつくりだそうとしているというのが，彼の考察の結論である。

　最後に，これまで見た民族／ネイションの考え方に，次の二つの対になる見方があることを，アンソニー・スミスに従って整理しておこう。すなわち一つは，極端な立場として，ネイションは歴史状況に左右されない自然なものであるとする「原初主義」と，別の極としてそれは富，権力，威信を求める政治指導者が大衆の支持を生み出す格好の道具であるとする「道具主義」とに分けられる。もう一つは，ネイションは常に存在しており，近代世界において見出される単位と感情が，人類史のきわめて初期までさかのぼって確認し得るとする「永続主義」と，それに対立する考え方として，近代社会が機能するためには住

民に同質性を必要としており，近代社会はそのために必要なイデオロギーを生み出し得るため，運動としてのナショナリズムが起こってネイションが形成された，とする「近代主義」の見方とに分けられる。スミス自身は「近代主義」に理解を示しながらも中間的立場をとり，「近代のナショナリズムを理解するにあたっては，非常に長い時間に基礎づけられた歴史的土台を分析することが大切である」と主張している（スミス，1999，9-16頁）。

参考文献

アンダーソン，ベネディクト（白石さや，白石隆訳）増補『想像の共同体』ＮＴＴ出版，1997年

伊東俊太郎『比較文明と日本』中央公論社，1990年

加藤義喜『風土と世界経済』文眞堂，1986年

熊谷圭知，西川大二郎編『第三世界を描く地誌』古今書院，2000年

鈴木秀夫『森林の思考，砂漠の思考』ＮＨＫブックス，1978年

佐藤誠編『地域研究調査法を学ぶ人のために』世界思想社，1996年

スミス，アンソニー（巣山靖司監訳）『20世紀のナショナリズム』法律文化社，1995年

スミス，アンソニー（巣山靖司他訳）『ネイションとエスニシティ』名古屋大学出版会，1999年

立本成文『地域研究の問題と方法』京都大学学術出版会，1999年

トインビー，Ａ．（長谷川松治訳）『歴史の研究』1－3〈サマヴェル縮冊版〉，社会思想社，1975年

中嶋嶺雄，チャルマーズ・ジョンソン編『地域研究の現在』大修館，1989年

蓮實重彦，山内昌之編『いま，なぜ民族か』東京大学出版会，1994年

濱下武志，辛島昇編『地域史とは何か』山川出版社，1997年

ブローデル，フェルナン（浜名優美訳）『地中海』Ⅰ環境の役割，藤原書店，1991年

山内昌之編『ベーシック／世界の民族・宗教地図』日本経済新聞社，1996年

山口圭介『ナショナリズムと現代』改訂版，九州大学出版会，1992年

山口博一『地域研究論』アジア経済研究所，1991年

山口博一, 加納弘勝編『発展途上国研究』東京大学出版会, 1997年

山本新『わかりやすいトインビー』経済往来社, 1976年

矢野暢編『地域研究の手法』弘文堂, 1993年

米山俊直編『地域研究と地域科学の総合のために』京都大学国際地域研究会, 1992年

和辻哲郎『風土』岩波書店, 1935年

Ⅱ　世界の地域

2−1　中国―多民族・多文化が共存する社会―　　〔東アジア〕

黄　強

　日本人にとって，海を隔てて隣り合う中国はなじみの国である。「同文同種」（文化的・人種的な起源が同じである）という言葉で日中両国の密接な関係を表わす日本人は少なくない。たしかに日中両国は，歴史的にも民族的にも文化的にも「同文同種」であることには違いない。しかし，多くの学者が指摘するように，今日の日中両国は「同文同種」とはいえ，異質的なものが数多くある。外観は同じように見えて中身は大きく異にすることが多いのである。両国の人々が相手を「自分たちと同じだ」という考えに甘えていては，両国をめぐる数々の問題を解明できないばかりか，相手に対する認識が恣意的かつ心情的なものになり，その結果，21世紀のグローバル化が政治的・社会的・経済的変化をもたらすたびに，「同文同種」という意識が日中間の誤解やトラブルをもたらす原因になりかねない。故に，中国・中国人を「日本・日本人と同じだ」と思いこむのは，日中双方にとってプラスにならない。中国を中国として認めるところから，日中間の相互理解は始まるのだろう。

1．中国人が生活する自然環境

　中国を正しく理解するために，まず中国の基礎データから取り上げてみたい。「中国とはどんな国か」と聞かれると，多くの日本人は「国土が広く，人口が多い」というイメージを頭に浮べるだろう。たしかに中国は広大な領土をもち，ロシアとカナダに次いで三番目の大国である。中国の陸地面積はほぼ960万平方キロメートルで，これは，地球上の陸地の6.4％に相当し，日本の26倍もあり，ヨーロッパ全体がすっぽりと収まってしまう（図1参照）。
　中国の地形は非常に複雑である。空から中国の大地を俯瞰すると，地勢は階段状を呈し，西から東へと次第に低くなっている。最上段は西南部の青海・チベット高原で，平均海抜4000メートル以上，「世界の屋根」と呼ばれている。

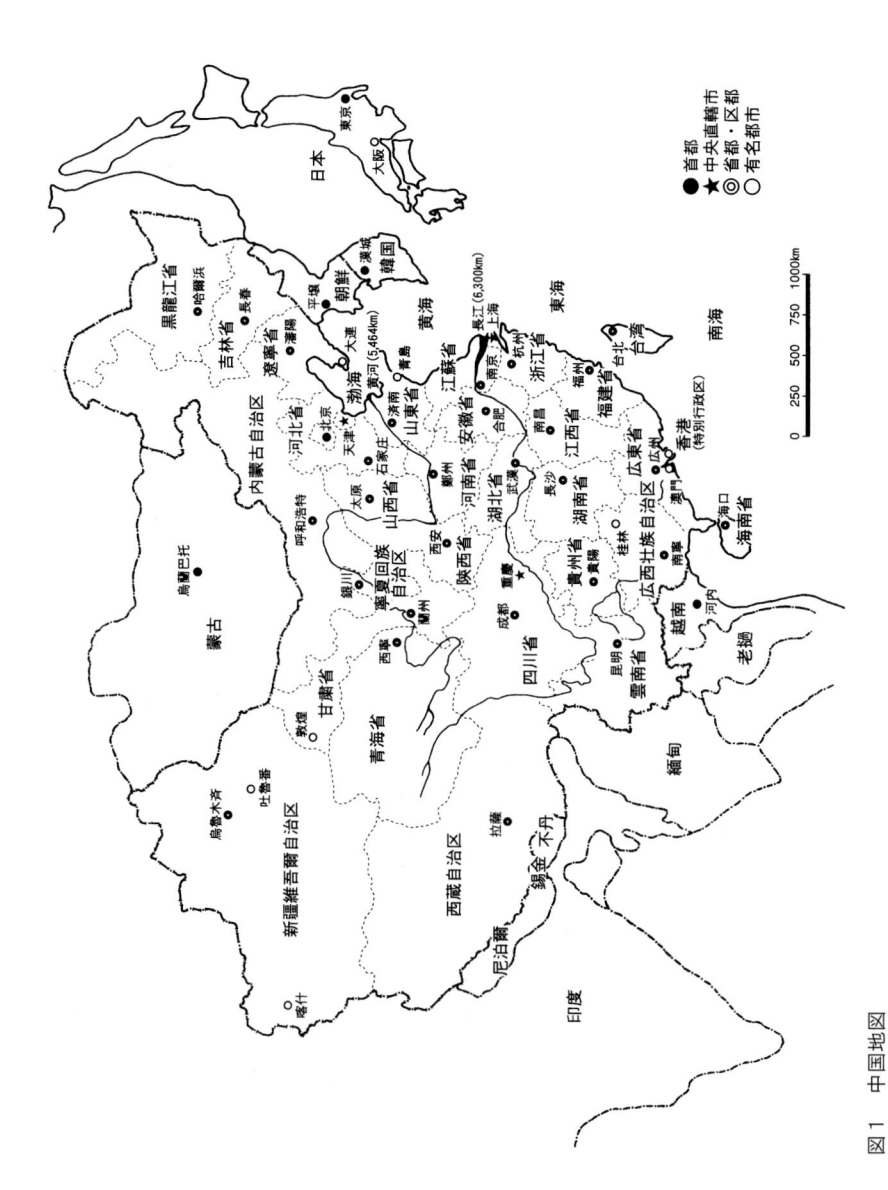

2－1 中国―多民族・多文化が共存する社会― 25

図1 中国地図
出所：荒屋勧他『中国と日本』朝日出版社、1992年より作成。

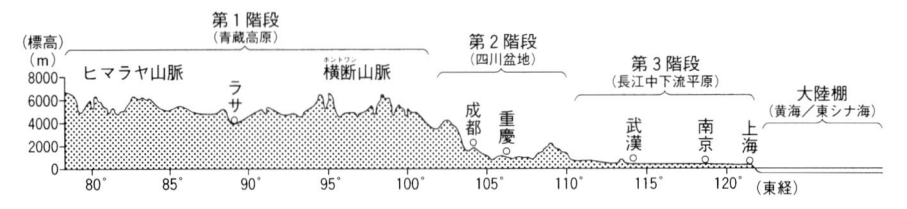

図2 中国の国土断面図
注：北緯32度上の断面図であり、各都市は北緯29～32度の間に位置している。
出所：『中国地理（上冊）』人民教育出版社（佐々木信彰編『現代中国の民族と経済』世界思想社、2001年、9頁より再録）

　第二段階は三つの大高原（内蒙古高原、黄土高原、雲貴高原）や三つの盆地（タリム盆地、ジュンガル盆地、四川盆地）からなり、平均海抜は1000メートルから2000メートルほどである。第二段階の山脈を越えて、ずっと東の海岸に至るまでが第三段階であり、海抜500メートルから1000メートル以下と低くなっている。ここには三つの大平原（東北平原、華北平原、長江中下流平原）がある（図2参照）。

　そこには1500本以上の河川が分布している。長江、黄河など多くの河川は青海・チベット高原に源があり、地勢に従って西から東へと流れ、太平洋に注いでいる。

　また、複雑な地形と広大な領土は、中国に非常に多種多様な気候をもたらしている。気温により、南から北まで赤道地帯、熱帯、亜熱帯、温暖帯、温帯、寒温帯という六つの気温帯に分けられる。降水量によると、東南から西北へと湿潤地帯、半湿潤地帯、半乾燥地帯、乾燥地帯という4種類の地域に分けられる。

　以上の地形と気候から見られるように、中国の土地資源には主に次のような特徴がある。第一に、土地の形状によると、山地、高原、丘陵が多く（全国土の約69％）、利用しやすい平地、盆地が少ない（全国土の約31％）。

　第二に、土地の利用状況を見ると、耕地が非常に少ない。現在、全国の耕地総面積は約9497万ヘクタールで（全国土の約10％）、それは主に東部の平原地帯に集中している。また、草原の多くは北部と西部に分布し（約4億ヘクタール、全国土の約24％）、森林の多くは東北部と西部の僻遠地域に集中している（約1億3370ヘクタール、全国土の約13％）。

第三に，数多くの砂漠が西部と北部に分布し，面積は100万平方キロメートルを超える（全国土の約13％）。これらの利用不可能な土地は全国土の約半分に及ぶ。

周知のように，気候や地理などの自然環境は伝統的生業形態と深く結びついている。上述のような中国の自然環境では，多種多様な伝統的生業形態が生まれた。中国の東部と東南部は季節風の影響が顕著で，気候は湿潤，半湿潤に属し，ほとんどは海抜1000メートル以下で，平原が広く，河川が多く，中国の主要な農耕地域である。また，降水量と気温によって，淮河以南は稲を中心とする水田稲作地域，淮河以北は雑穀・ムギ・豆類を中心とする畑作地域である。西北部は乾燥気候に属し，多くは砂漠草原と乾燥草原で，綿羊や山羊，牛，馬などの牧畜が発達している遊牧地域である。また，寒温帯気候に属する東北部の森林地帯は重要な林業および狩猟地域である。つまり，複雑な自然環境は，多種多様な生業形態を生みだしたばかりではなく，それらの生業形態とつながるいろいろの文化形態，すなわち稲作文化や畑作文化，遊牧文化，採集狩猟文化，オアシス文化なども育（はぐく）んできた。

2．多民族国家

「人口が多い」という点も中国の特徴である。北京市，上海市で「町が人々で溢（あふ）れている」ことに驚く日本観光客は少なくない。

2001年3月28日に発表された第5回中国人口センサスの結果によると，2000年11月1日現在，中国の総人口は12億9533万人に達し，世界人口の約22％を占めている。ここに見られるように，世界が最も心配している中国の人口増加率は抑制されているが，第4回中国人口センサス（1990年7月1日）の11億3368万人と比べ，10年4カ月の間に，日本の総人口を超える1億3215万人も増加している。世界の6.4％の土地で世界の22％の人口を養っているのは，中国の厳しい現実である。

また，そのデータによると，現在の総人口のうち，漢族は11億5940万人で，総人口の91.59％を占め，各少数民族は1億643万人で，総人口の8.41％を占

表1 中国の56の民族の概況

民　族	人口（万）	主要居住地域	言　語
モンゴル族	480.24	内蒙古, 新疆, 遼寧, 吉林, 黒龍江, 甘粛, 河北, 河南, 青海	アルタイ語族モンゴル語派
回族	861.20	寧夏, 甘粛, 河南, 河北, 青海, 山東, 雲南, 新疆, 安徽, 遼寧, 黒竜江, 吉林, 陝西, 北京, 天津	シナ-チベット語族漢語
チベット族	459.31	チベット, 青海, 四川, 甘粛, 雲南	シナ-チベット語族チベット-ビルマ語派
ウイグル族	720.70	新疆	アルタイ語族チュルク語派
ミャオ族	738.36	貴州, 湖南, 雲南, 広西, 四川, 海南, 湖北	シナ-チベット語族ミャオ-ヤオ語派
イ族	657.85	四川, 雲南, 貴州, 広西	シナ-チベット語族チベット-ビルマ語派
チワン族	1,555.58	広西, 雲南, 広東, 貴州	シナ-チベット語族タイ語派
プイ族	254.83	貴州	シナ-チベット語族タイ語派
朝鮮族	192.34	吉林, 遼寧, 黒龍江	朝鮮語
満州族	984.68	遼寧, 吉林, 黒龍江, 河北, 北京, 内蒙古	アルタイ語族満州-ツングース語派
トン族	250.86	貴州, 湖南, 広西	シナ-チベット語族タイ語派
ヤオ族	213.70	広西, 湖南, 雲南, 広東, 貴州	シナ-チベット語族ミャオ-ヤオ語派
ペー族	159.81	雲南, 貴州	シナ-チベット語族チベット-ビルマ語派
トゥチャ族	572.50	湖南, 湖北	シナ-チベット語族チベット-ビルマ語派
ハニ族	125.48	雲南	シナ-チベット語族チベット-ビルマ語派
カザフ族	111.08	新疆, 甘粛, 青海	アルタイ語族チュルク語派
タイ族	102.54	雲南	シナ-チベット語族タイ語派
リー族	111.25	海南	シナ-チベット語族タイ語派
リス族	57.46	雲南, 四川	シナ-チベット語族チベット-ビルマ語派
ワー族	35.20	雲南	オーストロ-アジア語族モン-クメール語派
ショオ族	63.47	福建, 浙江, 江西, 広東	シナ-チベット語族ミャオ-ヤオ語派
高山族	0.29	台湾（台湾省の高山族人口は含まない）, 福建	オーストロネシア語族ヘスペロネシア語派
ラフ族	41.15	雲南	シナ-チベット語族チベット-ビルマ語派
スイ族	34.71	貴州, 広西	シナ-チベット語族タイ語派
トンシャン族	37.37	甘粛, 新疆	アルタイ語族モンゴル語派
ナシ族	27.28	雲南, 四川	シナ-チベット語族チベット-ビルマ語派

※人口数字は1990年7月1日第4回人口センサスによる。

チンポー族	11.93	雲南	シナ-チベット語族チベット-ビルマ語派
キルギス族	14.53	新疆，黒龍江	アルタイ語族チュルク語派
トゥ族	19.26	青海，甘粛	アルタイ語族モンゴル語派
ダフール族	12.15	内蒙古，黒龍江，新疆	アルタイ語族モンゴル語派
ムーラオ族	16.06	広西	シナ-チベット語族タイ語派
チャン族	19.83	四川	シナ-チベット語族チベット-ビルマ語派
プーラン族	8.24	雲南	オーストロ-アジア語族モン-クメール語派
サラ族	8.75	青海，甘粛	アルタイ語族チュルク語派
マオナン族	7.24	広西	シナ-チベット語族タイ語派
コーラオ族	43.82	貴州，広西	シナ-チベット語族（語派未詳）
シボ族	17.29	新疆，遼寧，吉林	アルタイ語族満州-ツングース語派
アチャン族	2.77	雲南	シナ-チベット語族チベット-ビルマ語派
プミ族	2.97	雲南	シナ-チベット語族チベット-ビルマ語派
タジク族	3.32	新疆	インド-ヨーロッパ語族イラン語派
ヌー族	2.72	雲南	シナ-チベット語族チベット-ビルマ語派
ウズベク族	1.48	新疆	アルタイ語族チュルク語派
ロシア族	1.35	新疆	インド-ヨーロッパ語族スラヴ語派
エヴェンキ族	2.64	内蒙古，黒龍江	アルタイ語族満州-ツングース語派
ドアン族	1.55	雲南	オーストロ-アジア語族モン-クメール語派
ポウナン族	1.17	甘粛	アルタイ語族モンゴル語派
ユーグ族	1.23	甘粛	アルタイ語族チュルク語派
キン族	1.87	広西	未詳
タタール族	0.51	新疆	アルタイ語族チュルク語派
トールン族	0.58	雲南	シナ-チベット語族チベット-ビルマ語派
オロチョン族	0.70	内蒙古，黒龍江	アルタイ語族満州-ツングース語派
ホジェン族	0.43	黒龍江	アルタイ語族満州-ツングース語派
メンパ族	0.75	チベット	シナ-チベット語族チベット-ビルマ語派
ロッパ族	0.23	チベット	シナ-チベット語族チベット-ビルマ語派
ジノー族	1.80	雲南	シナ-チベット語族チベット-ビルマ語派
漢族	113,368.25	全国	シナ-チベット語族

写真1　稲作民の高床式住居（トン族）（筆者撮影，1998年）

写真2　中国南方の少数民族（ミャオ族の少女）
（筆者撮影，1996年）

写真3　遊牧民の住居（モンゴル族）（筆者撮影，2000年）

写真4　中国北方の少数民族（モンゴル族の女性）
（筆者撮影，2000年）

める。第4回中国人口センサスと比較し，漢族は1億1692万人，各少数民族は1523万人，それぞれ増加した。少数民族が人口全体に占める割合は1990年の調査時の8.04％よりやや高くなっている。

このように，中国は漢族をはじめとする56の民族からなる国家である。『中華人民共和国憲法』も，「中華人民共和国は全国の各民族人民が共同でつくりあげた統一した多民族国家である」と明記している。故に，「中国人」とは，漢族だけを指すのではなく，漢族をはじめとする56の民族の人々，あるいは中国に住む各民族の人々として理解すべきであろう（表1参照）。

人口の9割以上を占める漢族は中国各地に分布しているが，主として黄河，

長江，珠江の3大河川の中・下流地域と東北地方の平原に居住している。少数民族は人口は少ないが，分布地域はかなり広く，全国総面積の約50％ないし60％に及び，主として北部と西部の森林や草原，あるいはオアシス地帯や西南部の山地など，周縁地域に住んでいる。それらの地域は前に述べた中国の三段階地形でいえば，第一段階と第二段階，すなわち山脈，高原など地勢的条件が悪く，交通条件の劣ったところである。故に，少数民族と漢族の間には，中国の「南北問題」，すなわち大きな経済格差や教育格差が存在している。

　また，長期にわたる民族の接触と融合により，中国各民族は現在，「大雑居，小聚居（しゅうきょ）」（大きな範囲では入り混じって居住しているが，小さな範囲では固まって居住している）という状況を呈している。つまり，少数民族が漢族と雑居し，あるいは複数の少数民族が雑居しているのは，現在の中国各民族分布に見られる特徴の一つである。

　多民族国家である中国は昔から様々な民族問題を抱えている。現在，中華人民共和国は「国家の統一と安定」を前提にして，「民族の平等，団結，共同繁栄，及び民族区域自治」という民族政策を掲げている。各少数民族の居住地区はその規模の大小に応じて，民族自治区（省に相当），自治州，自治県（遊牧民の場合は自治旗）として，それぞれの自治による行政組織をとっている。

3．多種多様の言語と文字

　現在，中国の政治や経済，教育など公式場面で全国的に採用されている共通語は「普通話」である。「普通話」とは1950年代に制定され，「漢語の近代北京語の発音を標準音とし，北方語を基礎語彙とし，典型的な現代白話文（口語）による作品を文法的規範とする」共通語である（民国期に制定された漢語共通語は「国語」と呼ばれ，現在，台湾で使われている）。現在，日本の各大学で教える「中国語」がこの「普通話」である。「普通話」を制定したのは，中国人の間で互いに言葉が通じないという問題を解決する重要な国策である。

　周知のように，多民族国家である中国には約80以上の言語がある。56の民族のうち，漢族と回族は漢語を使用し，満州族も近代から漢語を用いているが，

その他の53の少数民族はみな独自の民族の言語を使用し（一部分の少数民族が2種類の言語，あるいは2種類以上の言語を使う），そのうち21の少数民族は自民族の文字を持っている。50年代にはさらに12の少数民族が新しい自民族の文字をもった。それらの言語はだいたいアルタイ，シナ-チベット，インド-ヨーロッパ，オーストロ-アジア，オーストロネシアという五つの語族に大別されている（各民族言語の特性は表1を参照）。また，少数民族の文字には様々な種類があり，主にナシ族の東巴文字のような象形文字，イ族のイ文字のような音節文字，およびモンゴル文字やチベット文字，ウイグル文字，タイ文字等のような表音文字がある。

現在，少数民族の居住地域では，「普通話」と各民族語が併用され，ともに公用語として認められている。少数民族の学校では自民族の文字によるテキストを使い，自民族の言語で授業を行なっている。

ここでは，漢族および漢語，漢字について述べる。

周知のように，漢族は黄河中下流域で育まれた古代の黄河文明を創造した人々が核となり，数千年に及ぶ歴史の中で，長江流域や西江流域などの周囲の異民族とその文化を絶えず吸収しながら拡大・発展して形成された複合民族である。多くの学者が指摘するように，「雪だるまのように，非漢族の人々を絶えず吸収している」という点は，漢族が世界一の巨大な民族集団になった重要な原因である。故に，地域によって，彼らの体質，言語，風俗習慣をはじめ各方面にわたって，かなりの多様性が見られる。

漢族の主要居住地域の生態環境を見れば，長江流域や華南地域などの稲作地帯と，黄河流域の華北平原や東北地方などの畑作地帯に二分されることができる。多くの学者が指摘するように，稲作地帯における漢族は一般的に「南方人」と呼ばれ，小柄で頭の回転が速いというイメージがある。他方，畑作地帯における漢族は「北方人」と呼ばれ，大柄で，性格は実直というイメージがある。また，ある学者は歴史の事実に基づき，次のような相違点を指摘している。北方の人間は本質的に征服者であり，南方の人間は本質的に商人である。武力によって政権を奪取し，自己の朝代を打ち立てた者の中に，南方出身の者は1人として存在しない。米を主食とする南方人は帝位につくことはできず，麺を主食とする北方人だけが帝位に昇るというのも，中国の一貫した伝統である，と

(林語堂著，鋤柄治郎訳『中国＝文化と思想』講談社，1999 年)。

　言語によれば，彼らの話す漢語には北方官話（主な地域は長江以北，および四川省，雲南省，貴州省など），呉語（ごご）（長江下流の上海市，蘇州市など），粤語（えつご）（広東や広西，香港など），閩語（びんご）（福建省や台湾など），湘語（しょうご）（長江中流の湖南省など），贛語（かんご）（江西省など），客家語（はっかご）（福建省や広東，江西）など，多様な方言がある。これら方言間では互いに話は通じない。漢語に多様な方言が存在するのは，漢族が異民族とその文化を絶えず吸収したという歴史の事実を物語っている。

　しかし，このような多様性を超えて漢族としての共通性を支える重要なものは，漢字であると言える。周知のように，現在でも使われている漢字は紀元前十数世紀の甲骨文字とその後出現した金文（青銅器に印された文字）から推移・変化してきたものである。漢字の字形も次第に図形から筆画へ，象形から象徴へ，複雑なものから簡単なものへと変化してきたが，漢字の重要な特徴である表意性は変わらない。発音はわからなくても，だいたいの意味はわかる。また，漢字で書かれた古代の史書や文学，哲学書などは，口語をそのまま文字化したものではなく，一定の規格をもった文章語であるため，意思の疎通はなおさら容易である。つまり，様々な方言集団をもつ漢族の世界において，漢字で書かれた「漢文」は方言を超える書面共通語である。

4．儒教・道教と外来宗教

　多民族国家である中国は多くの宗教信仰が共存している国でもある。
　漢族の宗教信仰としては，中国伝統文化の媒体となってきた儒教，道教のほかに，外国伝来の仏教，イスラム教，それにキリスト教なども信仰されているが，民間に最も普及しているのは，アニミズムとシャーマニズムを中核とする「民俗宗教」（民間信仰）である。そのほかの少数民族もそれぞれの宗教と密接な関係をもっている。
　儒教とは，孔子（前 551～前 479 年）の教えに基づく思想体系である。一般的に「儒学」と呼ばれるように，教学的性格を中心としているため，古くから

宗教であるか否かが論じられてきた。現在，中国では宗教として認められていない。しかし，西洋的な感覚でいえば，儒教は宗教以上のものであり，それ以下のものでもある。儒教には組織された教団や聖職者，宗派がなく，他の宗教に見られる神の啓示もないが，宗教的な側面が見られる。儒教はあらゆる面で中国人の生活に非常に深く浸透している。特に，儒教の「天命崇拝」と「祖先崇拝」は中国人の信仰の根幹となった。古代の皇帝は実質的には国家の「司祭」として振る舞い，天子として天を祀った。そして，各家庭の父親も家の「司祭」であり，祖先を祀るには不可欠であった。その上，儒教の「五経」は神の啓示ではないが，英知に富んでいるので国民に参考にされ，この上なく熱心に学ばれた。故に，儒教を中国の「国教」と視する学者もいる（T・フーブラ，D・フーブラ著，鈴木博訳『儒教』青土社，1994年）。

　道教は2世紀頃に中国で形成された宗教である。古代のアニミズムやシャーマニズム（巫信仰）などに由来し，神仙思想を中心とするために，呪術宗教の傾向が強い。他の宗教と較べ，不老長寿などの現世利益を追求する特徴が見られる。また，道教は儒教と違い，組織される教団や聖職者，宗派などがある（中華人民共和国国務院が1997年10月に発表した『宗教白書』より，現在，道教の宮，観が1500余カ所あり，道士と道姑が2万5000余人いる。以下の統計はすべて『宗教白書』より引用）。

　仏教はおよそ紀元前1世紀に中国に伝わり，4世紀以降各地に広まり，次第に中国国内で最も影響力のある宗教となった（現在，寺院は1万3000余カ所あり，出家僧侶は約20万人である）。また，チベット仏教（ラマ教）も中国の仏教の一つで，15世紀頃にチベットから四川や青海，蒙古などに広まった。チベット族やモンゴル族，ロッパ族，メンパ族，トゥ族，ユーグ族などがチベット仏教を信仰している（現在，信者約700万人，ラマ僧，尼僧約12万人，活仏1700余人で，寺院は3000余カ所ある）。また，小乗仏教は13世紀頃にビルマから雲南省のタイ族やプーラン族等に伝えられた。現在，タイ族，プーラン族，ドアン族，アチャン族，チンポー族，ラフ族の一部の人々は小乗仏教を信仰している。

　イスラム教は7世紀頃アラビアから中国に伝わった。唐・宋の時代に，アラビア人，ペルシア人が貿易のため陸路で中国の西北地方に入り，また海路で東

南沿岸の都市に到達し，イスラム教を伝えた。イスラム教は中国で回教とも呼ばれる。現在，主に回族とウイグル族，カザフ族，キルギス族，タタール族，ウズベク族，タジク族，トンシャン族，サラ族，ポウナン族などの民族がイスラム教を信仰している（現在，信者約1800万人，イマーム，アホン（布教師）約4万人，モスク（礼拝寺）は3万余カ所ある）。

キリスト教は7世紀頃中国に伝わった。唐の時代に，キリスト教ネストリウス派の伝道団が長安に入り布教し始めたが，定着せず（中国で景教と呼ばれる），明の時代に，イタリア人宣教師マテオ・リッチの来訪により，各地に広まった。現在，中国にはカトリック信者が約400万人，聖職者が4000人，教会・礼拝堂が4600余カ所ある。またプロテスタント信者が約1000万人，聖職者が1万8000人，教会が1万2000カ所あり，集会所が2万5000カ所ある。ミャオ族やヤオ族，イ族などの少数民族にはカトリックまたはプロテスタントの信者もいる。ロシア族やエヴェンキ族の中にはロシア正教の信者がいる。

また，各少数民族の信仰の根底には漢族と同じく，アニミズムとシャーマニズムが存在している。特に，満州-ツングース諸語とモンゴル諸語の北方民族は昔から今に至るまでシャーマニズムを強く信仰している。

5．黄河文明と長江文明

周知のように，中国は世界で最も早く文明が発達した国の一つである。「中国文明」は一つの民族集団によって生まれたものではなく，中国各地に分布していた多くの民族集団の「地方文化」が長期の交流・融合によって形成された文明である。特に，畑作文化である黄河文明と，稲作文化である長江文明は古代の中国文明の中核であるといえる。

考古学の発見によると，数千年前の新石器時代に，北の黄河流域と南の長江流域ではそれぞれ黄河文明と長江文明が生まれた。

黄河文明は黄河流域の黄土地帯で栄えた畑作農耕文明である。考古学の発見により，約8000年前の裴李崗遺跡と磁山遺跡では黄河文明の姿が初めて明らかにされた。当時の人々はすでに集落を営み定住生活を行ない，石製の鋤を用い

てアワを栽培し，豚やニワトリ，ヒツジなどの家畜も飼育した。次の時代の仰韶文化，竜山文化では農具・農業技術がさらに進歩し，大きな集落が形成されるようになった。この大集落がのちに都市国家に発展していった。殷・周の時代に入り，青銅器の技術が高度な水準に達し，鉄器も使用し，絹織物の生産技術もかなり発達していた。最初の漢字である甲骨文字，および後の金文もその時期に完成した。また太陰太陽暦による暦法はすでに成立し，干支も使われた。つまり，殷・周の時代において，アワや小麦の畑作農耕の成熟，青銅器の発達，鉄器の普及，文字や暦法の使用，都市の成立，広範囲な地域における政治的秩序の確立，社会階層の分化と諸制度の発達などの面で，黄河文明は開花した。

写真5　上海市の高層ビル
（筆者撮影，2001年）

　畑作農耕文明である黄河文明に対し，長江中，下流域で栄えた長江文明は稲作農耕文明である。最近の考古学の発見により，稲の栽培は1万2000年以上前にすでに長江中流域から下流域にかけての一帯で開始したことが明らかになった。考古学者厳文明の分析により，長江流域の古代稲作農業は主に「萌芽期」（紀元前12000～7000年），「耕前期」（紀元前7000～5000年），「耜耕期」（紀元前5000～3000年），「犁耕期」（紀元前3000～2000年）に区分されている。「萌芽期」では野生稲から栽培を試みていたが，採集と漁撈を主とした経済形態の中ではわずかな比重しか占めなかった。「耕前期」では一定規模の定住集落がすでに成立し，石器の道具を用いて稲の栽培を行ない，また稲籾と稲藁を建築材料の強固剤や土器粘土の混合剤として大量に使用していた。「耜耕期」に入ると，確立した稲作農業はさらに進歩をとげ，牛や水牛などの骨でつくられ

た耕具の「骨耜(こっし)」が水田を耕起して水平にするのに使われた。次の「犁耕期」になると，農具は骨耜から石犁になり，犁耕の稲作技術が確立した。また長江流域において巨大な城壁や基壇(きだん)を備えた都市はその時期に出現し，黄河流域よりも早く都市文明の花が開いていた。多くの学者が指摘するように，黄河文明が栄えた時代，長江流域にも発達した農耕社会が存在していたことは疑いない。長江文明は黄河文明と同じく，中国文化の母体である（徐朝龍『長江文明の発見』角川書店，1998年）。

多くの学者が指摘するように，各地域でそれぞれ生まれた「地方文化」の間には交流と融合が絶え間なく起こっていた。その交流融合には平和的なものもあり，暴力的なものもあった。特に，4000年前に黄河流域に勃興した強大な政治勢力は青銅器と文字などに代表されるように文明的に優勢であり，そのために次第に周囲を圧倒しながら中心的地位を築き上げた。そのような交流と融合の過程は，新たな混合文化である「中国高文化」を生み出した。

参考文献

徐朝龍『長江文明の発見』角川書店，1998年
田島英一『中国人という生き方』集英社，2001年
覃光広等編著（伊藤清司監訳）『中国少数民族の信仰と習俗』（上巻・下巻）第一書房，
　　1993年
中野謙二『中国概論』有斐閣，1996年
林巳奈夫『中国文明の誕生』吉川弘文館，1995年
林語堂（鋤柄治郎訳）『中国＝文化と思想』講談社，1999年

2−2　朝鮮半島—日本を映し出す鏡—　　　〔東アジア〕

渋谷鎮明

1．はじめに

　朝鮮半島は日本の隣国であり，古くから密接な関係があった地域である。さらに近代の日本による植民地支配や，その影響による戦後のさまざまな問題があり，日本ときわめて関係の深い地域である。近年でも2002年ワールドカップ共催，歴史教科書問題，1990年代以降急速に浮上した北朝鮮をめぐる問題などがあり，今後も日本にとって朝鮮半島は，様々な問題をも抱えた密接な関係が続くことが予想される地域でもある。

　また文化的にも朝鮮半島は中国の強い影響を受けつつ，独自の文化を発展させたという点で日本と類似している。ただ類似した部分があるが故に，「ほぼ同じ文化・風習であるはずだ」という思い込みが，違いを見過ごさせ，さまざまな摩擦を生み出すことはこれまで多く指摘されている。

　この章では，日本と朝鮮半島との歴史的関係や，文化・社会面について，いくつかのトピックを取り上げながら述べていく。なお，文化・社会的側面については資料の関係などから韓国の事例に限って述べる。

2．朝鮮戦争と分断された国土

　現在，朝鮮半島は事実上，休戦ラインを境に南の大韓民国と北の朝鮮民主主義人民共和国に分断されている。これは，日本による植民地支配が，日本の敗戦により終止符をうった後，米ソ両国によって北緯38度線を境界として分割統治されたことに端を発する。

　その後，1948年にアメリカの意向を背景にした38度線以南の「南朝鮮」単独選挙がさまざまな勢力の反対を押し切る形で強行され，これを契機に南に資本主義の大韓民国，北に社会主義の朝鮮民主主義人民共和国が成立することと

なった。さらに1950年6月25日には北朝鮮軍が38度線を越えて南下をはじめ，朝鮮戦争が勃発した。この戦争は同じ民族が二つに分かれて争うという，きわめて悲惨なものとなった。2000年6月の南北首脳会談の成果を受けて実現した，南北離散家族の再会というのも，この戦争によって離ればなれになった肉親の再会であった。

戦争はアメリカを中心とする国連軍の仁川上陸作戦，中国人民軍の参戦など戦況の変化につれて，戦線が南北に一度ならず往復した。これはいわば国土を何度もローラーするようなものであり，被害は朝鮮人だけでも126万人に及び，きわめて甚大なものとなった。1953年に休戦協定が調印され，停戦軍事境界線（休戦ライン）と，その両側に幅2キロメートルずつの非武装地帯が設置され，また軍事停戦委員会の本部が調印の行なわれた板門店に置かれた。この状態は現在まで継続され，二つの政府が軍事境界線を挟んで対峙し，境界線は国境としての性格を帯びている。

このような経緯から朝鮮半島では同じ民族が二つの国家に分かれており，前記のように肉親が離ればなれになっている例も多く，朝鮮半島統一の願いには切実なものがある。

3．二つの国家

上記のように，第二次世界大戦後の処理や冷戦構造の形成を背景として，朝鮮半島の北半部には朝鮮民主主義人民共和国，南半部には大韓民国の二つの政府が樹立され，現在に至っている。まずこの二つの国の基礎的な事項について確認していこう（図1参照）。

大韓民国（以後韓国）は，面積が9万9313平方キロメートル（休戦ライン以南）で，人口は2001年現在で約4783万人である。首都はソウルであり，人口は1000万人を超えている。

韓国は直接選挙の大統領制をとり，大統領が強い権限を持っている。一時クーデターなどにより軍事独裁政権が成立し，批判を受けた時期があったが，1987年の盧泰愚大統領の民主化宣言以降，民主的な政権交代が行なわれ，2001年現

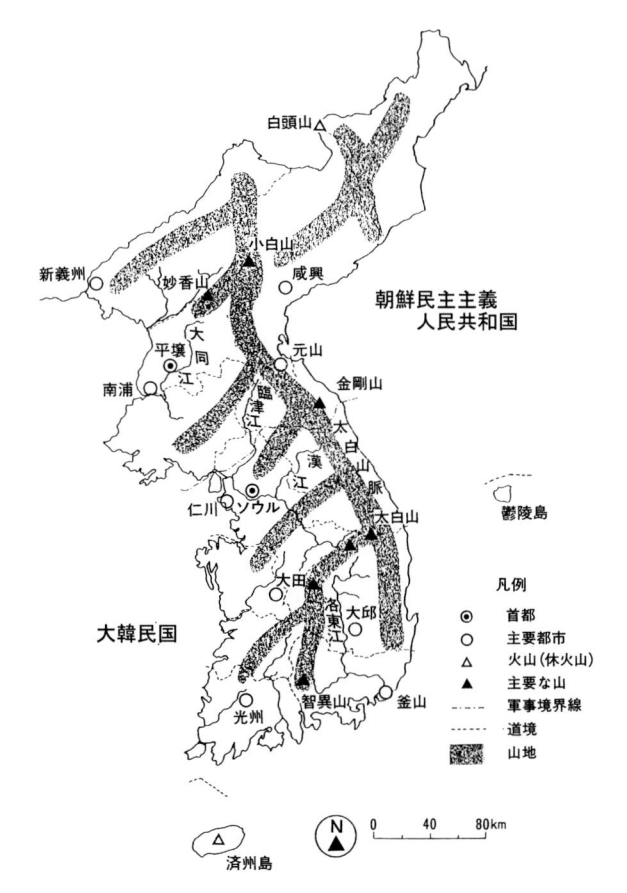

図1　朝鮮半島全図（地形・都市・休戦ライン・行政区画）
　　（筆者作成）

在，ノーベル平和賞を受賞した金大中氏が大統領を務めている。

　韓国は，「漢江の奇跡」と呼ばれるように，1970年代に順調な経済成長と工業化を成し遂げ，後にシンガポール，香港などとならんで新興工業国家群（NIEs）と称されるようになった。それにつれて，産業別就業人口も次第に農業などの第一次産業従事者が減少し，第二次・第三次産業従事者が増加するという，戦後の日本とよく似た変化を経ている。

　朝鮮民主主義人民共和国（以後北朝鮮）は，面積が12万2762平方キロメー

トル（休戦ライン以北）で，人口は2052万人である（1993年）。首都は平壌（ピョンヤン）で，人口は約270万人である。

　この国は社会主義国であり，戦前期に日本の植民地支配に対する武装闘争を行った金日成主席が，建国後一貫して主導権を握った。1994年に金日成が没した後は，その実子の金正日総書記が実権を委譲され，現在に至っている。

　現在の日本において，北朝鮮は「貧しい国」とのイメージが強いが，朝鮮戦争後，1950年代末から1960年代初めには，長期経済計画のもと，他の社会主義国の経済協力も受け，早いテンポの経済発展をしたとされる。現在のような経済状況の悪化は，1980年代から徐々に進行し，1991年に始まるソ連崩壊による貿易不振の影響などでより悪化している。また，1970年代に石油危機の影響を強く受け，貿易収支が悪化している。

　このように朝鮮戦争以来，実質的に半島には二つの国家が存在しており，ややもするとまったく別個のものと考えられがちであるが，本来同じ文化・生活習慣をもつ朝鮮（韓）民族であり，しかも両国とも，ほとんどそれ以外の民族が居住せず，ある意味では日本よりも単一性が高いといえる。

　たとえば，共通するものとして言語があげられる。両国で話される朝鮮語（韓国語）は朝鮮王朝初期につくられた，「ハングル」と呼ばれる人工の文字を

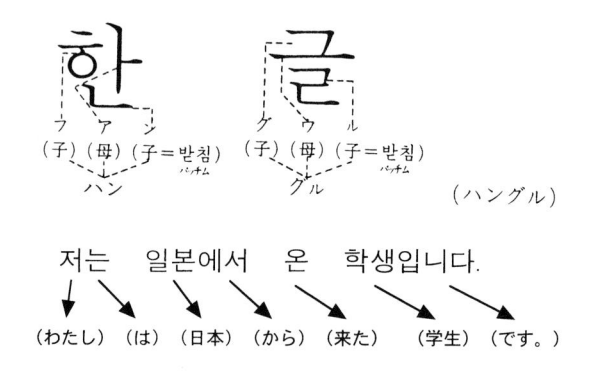

図2　ハングルの構成と朝鮮語（韓国語）の文法
　　　上：ハングルの構成（出所：『10日間のハングル』宝島社，1984年，35頁）
　　　下：朝鮮語（韓国語）と日本語の文法の対比
　　　（筆者作成）

用いて表記され，基本的な文法なども同じである。ハングルは図2に示すように子音と母音の組み合わせでできており，漢字から出発した日本のひらがなとはそもそも性格が異なっている。

反面，朝鮮語（韓国語）は文法的には日本語と語順がほぼ同じであり，助詞が存在する点も同じである。しかも，朝鮮語（韓国語）には，ちょうど日本語の表記が漢字仮名まじり文になるように，漢字起源の言葉がきわめて多く混じっている。このような類似点から，日本人にとってはかなり学習しやすい言語であるといえよう。

4．日朝の歴史的関係

次に，日本との関係を中心としながら，さらに歴史を遡ってみよう。

日本と朝鮮半島の歴史的な関係は，隣国であるが故にきわめて古く，しかもさまざまな出来事があって複雑であるが，両地域に強い影響を及ぼした四つの事件をおさえると，比較的把握しやすいように思う。

第一に，663年に起きた白村江の戦いである。これは，当時大和朝廷が，新羅・百済・高句麗の3国があった朝鮮半島に出兵したことで起きた戦いであった。大和朝廷側は百済を救援し，唐と新羅の連合軍と戦ったが敗れ，その後半島との関係は次第に希薄になった。

第二に，13世紀後半に起きた元寇である。朝鮮半島には当時高麗王朝があったが，モンゴルとの戦いに敗れ，戦乱のため国土はきわめて疲弊していた。しかもモンゴルの日本侵攻の際には高麗が兵糧・将兵・船などを準備せねばならず，さらに国力は疲弊した。日本は元の侵攻を阻んだが，それ以前に高麗王朝は多大なダメージを受けていたのである。

第三に，16世紀後半の豊臣秀吉の朝鮮出兵である。日本国内を統一した秀吉は，中国にまで攻め込むことを考え，その手始めとして朝鮮王朝のあった朝鮮半島に攻め込んだ。その後明の介入や，李舜臣などの朝鮮水軍の活躍，そして秀吉自身の死亡などにより，二度にわたる出兵は失敗に終わった。

最後に，1910年から始まる，日本による朝鮮の植民地支配である。日本は，

1905年に朝鮮王朝の実権を奪って保護国化し，最終的に韓国併合（日韓併合）によって植民地とした。この状態は1945年の日本の敗戦まで36年間続くこととなる。この支配が直接・間接的に現在の日韓・日朝関係にさまざまな影響を及ぼしている。

　これらの四つの事件は，日本と朝鮮半島，中国の間で生じた戦乱であり，東アジア全体にも大きな影響を及ぼしたものである。例えば，豊臣秀吉の朝鮮出兵は，当時の明朝が疲弊する一因ともなり，日本への協力を拒絶した琉球王国が，後日それを口実に日本の島津氏に攻め込まれている。

　またこのような歴史だけをみると，日朝の間は戦乱ばかりできわめて仲が悪い関係に見えるが，それぞれの事件の間は，比較的平和で，「仲が悪くない」時期のほうが長い。たとえば第三，第四の事件の間の江戸時代には，徳川幕府と朝鮮王朝は「善隣友好」関係と称されるような，比較的対等な国家間交流があった。江戸時代に日本を訪れた朝鮮通信使は，その象徴である。このような「通常の状態」がどのように維持されたのかについても知るべきであろう。

　次に第四の事件としてあげた，日本による植民地支配は，現在の日韓・日朝関係にさまざまな影響を及ぼしているため，今少し詳しく確認していこう。

　日本による植民地統治の時期は36年に及ぶが，一般的に1919年の大規模な反日独立運動である三・一独立運動を境に，それ以前を「武断政治」期，それ以後1930年頃までを「文化政治」期と呼ぶ。

　日本の植民地支配における政策のなかで特に批判を浴びているものは，初期には土地の収奪が行なわれたとの批判がある土地調査事業（1918年まで）や，朝鮮人の経済活動を抑制したとされる会社令（1910年），そして日中戦争以降に実施された皇民化政策として行なわれた創氏改名，神社参拝の強要，そして日本国内の労働力不足を契機に行なわれた強制連行などがある。

　この日本による植民地支配についてはさまざまな論議が交わされているが，次のような事実からとらえてみてはどうだろうか。第一に日本の植民地支配によって朝鮮半島の人々が基本的に不利な立場に置かれたということである。これは近代の植民地においてはどこでも同様であるかもしれないが，例えば当時朝鮮にあった学校への入学などでも基本的に日本人が有利であったなどのことがあげられるであろう。

第二に，特に1930年代以降に日本の手によってさまざまな過酷な政策が行なわれたということである。日中戦争以後，日本は労働力の不足などから朝鮮半島においても戦時動員体制をつくり上げた。これに伴って皇民化政策が行なわれ，日本式の家長制度を導入する創氏改名，神社参拝の強制，教育制度の整備による朝鮮語使用の禁止などが実施された。またその一方で強制連行なども行なわれている。これらは現在最も批判が集中し，論議を呼んでいる部分である。

　第三に，日本の手によって朝鮮半島に学校制度や都市計画，あるいは電気，鉄道などの近代的事物（制度とインフラ）が導入されたということである。しかしこれは，ただ朝鮮半島の人々のためのものであったとはいえないであろう。またこのような三つの事柄はセットとして語られるべきものであり，この第三の事柄のみを強調すべきではないであろう。

　またこの時期には強制連行も含めたさまざまな形で，朝鮮半島から日本に朝鮮人が渡日し，そのうち日本に生活基盤を築いた人々が戦後も継続して日本に居住している。それが在日韓国・朝鮮人と呼ばれる人々であり，戦後さまざまな差別や，国籍にかかわる問題を経験して現在に至っている。

　このように日朝の歴史を振り返ると，東アジアの中での両国の位置づけや，日本の歴史を顧みることができる。

5．韓国の都市と農村

　韓国には，人口1000万人を超えるソウルをはじめ，100万を超える都市も釜山，仁川，大田，大邱などがあり，都市の装いも日本とそう変わらない。一方農村部も稲作を中心とすることは共通であるため，日本と似た部分があるが，その歴史や社会的背景にはかなりの違いがある。

　韓国の歴史の古い都市は大まかに見て，①朝鮮王朝時代の城郭都市を基盤とし，その後の②日本統治時代の都市整備・都市計画，③1980年代以降の韓国政府の都市計画などを大きな契機としながら拡大していった。

　たとえば現在の韓国の首都であるソウルは，朝鮮王朝時代には漢陽と呼ばれた城郭都市であった。現在ソウルは漢江という河川の南北両側に位置している

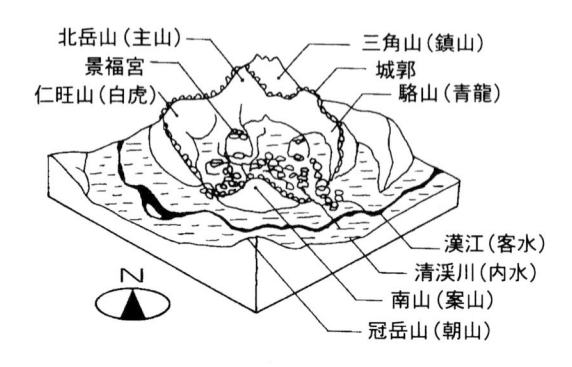

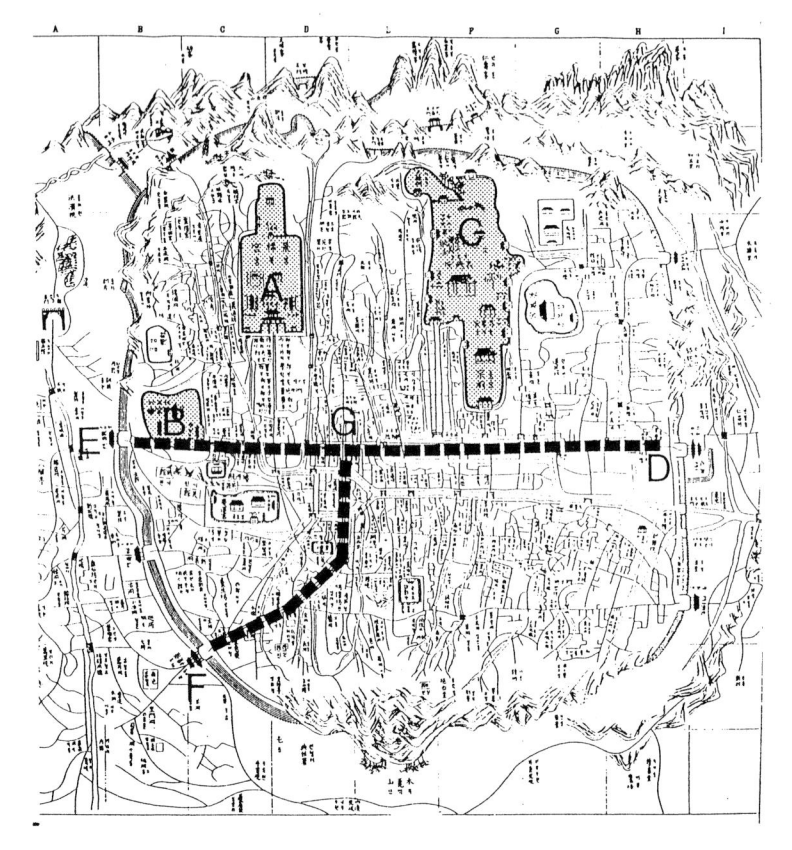

図3　ソウルの立地と城内
　　　上：ソウルの立地（出所：渋谷鎮明「韓国の風水思想」，『地理』38-11，41頁）
　　　下：ソウル城内（出所：「ソウル地図」，1902年，李燦・楊普景『ソウルの古地図』
　　　ソウル学研究所，1995年70頁に筆者加筆）
　　　A：景福宮　B：徳寿宮　C：昌徳宮　D：東大門　E：西大門　F：南大門　G：鍾閣

が，古くは川の北側の低い山に囲まれた盆地の内部にあった（図3・上参照）。そしてその低い周囲の山々をつなぐようにして城壁が築かれていた。内部には王の宮殿である景福宮などをはじめとしたさまざまな重要な施設が置かれ，城壁の東西と南にはそれぞれ主要な門が設けられ，それらをつなぐようにして街路が形成された（図3・下参照）。現在の東大門市場，南大門市場はこの門の周囲にできた市場がその起源である。

日本統治時代に入り都市は拡大を始め，城内の街路が整備されるとともに，城郭の南西と東が開発され，龍山などの日本人の居住地ができた。また景福宮の前面には朝鮮総督府が置かれた（1998年撤去）。

朝鮮戦争後，ソウルにはしだいに人口が集中し，韓国が経済成長を遂げた1980年頃からは韓国政府の都市計画が行なわれ，これまで手の付けられていなかった漢江を渡った南東部が急速に開発され，アパート団地が林立する新市街地が形成された。この地域は江南（漢江の南の意・カンナム）と呼ばれ，新し

「キムチと焼き肉」だけではない韓国の食文化

韓国の食文化に対して日本人が持つ一般的なイメージは「キムチと焼き肉」，あるいは「辛い，ニンニク臭い」といったものであろう。

しかし，韓国の一般的な家庭料理をみると，日本での韓国料理のイメージとはかなり違っている。その特徴をあげてみると，予想以上に①辛くない，②肉（魚を除く）がない，③ニンニクを使っていない，という3点であろう。ただし「思ったよりも」ということであり，辛いもの・ニンニクを使ったものがまったくないわけではないし，肉がまったく食卓にのぼらないわけでもない。正確には，野菜を中心としたさまざまな種類のおかずがあり，バランスがとれているというべきであるかもしれない。

多くの場合韓国の家庭料理は，ご飯＋汁（味噌汁など）＋メインディッシュ（焼き魚など）＋野菜を主としたさまざまな種類の漬け物・煮物（キムチ・ナムルなどを含む）の組み合わせであり，ある種日本の「和食」に近い。これを「韓食」と呼ぶことが多く，多くの家庭の標準的な食事であろう。しかも日本のように家庭料理に洋食が入ることは稀である。日本での韓国料理のイメージにある焼き肉などは，実は「よそゆきの食事」であるのかもしれない。

い時代のソウルの姿を象徴する地域である。1988年のオリンピック競技場などの新しい施設はほとんどこの地域に集中している。

なお，韓国の都市の中には，上記の②にあたる日本統治時代に都市が形成・拡大した例もあり，大田，釜山などはこのような歴史を持っている。

朝鮮戦争後より経済成長期を経て，都市への人口集中が激化し，ソウルは人口1000万人を超す大都市となり，人口のみならず経済，文化などさまざまな側面でソウル一極集中が起き，それが住宅不足，環境悪化などのさまざまな都市問題を引き起こしてきた。ソウルの次に大きい都市は釜山であるが人口はソウルの半分以下であり，また人口以外の分野における開きはより大きいといえる。たとえていうならば日本に大阪，あるいは京阪神圏がないような状況であり，ソウルへの一極集中は際だっている。

このような都市への過度な人口集中は日本も含めたアジア諸国ではどこでも起きているが，その人口が流出する分，農村部が過疎となり，働き手がいなくなる現象も同様である。韓国においても例外ではなかった。

そのため農村部は疲弊し，1970年代にはその対策として政府がセマウル運動を実施した。これは一種の農村改善運動であり，政府主導で行なわれていたと考えられる。これは具体的には農村の開発による農家所得の増大，近代化，都市との格差是正などの目的が主であった。これにより，韓国の農村は近代化された反面，景観が大きく変化し，かえって農村部での所得格差が増大したとの批判もある。

セマウル運動は草屋根の解消や道路の舗装・拡張など，さまざまな影響を及ぼしたが，1980年代頃より顕著になった文化財指定・保護の動きも韓国農村の景観に影響を及ぼしている（図4参照）。

韓国の一部の農村は，朝鮮王朝時代に「両班」と呼ばれる，当時の支配階級が居

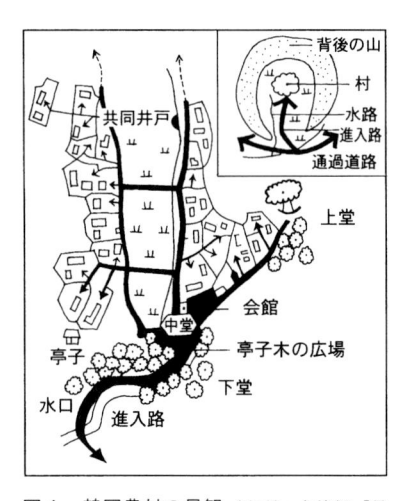

図4　韓国農村の景観（出所：金徳鉉「最近の韓国村落の景観変化に対する理解」『文化歴史地理』1号，1989年，31頁）

住した。両班は科挙を通じて高級官僚になるとともに，根拠地で地主として勢力を保持し，また一般的に父系血縁関係による同族意識が強かった。このような両班が居住した村では，現在も儒教の祖先祭祀に関連する施設が残っていたり，規模の大きい住宅が集中しているなどの特徴がある。これらの建築物や村全体が文化財指定されることもあり，そこでは「両班文化」ともいうべき伝統的な姿を保持している。

　韓国の都市・農村を日本のそれと比較すると，歴史的な側面で相違があることが理解される。都市については本来日本とは異なった形式の城郭都市が起源になっており，また農村部に両班が居住したことから，文化財が多数存在するなど，日本の農村とは異なった姿が形成されている。

6．門中と祖先祭祀

　韓国・朝鮮のみならず，東アジアでは父系血縁を基盤とする集団が，現在でも儒教などと関連を持ちながら，祖先祭祀や相互扶助，族譜の編纂(へんさん)を行なうなどさまざまな活動を行なっている。日本語では「一族」あるいは「同族」などと表現すれば理解しやすいかもしれない。かつては前述の「両班」がこのような一族のつながりを重視していたが，それが現代韓国ではそのような意識が全国民にまで拡大している。一般的にこのような集団は「門中」などと呼ばれ，韓国社会を知るための一つの重要なキーワードといえる。一説にはこのような一族を重視する意識が，韓国の財閥企業の成立にも影響したといわれている。

　このような韓国の「門中」はまず，「姓（名字）」だけではなく，「本貫」と呼ばれる祖先や一族の出身地域で分類されている。たとえば，「金」という姓を持っていても，本貫が異なれば別の一族（門中）と考える。そのため本貫と姓をセットにして，たとえば「金海（本貫）金氏（姓）」と表現される。韓国ではこの門中が同じであれば婚姻ができないものと考えられ，最近まで民法上も「同姓同本」の結婚は禁じられていた。

　門中は，共通の祖先を対象とする祭祀や，相互扶助，あるいは族譜（家系図）の編集などを行ない，また戦後の都市化によって全国に拡散した構成員をまと

写真1　韓国の墓地（筆者撮影，2000年）

めるための「宗親会」が組織されており，韓国の都市を歩くと宗親会の看板をしばしば目にする。特に族譜は門中の構成員であることを知るためのきわめて重要な資料とされており，その編纂作業には力が入れられる。

　日本にも「一族」や「同族」という意識は存在してきたが，韓国の門中に比べるとその範囲が小さいように思われる。たとえば祖先祭祀を例にとっても，日本の法事のようなきわめて近しい親族で行なう祭祀だけでなく，それをはるかに超えた範囲の祭祀もよく行なわれている（写真1）。

7．宗教と民間信仰―理性と霊性―

　韓国は「宗教の国」とも呼ばれるように，日本などと比べてはるかに宗教に対する関心が高い。ソウルの市内でも数多くの教会を見ることができるのもそのためである。韓国では大まかにみてキリスト教，仏教などの大宗教と，シャーマニズムを中心とする民間信仰があり，そして「宗教」といいにくい面があるが，儒教もあげることができるだろう。

　その儒教は，韓国社会の社会規範として広く根づいており，先に述べた門中

の祖先祭祀なども儒教式で行なわれる。またそのような祭祀の継承も含めて，さまざまな側面で男性・長子優位の意識があり，ここにも儒教の影響があるといえよう。韓国・朝鮮における儒教の歴史は古いが，本格的に根づいたのは朝鮮王朝時代からである。とりわけこの時期には朱子学が取り入れられ，『朱子家礼』などを基礎とする冠婚葬祭の励行などを通じて朝鮮社会に広まった。現代韓国社会では儒教は社会の基礎を支えるものであり，他の宗教とはその点で異なっているため，別格の扱いをすべきであるかもしれない。

　次に仏教は高麗時代までは国教であり「護国仏教」として重要な地位を保っていたが，朝鮮王朝時代には儒教が国教となったため，逆に排仏運動が盛んになり弾圧された。現在，韓国において規模が大きく，歴史の古い寺院が山奥に位置しているのはその名残であるとされる。また日本の植民地支配時代を経て，現在は都市部にも寺院が見られ，仏教を信仰する国民も多い。

　キリスト教もやはり韓国では信者が多く，特にプロテスタントの活動が盛んである。キリスト教が一般に広まり始めたのは日本統治時代であり，特にこの時期は独立運動や教育の面でも貢献が大きかった。そのため当時の皇民化政策の際の神社参拝強要も当時のキリスト教信者に向けられていた側面があった。その後も社会不安が増大する時期に信者を増やして現在に至っている。

写真2　韓国のシャーマン（筆者撮影，1991 年）

これらの「大宗教」に対し，民間信仰の中で強いものは，シャーマニズムである。主に女性のシャーマン（ムーダン・巫堂）が舞踊などを通じて神おろしを行なうもので，主に女性の依頼者の求めに応じて行なう（写真2）。このようなシャーマニズムは上記の大宗教にも影響を及ぼしており，現代韓国の宗教の特色を生み出している。たとえばキリスト教などでは教会によって，社会活動に積極的にかかわる「理性」的な教会と，奇跡を起こしたり治癒を行ない，精神的な部分，「霊性」を重んじる教会が混在している。仏教でもそのような新しい寺院が誕生している。

このような韓国の宗教を日本と比較すると，仏教については日本のような檀家制度が存在しない点，キリスト教会が多くしかも霊性を重んじるものが存在する点などが韓国の宗教の特徴としてとらえられる。

8．むすび―「日本大衆文化開放」と「軍事大国化」への懸念―

日韓両国の関係は，朝鮮戦争前後から開始された日韓会談より始まる。会談はさまざまな軋轢や両国の国情などに左右され，1965年にようやく日韓条約を結び，国交を回復している。これを出発点として現在の日韓関係が形づくられたわけであるが，1982年の「教科書問題」や，戦後補償問題などで必ずしも良好な関係ばかりではなかった。最近になってようやく2002年のサッカーW杯共催や，韓国における日本大衆文化開放政策などを契機に，比較的良好な雰囲気が醸成されつつある。

しかしまだ歴史教科書問題，靖国参拝問題などが韓国において論議を呼び，日本の「軍事大国化」，「右傾化」などが懸念されている。このような問題は相互理解が不足する部分から発生している側面がある。歴史認識一つをとっても一般的に日本人が韓国の歴史について知るところが少なく，また韓国人も，戦後日本の「平和憲法」の存在などをはじめとした日本の現代史について理解が不足している面がある。

このような理解不足を補うためにも，日本人にとって韓国・朝鮮の歴史や文化・社会を知ることは重要である。朝鮮半島という地域を理解することは，隣

国をしっかりと知るべきであるということ以外にも，日本の過去の歴史を振り返ったり，文化・社会的な面でわれわれの住む日本を見つめ直したりするためにも重要である。朝鮮半島という地域は，そこを知ることで，日本を再確認できるある種の「鏡」であるともいえるだろう。

参考文献

伊藤亜人他監修『新訂　増補朝鮮を知る事典』平凡社，2000 年
伊藤亜人『暮らしがわかるアジア読本　韓国』河出書房新社，1996 年
伊藤亜人『もっと知りたい韓国 1・2（第 2 版）』弘文堂，1997 年
糟谷憲一『世界史リブレット 43　朝鮮の近代』山川出版社，1996 年
河野通博編『世界地誌ゼミナール I　新訂東アジア』大明堂，1991 年
李元馥『コリア驚いた！韓国から見た日本』朝日出版社，2001 年
姜在彦『世界の都市の物語　ソウル』文芸春秋，1992 年
鄭大均『在日韓国人の終焉』文春新書，2001 年
梶村秀樹『新書東洋史 10　朝鮮史　その発展』講談社現代新書，1977 年
『別冊宝島 42　10 日間のハングル』宝島社，1984 年

2−3　東南アジア大陸部およびフィリピン

〔東南アジア〕

小倉貞男

　東南アジアで生活していると，日本の若い人たちがリュック一つで気軽に旅をしている姿をよく見る。自然は豊かで変化に富み，住んでいる人たちも日本人に親しみをもっている。主食は米，うどん，ビーフン，パン，四季を通じて野菜，果物は豊富で，食卓は鶏肉，豚肉が主流だが，油はラード，ヤシ油，料理文化はまさに万華鏡，さまざまな地域がそれぞれの特色を強烈に主張している，このエネルギーが若者たちのこころをひきつけるのだろう。

　この十数年，大学生を対象に，「東南アジアのイメージ」アンケート調査を行なっているが，その中で，「東南アジアを表現するとすれば何色と思うか」の答えは「緑色，黄土色」が圧倒的，「東南アジアに行ってみたいか」と聞くと，ほとんどの学生が「ぜひ行ってみたい地域」と答える。好奇心は満点，積極的である。

1．多様な自然と文化

(1) 大陸部と島嶼部

　東南アジアは，アジアモンスーンの影響を受けて稲作文化が発達していて，民族，言語，宗教など，文化の多様性に富んでいる地域である。東南アジア大陸部の国家をみると，中国南部に接しているインドシナ半島にミャンマー（旧ビルマ・以下ビルマとする），タイ，ラオス，カンボジア，ヴェトナムがあり，これにマレー半島が細長く南に伸び，マレーシア，シンガポールを形成，島嶼部にインドネシア，フィリピン，その他の多くの島々，島嶼国家が点在している。ブルネイを入れて，東南アジア諸国連合（ASEAN）10カ国が集まって，平和，安定，政治，経済，なにごとも戦争によらずに話し合いで解決しようとする合意のもとに結ばれた安全保障関係を構築している。

図1　東南アジア地域
　　　資料：Vera Simone, Anne Thompson Feraru, *The Asian Paciffc*, Longman, 1995, p.xiv
　　　出所：稲田十一他『国際開発の地域比較』中央経済社，2000年，25頁より採録

(2) 民族

　本章の対象地域で，国民の人口が最も多い約8000万人の「ヴェトナム」を例にとると，ヴェトナム社会主義共和国を形成している国民は「ヴェトナム人」といわれているが，民族の数は54もある。圧倒的に人口が多いのはキン族で83％，タイ，ターイ，ホア（中国），クメール（カンボジア），ムオン，ムン，モン，ザオなどの諸民族が居住し，最も人数が少ない民族は中部ゲアンに住むアドゥ族の32人である（1996年調査）。

　キン族は一般的にヴェトナム人と呼ばれている。国民と民族の関係は，中国人の血を引いていれば中国系ヴェトナム人（中国人だがヴェトナム国民としてヴェトナム国籍をもつ），カンボジア人の血を引けばクメール系ヴェトナム人と

呼ばれるようになる。逆にカンボジアにいるヴェトナム系住民は，ヴェトナム系カンボジア人と呼ばれ，カンボジア国民となる。

　東南アジアはこのように複数民族が集まって一つの国家を形成しているが，ヨーロッパ勢力の植民地支配を受けたので，民族の居住範囲に関係なく国境が定められたこともあって，同じ民族が国境にまたがって居住しているケースが多く見られる。また民族同士の歴史的対立もある。

　ビルマは平野部の穀倉地帯にビルマ族，東部・南部高地にカレン族，北部山地にカチン族が居住しているが，長い間民族同士の武力闘争が続いており，ビルマ族を優越民族とする軍事政権と他の民族との厳しい対立がある。

　タイ族は中国から南下して海に到達してタイ国家を形成したが，南下の途中，山地にとどまった一部がラオスを形成した。

　カンボジアは中央平野部にクメール族がいるが，高地にはクメール・ルウ（高地クメール族の俗称）がいて，平野部に居住する民族との対立がある。

　フィリピンは約7080の島があり，人間が住む島だけでも880あるといわれ，インドネシアと並ぶ群島国家である。

(3) 地形

　地理的にみてフィリピンだけが他の国々から遠く離れているが，海底は大陸棚でインドシナ半島と結ばれている。東南アジアには世界最大級の大陸棚であるスンダ陸棚があって，大陸部からインドシナ半島，マレー半島，スマトラ，ジャワ，ボルネオ，フィリピンまでU字形に陸地が点在して続き，この間にある海は平均水深60メートル程度の大陸棚が続いている。U字形に連なった島々の外郭，ジャワの南側，フィリピン群島の東側には深い海溝が切れ込んで他の地域と隔絶している。

　この非常に大きな大陸棚はヒマラヤの造山運動で盛り上がったもので，大陸部のインドシナ半島は褶曲山脈が北から南へ走って「しわ」をつくった。山脈・高地・山地の切れ込みに谷間ができ，大河川が流れるようになった。西から東へ，ビルマからヴェトナムへみると，アラカン山脈，ペグー山脈，イラワジ河，シャン高原からテナセリウム，さらにチャオプラヤ河，ドンプラヤ山脈からダンクレク山脈へ，メコン河，チョンソン山脈が交互に入れ替わって山と河が南

に走り，自然の造形は豊かな地域をつくった。

2. 注目されるホアビン文化

(1) 稲作の誕生

　稲の起源はインド・アッサムから中国・雲南，東南アジア北部の高地の三角帯のような地帯だとする説が有力になっている。タイ北部からヴェトナム北部にわたる広範な地域で稲の栽培技術が発達し，稲作が発展したと考えられ，ホアビン文化と呼ばれている。

　東南アジア大陸部が海底だったことは，水成岩が奇妙な形の台地，ろうせきタイプの山を形成し，北部地域に洞窟が無数にあるカルスト台地がつくり出され，盆地が多数造成されたことからもうかがえる。人間は木の実，川のタニシを採取し，鹿，イノシシなどの狩猟生活を送っていたが，BC2000年頃から，無数の洞窟を居住場所に，盆地，河川を利用して，この地域に稲を主体とする植物を栽培するチャンスをつくり出した。インドシナ北部の高地で，同じ品種の稲が陸稲と水稲となっている原始的形態が今でも見られるのは，興味のある光景である。

(2) 言語

　民族は固有の言語をもっている。ヴェトナムの54の民族は，公教育では子供のころからヴェトナム語を教えられているが，家に帰るとそれぞれ独自の民族言語で生活している。ザオ族のように漢字をもつ民族もいれば，山岳に居住する多くの民族は文字をもたない。

　東南アジアの言語には五つの語族がある。

　①オーストロアジア語族系はモン-クメール語群（クメール語，ヴェトナム語ほか），②シナ-チベット語族系は中国語群，チベット-ビルマ語群（チベット語，ビルマ語ほか），③オーストロネシア語族系はインドネシア語群（インドネシア語ほか），フィリピン語群（タガログ語ほか），オセアニア語群，④タイ-カダイ語族系はタイ語群（タイ語，ラオ語ほか），カダイ語群，⑤モン-ザオ語

族系はモン語群，ザオ語群がある。これらが民族ごとにさらに細かな言語に分かれて使われている。

3．文化が共存し，重なり合う社会

(1) 宗教と土着信仰の重層信仰

　東南アジアの人たちは，仏教（大乗仏教と上座部仏教），道教，ヒンドゥー教，イスラム教，キリスト教などを信仰している。土着信仰が併存しており，宗教と土着信仰を併せて「重層信仰」が存在する。

　土着信仰には，精霊信仰と祖先の霊を祀る儀礼がある。山や川，森林，大きな樹木，大きな岩，水源，淵，火，闇などにカミが存在すると信ずる。人間の意識を超えるはかり知れない超能力をもった存在があると信じられている。また，祖先の霊を祀ることも重要な信仰と儀礼になっている。

　上座部仏教はスリランカ（セイロン），インドからビルマ，タイ，カンボジアへ伝わってきて，南伝仏教ともいわれる。ヴェトナムには唐の時代に中国から大乗仏教が伝わった。ヴェトナムとカンボジアは国境を接しながら異なった仏教が信仰されている。

　上座部仏教が伝わったビルマでは，ビルマ族は上座部仏教を信仰したが，カレン族，カチン族は土着信仰である。先のアジアの戦争では，日本が仏教信仰のビルマ族との協同を画策したのに対して，イギリスはカチン族に接近してキリスト教の布教を行ない，ビルマ族，日本軍に対抗した。宗教が政治，軍事に関与したケースである。

　タイ族はサンガ（僧の集団・戒律を重視する上座部仏教の中心的集団）の活発な布教によって，上座部仏教が支配的となった。ラオスでも上座部仏教が支配的で，精霊信仰も根強い。

　カンボジアの前身といわれる扶南（フナン）では紀元前後，インドからの交易によって上座部仏教が伝えられたといわれており，カンボジアはこれを継承して，今もなお上座部仏教が国教となっている。アンコール時代から続いた王朝は，国王によってヒンドゥー教か，仏教のどちらかの宗教に帰依したが，王

位継承の儀式はヒンドゥー教で行なわれたことが多かった。1975年からのクメール・ルージュの時代に宗教はすべて否定され、僧侶は殺されるか還俗させられた。今、寺院は復活し、僧侶の養成も順調に行なわれているが、都市、農村で精霊信仰が生活の中で根強く息づいている。

東南アジア地域に点在しているチャム族はイスラム教徒で、古い時代からイスラム交易圏との交流を通じて影響を受けた。

ヴェトナムは唐から入ってきた大乗仏教が支配しており、社会主義体制の中でも、仏寺は熱心な信者によって維持されていて、現世の利益を得ることに強い期待がある。昔から影響力が強かったのは、中国から入ってきた道教である。土占いなどの占い師は禁止されるようになったが、村人たちは相変わらず土占い、星占いに引き寄せられている。

ヴェトナム人の中で最も人口が多いキン族は、祖先崇拝を最も重要な儀礼としている。Làng（ラン）といわれる伝統的村落共同体は約1000年の歴史があり、村の守り神として、土地を拓いた先賢を祀る廟が村の中心におかれている。村人たちは村の繁栄を願って水利、灌漑施設の建設、防衛などの共同作業を行なう伝統があり、今もなお強固なきずなをつくり、地域の発展をもたらした。親族の祠堂は春秋に先祖の霊を祀る神聖な場所で、儀式は賑やかに行なわれる。タテのきずなを大切にする慣習がある。

フィリピンはスペインの植民地化により、約80%はカトリックだったといわれる。現実には土着の精霊信仰が強く、イスラム教も入ってきて、ルソン、ミンダナオではイスラム原理主義政党も結成され、反政府活動も続いている。

(2) インド化社会と中国化社会

東南アジア社会は有史以前からダイナミックな変化をたどってきた。インド文化は紀元後から海上交易を通じてイラワジ河下流（今のビルマ地域）、メナム河下流（今のタイ地域）、メコンデルタ（後のカンボジア）、インドシナ半島の東側地域（後のチャンパ）にいくつかのインド化された王国が樹立された。

インド的王国とは、「インド人か、インド化された土着人である一人の権力者の下に、それぞれの守護神、土地の神をもったいくつかの地方集団が統合されることを意味する」（ジョルジュ・セデス）が、族長連合から王を選ぶ慣習が

写真1　世界最大の石造寺院・カンボジアのアンコールワット（12世紀前半の建立）
スーリヤヴァルマン2世（在位1113～1150年）が死後の墳墓として建立したと伝えられる（筆者撮影，1981年）

写真2　カンボジア美術の枠・アンコールワット（大王都）の中心にあるバイヨン（12世紀末ころ）の第1回都のレリーフ
中国人（右側）とクメール人（左側）が闘鶏にかけている図
民衆の日常生活を描いたものとして知られている（筆者撮影，1990年）

あったと考えられる。

　典型的な例はカンボジアである。メコンデルタには扶南と呼ばれる王国があったが，メコンデルタとトンレサップ湖周辺を制覇したクメール族がアンコール王国を樹立した。トンレサップの肥沃な土地に広範な水利灌漑ネットワークを整備し，稲作の生産力を増強させた。水利施設の整備は精密な技術力がなくては不可能である。権力を集中し，民衆を動員する組織がなければならない。

　アンコール王朝歴代の王はヒンドゥー教を信仰し，王位継承は山上神殿で天からの啓示を受けたリンガから神託されることによって，人神合体の王権をもつ。宗教的な司祭者であると同時に世俗的な政治権力を保持することができる。アンコール文化を象徴する数千に及ぶ寺院，僧院の建設と水利網の整備は，王権の実態を物語っている。

　ヴェトナムは中国化された社会といわれる。漢など中国支配勢力によって，官僚制度，軍事組織，社会制度のすべてはコピー化された社会だった。だが，1000年に及ぶ支配に反抗し，独立をしてからもなお，宋，元，明，清の侵略を撃退するという抵抗の歴史があるが，中国の朝廷には臣下としての礼をつくした。官僚の登用についても科挙制度を適用した。官僚は儒学を必要としたが，民衆は仏教，土着信仰を固くまもっていた二重構造があった。ヴェトナムは80％が農民といわれており，民衆までが中国化された社会ではなかった。現代に入って，フランス植民地体制を打破するための，儒学を信奉する官僚たちが主導した王政復古運

写真3　タイ・アユタヤ王朝（1350～1767年）の菩提寺
バンコク北方にあり，大勢の観光客が訪れる（筆者撮影，1989年）

動は一部の反乱に終わり失敗し，代わって民衆の力を結集した独立運動が起こった背景がここにあった．

4．「くに」は発展を続ける

(1)　「くに」のかたち

　東南アジア地域が今のような「くに」の形の原型を形成するようになったのは，10世紀から12世紀ころで，カンボジアのアンコール王朝は，中国史料，石碑の碑文から類推するほかはないが，12, 13世紀ころインドシナ半島の南半分を支配していた．水利，灌漑技術が進んでいて，当時すでにコメの収量は1ヘクタールあたり1.2トンもあり，豊かな稲作社会が形成され，広大な地域に数千の寺院が建立され，現在もアンコールワットをはじめ，人類最大の石造寺院遺跡がある．

　ビルマは中国とインドを結ぶルートの要衝だったが，ビルマ族は古代から支配勢力だったピュー族を吸収し，9世紀にパガン王朝をつくり，イラワジ河下

写真4　ヴェトナム・ホチミン市のチョロンは東南アジア最大の華僑の町
あらゆる商品，食料品が集められる（筆者撮影，2001年）

流デルタを確保した。国際交流拠点として1755年ラングーンを建設し，砂糖，絹製品，陶器，火縄銃，鏡，鉄・青銅製品，麻酔剤，香料，ぶどう，コーヒー豆，漆器，油，チーク材などを交易品として繁栄したが，1824年にイギリスによって占領され，植民地化された。

タイ語系の諸民族は中国・雲南地域からしだいに南下，このうちのシャム族がメナム河中流地域を拠点として繁栄し，13世紀にスコータイ王朝をつくった。14世紀になって南の勢力アユタヤが王朝を新たに樹立し，ヨーロッパ諸地域との交流は活発になったが，1767年ビルマ勢力に制圧された。現在のチャクリ王朝は1782年に樹立された。米，綿花，木材，コーヒー豆，砂糖などが交易商品として活発な交流が行なわれた。

1353年にラオ族の国，ランチャン王国（百象の国）がルアンプラバンで樹立され，1563年にヴィエンチャンに遷都されたが，ビルマ族政権に滅ぼされた。1637年に独立を回復したが，ルアンプラバン，ヴィエンチャン，チャンパサックに分かれ，1946年に統一した。

ヴェトナムは約1000年にわたる中国の支配を受けていたが，939年に独立した。北部デルタでは群雄割拠の時代があり，リ（李）朝（1009〜1225年），チャン（陳）朝（1225〜1400年）の長期政権の時代が続いた。レ（黎）朝（1428〜1788年）の時代に南のチャム族のチャンパ王国を滅ぼしながら「南進」し，グエン（阮）朝（1802〜1945年）になって今のヴェトナムの形となった。

(2) 南シナ海文化・港市国家

東南アジア地域の特徴は，有史以前から海の潮流を使った地域交流が活発で，海の交流が盛んだった。アジア・モンスーン地域だけに，うまく貿易風を利用すると，自由自在に海の交流，交易ができた。港は重要な拠点で，モノの交易と同時に人の交流が活発で，現代の想像をはるかに超えた異文化交流があった。

海上交易の繁栄は港市国家の基礎となった。寺院が建立され，商人町が建設され，港を支配する権力機構が，船舶の出入国，関税，交易品の売買などを管理して，次第に強大な国家として発展した。ヴェトナム中部ホイアンはかつてサヒン文化の拠点だったが，チャンパ王国の経済拠点となり，次にヴェトナムを統一するグエン家の拠点として，交易に力を入れ，関税収入などによる富を

独占して，国家の基盤を形成した．

5．東南アジアを学ぶこころ

(1) 東南アジア概念

　ヨーロッパ諸国のアジア進出は，中国への干渉，インドの植民地化などで，本国と植民地との経済関係は20世紀に入って一層密接になった．ヨーロッパのアジアへの関心は，自国の植民地に対するもので，それぞれジャワ，インドシナなどに関する直接的な関心があったので，東南アジア全体に対する認識は低かった．むしろ植民地をもたなかったドイツ，オーストリアなどで，「東南アジア」という概念が生まれた．

　先のアジアの戦争で，日本軍がアジアで占領地域を拡大したことに対して，連合軍がイギリスのマウントバッテン将軍を司令官として，セイロン（今のスリランカ）に「東南アジア司令部」を設立したことから，「東南アジア」という言葉が生まれたという説が定説となっていた．この「東南アジア」はビルマ，タイ，ヴェトナムなどインドシナ，マレー半島，インドネシアなどを指す軍事作戦上の用語であって，きわめて狭い領域にとどまった．これは俗説であって，本来の「東南アジア地域研究」は，文化，社会などの視点からみて，日本が外南洋といっていたボルネオ以東の南太平洋地域の諸島も含まれていて，定説の倍以上の地域を包括している．

　日本も16世紀ころから外南洋地域に関心をもっていたが，中国（当時は明の時代）との関係，朝貢関係にあるかどうかでとらえていて，「明の外延部分より外」の外南洋は「夷の国」としてみていた．現代に入って「外南洋と内南洋」の概念が明確になり，日本の海外進出の契機となったが，20世紀後半になって，かつての日本の「外南洋と内南洋」概念と「東南アジア」概念はほぼ一致することとなった．

(2) 東南アジア地域研究の視点

　多様性に富んだ地域であるだけに，さまざまな視点で解析することが必要だ

が，常に歴史的視点から「観察する」ことを忘れてはならないだろう。

　政治，経済，社会，文化などさまざまな分野で分析するにしても，植民地時代と独立闘争の評価をどう考えるかという点は重要である。東南アジア地域の文化，社会，政治，経済を考える時，重要なことは「植民地時代」があったという事実，さらにその後の民族独立闘争をどう見るかという点である。

　東南アジアはタイを除いてヨーロッパ勢力の支配を受けた。ポルトガルは1511年，マレー半島マラッカを占拠，スペインは1571年，マニラを占領，イギリスは1600年に東インド会社を設立，オランダは1602年，オランダ東インド会社を設立，バタヴィア（今のインドネシア・ジャカルタ）に進出した。フランスは1859年，ヴェトナム・サイゴンを武力占拠してインドシナ全域を植民地とし，さらにカンボジア，ラオスも保護国とした。

　東南アジア地域を考える時，時代区分は重要である。東南アジア地域は植民地時代を経ているが，この時代をどう見るかが問題となる。ヨーロッパからの視点は，ややもすると，ヨーロッパの関与によって近代化，文化の発展などが重視される傾向にある。ヨーロッパ先進文明の恩恵によってアジアの未開文化が文明開化となったとの分析が多い。

　最近の研究は，東南アジア地域におけるindigenous（固有な，土着のという意味）な文化を重視する，それぞれの地域からの発信が活発になっており，植民地時代の評価などは，かつての議論とは異なる課題を提示している。東南アジアにおける地域研究にダイナミックな変化が起こっていることに注意する必要がある。

　東南アジア地域研究で大切な視点は，植民地支配，独立運動を経てきた民族的体験，独立国家としての成長過程を考慮する時，ナショナリズム，国家，民族，ナショナルなもの，ナショナリティ，国民国家などといった概念を扱う場合，慎重な分析が必要だということだろう。

　東南アジア地域研究は，かつてアメリカが主流だったが，ヴェトナム戦争を境にして，日本の研究が多角的，重層的で盛んになった。オーストラリアも進んでいる。ごく最近，アメリカの東南アジア研究は復活し，有力大学に東南アジア研究センターが発足して東南アジア地域から研究者を集めて活発化している。

ヴェトナム戦争

　第二次世界大戦後，米国はアジアでの共産主義の台頭を警戒し，ドミノ理論を展開して共産主義の封じ込めを狙った。インドシナ（ヴェトナム・ラオス・カンボジア）では，植民地支配をしていたフランスがヴェトナムの共産党が指導する民族主義勢力と戦って敗北し，1954年に撤退すると，アメリカが肩代わりしてヴェトナムを主戦場として最高時の1969年には54万人を派兵した。アメリカが支援する南のヴェトナム共和国とソ連・中国が支援する北のヴェトナム民主共和国との戦いは，北軍と南民族解放戦線による1968年春のテト（旧正月）攻勢が転回点となり，1973年，パリ和平協定によって，アメリカはヴェトナムから撤退した。1975年春，北は南に武力攻勢をかけ，南のヴェトナム共和国は自壊して，サイゴンが陥落した。1976年，北の主導により，南北ヴェトナムが統一され，ヴェトナム社会主義共和国が樹立された。

　アメリカがヴェトナム戦争につぎこんだ戦費は1389億7400万ドルに達した。アメリカ人の死者は5万8002人，うち戦闘によるもの4万7205人，行方不明1041人，戦傷者15万3312人（1985年集計），南ヴェトナム政府軍の死者は25万4257人，韓国など同盟軍の死者5221人，南部の民間人死者約43万人，北ヴェトナム軍・南解放戦線死者約94万人（北の集計では約200万人といわれている），1426万5000トンの砲爆弾が投下された（米軍のみ，1965～71年）。米軍によって散布された枯葉剤は7万2354キロリットル（1962～72年）となり，環境は破壊された。

　長い戦争だった。20世紀を告発した50年戦争ともいわれ，世界史に記録される深刻な戦争だった。世界最強のアメリカが敗退した理由は，軍事力によって共産勢力を屈服させることができると思い込んだからである。ヴェトナムは共産党が主導したが，広範な人たちがアメリカと戦ったのは，長い年月にわたって植民地支配を経験し，外国の干渉を排除して民族の独立を願う救国闘争と確信し，立ち上がったもので，ヴェトナムは独立を熱望し，アメリカは共産主義者の運動だと見誤ったことが失敗を招いた。

カンボジアにおけるクメール・ルージュの虐殺

インドシナはアメリカの介入による戦争の時代が続いたが，カンボジアは独立後の自立を目指して，優秀な青年を選抜して国費留学生としてパリに留学させた。彼らはフランスで主流となっていたスターリン暴力革命主義に傾倒し，「王制打倒，共産主義支持」を唱え，帰国後はカンボジア共産党を乗っ取り，解放区をつくり，クメール・ルージュ（赤いクメール）と呼ばれ，王制打倒とヴェトナム敵視政策を掲げ，活動を展開した。

クメール・ルージュはポル・ポトを指導者として，1975年に首都プノンペンを奪取すると，都市住民を強制的に農村に追いやり，集団合作社に封じ込め，強制労働を強いた。国民を3分割し，第1民はポル・ポト支援者たち，第2民は農村に居住していたものたち，第3民は都市住民とし，都市住民を標的として差別し，第3民が重労働，飢餓，病気などで死亡したものが多かった。ポル・ポトは極端に猜疑心が強く，クーデターをおそれ，共産党の幹部たちをつぎつぎに摘発し，処刑した。指導部内部でも，あまりにも処刑が激しかったので，先細りとなり，1978年12月，ヴェトナム軍の侵攻によって瓦解した。

東西冷戦体制が解体したあと，アジアで流動化が始まったが，カンボジア紛争を地域紛争として封じ込めるため，1991年10月，パリ和平協定が関係18カ国で調印され，国連主導によるカンボジア暫定統治機構が設立，1993年5月に総選挙実施，9月には新憲法が採択され，新生カンボジアが発足した。1998年4月，ポル・ポトが謎の死を遂げ，クメール・ルージュは解体した。

クメール・ルージュがカンボジアを支配した1975年4月17日から政権が崩壊した1979年1月7日までの1362日の間，推定約250万人が虐殺，死亡したとみられる。破壊された家屋は約63万戸，仏教寺院1968カ所，イスラム教寺院108カ所，学校5857カ所，病院796カ所と報告されている。

参考図書

東南アジア関係の参考図書は大きく分けて，東南アジアの総論，政治・経済・社会・文化などの分野の全般にわたっており，特に世界史に記録されるヴェトナム戦争，カンボジアのクメール・ルージュ時代関係だけで，日本語のものだけでも，膨大な数になる。東南アジア地域は社会変動が大きかったので，時代区分を考えるとよい。近世，近現代のものが多い。植民地時代の資料もかなり豊富にある。

入門書としては，次のものが適当だろう。

レ・タイン・コイ（石沢良昭訳）『東南アジア史』白水社，1970 年
上智大学アジア文化研究所編『入門東南アジア研究』新版，めこん，1999 年
少し専門的に学びたい人のためには，つぎのものがある。
池端雪浦他編集委員『岩波講座　東南アジア史』全9巻，岩波書店，2001 年〜
後藤乾一編『東南アジア史のなかの近代日本』みすず書房，1995 年
池端雪浦編『変わる東南アジア史像』山川出版社，1994 年

　ヴェトナム戦争についてはたくさんの著作があるが，ヴェトナム側の未公開資料もいれた通史的な記述としては小倉貞男『ヴェトナム戦争全史』岩波書店，1992 年がある。カンボジア・クメール・ルージュに関してもたくさんの外国の著作があるがフランソワ・ポンショー（北畠霞訳）『カンボジア・ゼロ年』連合出版，1991 年を薦めたい。

2−4　インドネシア，マレーシア，シンガポール

〔東南アジア〕

三平則夫

1．インドネシア，マレーシア，シンガポールの民族と人口

　東南アジアのうちでも，マレー半島およびその東・南方向に展開する島嶼部には，マレーシア，シンガポール，インドネシアがある。これら3カ国は気候的には熱帯モンスーン気候で，多くの地域で年間1500〜2000ミリメートル（日本の多雨地域と同程度）の降雨がある。

　いずれも多種族国家として知られるが，地域全体の人種別人口構成はオーストロネシア語族に属するマレー系種族が支配的である。そこに先住の少数民族や華人・インド系人・ヨーロッパ人などの外来人が加わって現在の社会が成り立っている。

　しかし，国によって民族別構成比は大きく異なる。マレーシアではブミプトラと呼ばれるマレー系民族が人口の57％，華人が33％，インド系人が10％など，シンガポールでは華人が77％，マレー系人が15％，インド系人が6％などであるが，インドネシアではプリブミと呼ばれるマレー系民族が95％，華人が3.5％などとなっている。特にインドネシアでは，マレー系民族自身が多数の種族に分かれている。また各国の総人口（2000年）は，マレーシアが2327万人，シンガポールが402万人，インドネシアが2億1049万人（世界第4位）で，インドネシアの存在が圧倒的である。マレーシアの人口はインドネシアの10％余り，シンガポールはわずか2％に過ぎない。

　マレー系民族は紀元前25世紀以来10世紀ほどをかけて数波にわたって中国南部の雲南地方から南下してきたといわれる。二番目に多い華人がこの地域に渡来し始めたのは古くは漢の時代にまで遡るが，大規模な移住は，明朝の宦官鄭和の南洋への遠征航海（15世紀）の際に一部船員が土着したり，明朝から清朝にかけての過酷な徴税や国内の戦乱のため多数の中国人が南洋へ脱出したことで生じた。他方，マレーシアでは19世紀半ばからの英国人による錫鉱山の

開発が勤勉な中国人労働力の需要を生みだし，19世紀末以降のゴムや油椰子の農園はインドのタミール人を多く雇い入れた。インドネシアではオランダ資本によるリアウ諸島の錫鉱山やスマトラのゴム農園が中国人労働力を多数採用した。このようにしてマレーシアとインドネシアの華人・インド系人社会が形成された。マレーシアの錫鉱山では華人が次第に力を得るようになり，自ら錫鉱山を経営する例も相次ぎ，商業資本化して貿易に従事する者たちが，東西貿易の要衝の地であったが人口の希少であったシンガポールを拠点に活動し始めたのである。

2．インドネシアの自然と人

インドネシアは，東西5100キロメートルと赤道を挟んでの南北1600キロメートルとの範囲の海域に点在する1万3000余の島々から成る世界最大の島嶼国家である。国土総面積は190.4万平方キロメートルで日本の約5倍。大スンダ列島（スマトラ島，ジャワ島），小スンダ列島（バリ島からティモール島へ

写真1　手書きバティック製作風景（中ジャワ州ソロ）
（松井和久撮影，1985年）

連なる列島）はヒマラヤ造山帯に連なる火山帯の上にあり，東部インドネシアのスラウェシ島，モルッカ諸島も環太平洋火山帯の上にあるため，各地に火山・高山が点在する。特に，スマトラ，ジャワ，バリ，ロンボクの各島は3000メートル級の高山を頂き，イリアンジャヤ中央部には4000～5000メートル級の万年雪の峰が連なる。この地理的な高低差が多様な植生をもたらしている。また，天然資源は石油，天然ガス，石炭，錫，ニッケル，銅と種類が豊富だが，量的に突出したものはない。

　スマトラ，ジャワ，カリマンタンはマレー半島から突き出たスンダ陸棚上にあり，動植物相はアジア大陸型であり，スラウェシ，イリアンジャヤ，小スンダ列島などはオーストラリア大陸につながるスフル陸棚上にあるため，動植物相はオーストラリア型である。上述のとおり熱帯モンスーン気候で，4月から9月までは乾燥した東南風が吹いて乾期となり，10月から3月まではインド洋からの風が雨期をもたらす。

　インドネシアは典型的な多種族・多言語国家で，マレー系人プリブミはさらに約250の種族に分かれ，地方語数は200とも400ともいわれる。人口分布は偏りが著しい。全国土面積の7％弱に過ぎないジャワ島に全人口の59％が住んで世界でも有数の人口稠密状態をつくりだしているが，25％の面積のスマトラ島には21％が住み，残り70％弱の面積はわずか20％の人口が住む過疎の島々である。種族別人口構成も同様で，ジャワ島中部東部を母地とするジャワ人が全人口の50％弱を占め，ジャワ島西部を母地とするスンダ人が約15％，それらに次ぐのがミナンカバウ人，バタック人，華人などだが，いずれも3.5％未満に過ぎない。これから容易に想像されるとおり，文化的・政治的にはジャワ人の存在感が圧倒的であり，歴代5人の大統領中4人までがジャワ人である。

　宗教的には，インドネシアは世界最多のムスリム（イスラム教徒）を擁する国家として知られるが，多宗教国家でもある。ムスリムの人口比は87％で，キリスト教徒が10％弱，ヒンドゥー教徒が2％弱，仏教徒が1％などである。ジャワ人は大部分がムスリムであるが多くは信仰の「影響を受け」たムスリムで，アチェ人・ミナンカバウ人などは純粋イスラム信仰が強く，バタック人の4割ほどはプロテスタントで，バリ人の9割はヒンドゥー教徒というように，種族によって宗教的特徴が異なる。

3. インドネシアの歴史的な歩み

(1) ヒンドゥー・仏教文化期（5世紀～16世紀）

インドネシア最古の石碑文から，5世紀初めにはヒンドゥー王国が存在していたことが知られている。以後，スリウィジャヤ王国，マジャパイト王国など多くのヒンドゥー・仏教王国が興亡した。ヒンドゥー文化は，国家の形成原理を伝えることによってヒンドゥー王国の樹立を促し，他方ではヒンドゥー・仏教寺院・彫刻，絵画，文学，影絵，舞踊などの今に残る豊かな文化を伝達した。

(2) イスラム王国興亡期（13世紀末～17世紀）

13世紀，ムスリム商人がイスラムを伝え，インドネシア領域はスマトラからジャワ，カリマンタン，スラウェシへとイスラムが広まり，各地にイスラム王国が興り，既存のヒンドゥー王国に取って代わっていった。

(3) 欧州列強による交易支配期（16世紀半ば～17世紀末）

16世紀になると，マルク（モルッカ）諸島の香料を求めてポルトガル，スペイン，イギリス，オランダが相次いで進出してきた。胡椒などの香料は肉の保存・消臭用にヨーロッパ市場で高値で取引されたからであった。1602年設立のオランダ東インド会社は17世紀前半には他のヨーロッパ諸国との競争に勝利を収め，加えて，同世紀後半には域内の交易に従事していたマタラム，アチェ，バンテンなどの各王国を制圧して，会社は交易支配を完成させた。しかし，ヨーロッパで肉の保存・消臭料の代替品が登場すると熱帯香料の価値は暴落し，会社は新たな貿易用作物を模索しつつ，領域支配を志向し始めた。地元の諸王国の王位継承抗争へ介入したり，反オランダ蜂起を制圧することによって，会社は領土・利権を次第に拡大していった。これと並行して，キリスト教が伝えられたが，これは多数とはならなかった。

(4) オランダによる領域支配・蘭領東インド期（18世紀～20世紀初頭）

東インド会社は18世紀前半からコーヒー，米，胡椒，砂糖などの商品作物の栽培を農民に強制し，これを安値で買い取って，ヨーロッパ・アジアで売却

することによって利益を得る体制に転換した。が，その利益以上に戦費や腐敗などによる出費がかさんだため，1799年，会社は破綻(はたん)をきたした。19世紀に入ってからは，オランダ領東インド（蘭印）政庁がより拡大した強制栽培制度を導入して巨利をあげるようになり，蘭印での過去の負債を一掃するとともに，オランダ本国の負債も弁済し，加えてジャワ島のインフラ（鉄道・道路等）も建設した。しかし，植民地収奪があまりに過酷であったことからオランダ国民の間からさえ批判の声が上がり始めた。植民地農民の悲惨とこの制度の腐敗とを描き出した小説がその端緒となり，政庁はこれを機に植民地人の生活改善にも配慮せざるを得なくなった。

(5) 民族解放運動期（20世紀初頭〜1949年）

1901年，政庁は初めて植民地人の福祉にも目を向けた「倫理政策」を導入した。その一環であった近代的教育の実施は，植民地人の間に民族意識の覚醒(かくせい)と植民地解放運動という予期せざる副産物をもたらした。ジャカルタの医学生が1908年に結成した「ブディ・ウトモ」を筆頭にさまざまな民族主義団体・政治団体の設立が相次いだ。なかにはインドネシア共産党のように植民地当局に対して蜂起する例もあったが，独立への大きな動きとはならなかった。

太平洋戦争が始まると，1942年3月1日，日本軍がジャワ島へ侵攻した。3月9日には蘭印軍を降伏させ，以後，1945年8月15日までの3年半にわたって軍政を敷いた。当初，日本軍はインドネシア人に独立を約束して太平洋戦争への協力を求めたが，約束を果たす気配は次第に薄れていった。日本の敗戦の翌々日の1945年8月17日，独立運動の最高指導者スカルノはインドネシア共和国の独立を宣言し，初代大統領に就任した。しかし，再植民地化をもくろむオランダとの間で独立戦争となり，4年余の戦争を経て，ようやく1949年12月27日にオランダからの主権移譲を実現した。

(6) インドネシア共和国民族統合期［スカルノ大統領期］（1950〜65年）

スカルノ大統領は，各地で反乱を起こし，必ずしもまとまりの良くなかった多種族を一つの国民へ統合する上で歴史的役割を果たした。そのためには，イリアン解放闘争，マレーシア粉砕闘争など，国外に敵を求める策も多用した。

また，国内に残存した欧米諸国の権益の奪還を図って国有化に動き，外交政策は次第に社会主義諸国寄りとなっていった。それゆえ，戦費がかさむ一方，西側諸国の民間資本や援助を排したことから，経済建設では見るべき成果を挙げ得なかった。政権末期にはインフレーションが昂進し，経済は破綻状態へ陥っていった。1965年10月1日未明の「共産党クーデター未遂事件」とされる9・30事件を機に，容共のスカルノ大統領は支持を失った。

4．インドネシアの政治と経済—スハルト体制期—

1966年3月11日にスカルノ大統領から権力を掌握したスハルト将軍は，1968年3月に大統領に就任，通算32年にわたって政権を担当した。東西冷戦下，反共産主義を打ち出すことによって，日米欧の資本主義諸国から毎年のように豊富なODA（政府開発援助）供与を受け，IMF（国際通貨基金）・世界銀行の指導下で開かれた市場経済型経済体制に転換するとともにFDI（海外直接投資）に門戸を開き，経済開発に邁進した。その一方，国内政治においては，形式的な民主主義体制とは裏腹に，政党等政治結社の設立・活動の制限，選挙への露骨な干渉，行政への司法・立法の従属，マスメディアに対する厳しい検閲，といった民主主義の形骸化を進めるなど典型的な開発独裁型体制を敷いた。

ODAによって経済インフラストラクチュアを整備するとともに，市場経済化によってFDIの誘致環境を整備し，華人の経済活動に自由を保証することによってFDIが求めるタイプの合弁事業のインドネシア側パートナーも確保された。その華人企業家の有力者などは，他方で，スハルト大統領のクローニーと化し，有力な事業機会を与えられたことの見返りに多額の献金を行ない，それはさらに有力な軍人・政治家・官僚にも分配されて，スハルト大統領への忠誠心醸成とその権力基盤の強化とをもたらした。もう一つのインドネシア経済の見逃せない特徴は，政権初期の頃から蔓延した汚職であった。1970年代の初期から国家歳出の2割は汚職に消えるといわれたし，あるインドネシアの知識人は「汚職はインドネシアの文化である」と評したほどであった。このような体制の下，インドネシア経済は，1973年および79年の2度の石油危機による石

油収入急増も追い風として，80年代初頭までは年間平均7％台の成長率で量的拡大を続けた。

しかし，82年から石油輸出価格が下落し始めると，国際収支の経常収支赤字は急速に拡大し，自力による経常収支改善は困難な状況になった。そこで，ラテンアメリカ諸国と同様に，IMF・世界銀行の指導下で構造調整政策に取り組むことになり，FDI誘致強化策，輸出振興政策，株式市場・銀行部門規制緩和政策などを相次いで打ち出した。これに85年9月のプラザ合意の結果として，日本，少し遅れて韓国，台湾，香港，シンガポールからの対中国・東南アジア諸国への生産拠点移転型投資ブームとが加わって相乗効果が生まれた。インドネシアでは，87年からFDIの流入急増，輸出急増，株式上場ブーム，銀行新設・拡張ブーム，海外資金流入増が始まり，景気は急速に回復し，90年代に入ると経済は過熱の様相を呈するまでになった。他方，80年代の経常収支危機の時期にも高成長維持を目指すスハルト政権の要請に応じて高水準の構造調整融資が与えられ続けたことと，規制緩和の結果としての民間資金の流入増とで対外債務は以前にも増して増加の速度を速めた。

さらに，1980年代以降，スハルト大統領の三男三女は相次いで利権獲得に乗り出し，ビジネスと権力の結びつきは時とともに一層強まり，腐敗による経済の高コスト化が一層進行した。さらに，90年代に入るとクローニー企業家や大統領親族などはシンガポール，香港，中国本土，アメリカなどへ大挙して資本を逃避させたといわれ，国際収支状況は悪化の度を加えた。

そのような折りの1997年7月，タイで通貨危機が発生した。危機は東アジア各国に飛び火し，すでに重債務国化していたインドネシアにも1カ月後には飛び火し，インドネシア経済は各国中最も深刻な危機へと落ち込んでいった。IMFの支援を要請し，一定の政策措置の実行を条件に融資を受けることで合意するが，スハルト大統領はその履行に誠実を欠き，IMFの不信感を招いて，経済状況はさらに悪化した。並行して，97年12月頃より学生などがスハルト退陣を公然と要求するようになり，各地で生活に窮した大衆による反華人暴動および華人商店襲撃・略奪が頻発した。

1998年3月，スハルト退陣要求が高まる中，スハルトは大統領に7選され，一貫してスハルトに忠誠を尽くしてきたB・J・ハビビが副大統領に選出された。

新内閣は，スハルトの長女を社会相，スハルト最側近華人クローニーを商工相に登用するなど，不評を招いた。学生などのスハルト政権打倒運動は一層高まり，98年5月，スハルトの中東外遊中，ジャカルタで大規模な反華人暴動が発生，反スハルト気運もさらに高まった。スハルトは予定を繰り上げて帰国し，沈静化を試みたが，ハビビも含む側近までがスハルトに退陣を要求する事態となり，スハルトは5月21日に辞任し，ハビビ副大統領が後継大統領に就任した。

5．インドネシアの政治と経済—スハルト体制後—

　支持基盤の弱いハビビ大統領は，スハルトの統治手法から一転して，内外の支持を得るべく政治制度の民主的改革に取り組んだ。政治犯の釈放，言論の自由，結社の自由などを決定するとともに，国権の最高決定機関である国民協議会においては，大統領の任期を最長2期10年に限定，大統領非常大権付与の破棄，政治結社の自由化，選挙の民主化，国軍の政治的役割の縮小，国民協議会議員数の削減，マスメディアの検閲廃止など民主化で多くの成果を挙げた。東ティモールの独立要求に対しては，国際世論へのアピールを意識して住民投票の方針を打ち出したが，実際の投票では，もくろみに反して，独立派が圧倒的多数を得て独立が実現するに至った。その際に独立賛成派と反対派およびインドネシア国軍との間で激しい殺戮を招き，インドネシア政府は内外の批判を浴びた。これに大統領自身の汚職関与疑惑も加わり，99年10月の国民協議会で職責報告の受理を否決され，再選への道を閉ざされた。
　同月20日，国民協議会は第4党の総裁であったアブドゥル・ラフマン・ワヒドを後継大統領に選出した。同大統領はスハルト一族およびクローニーの過去の不正を訴追することに積極的に取り組み，また，アチェ，イリアンジャヤ両州の分離独立の要求には対話路線で臨み，融和的な空気の醸成に一定の成果を挙げた。しかし，ワヒド大統領も不正資金疑惑や国会軽視が原因となって，2001年7月23日国民協議会はワヒド大統領を罷免し，スカルノ初代大統領の長女であるメガワティ・スカルノ・プトゥリ闘争民主党党首が第5代大統領に選

出された。

メガワティ政権では,アチェ,イリアンジャヤの分離独立運動に対しては前政権より強硬な姿勢に改められた。また,政権が発足して間もない時期に,アクバル・タンジュン国民協議会議長が巨額公金を自らが総裁を務めるゴルカル党の総選挙用資金等に流用した疑惑が表面化し,与党連合内での紛争に発展する様相を見せている。この他の課題としては,前政権がやり残したスハルト一族およびクローニーの公正な裁判の遂行および経済の再建がある。後者に関しては,1997年以後,経済危機乗り切りのために多額の外国援助を受け入れてきたため,その返済の負担が一層重くのしかかってきている。民間大企業グループの債務返済問題も多くの問題を残している。処理すべき問題は多数で,いずれも重いが,その進捗ぶりは遅々としている。

6. マレーシアの自然と人

マレーシアは,マレー半島と島嶼部,すなわち,ボルネオ(インドネシアで

写真2　西マレーシア,ジョホールの油やしプランテーション
(吉田昌夫撮影,1996年)

写真3　西マレーシアの農家のつくり　（吉田昌夫撮影，1996年）

の呼び名はカリマンタン）島の北西部分とから構成される。総面積は32.97万平方キロメートルで，日本の90％弱に相当する。半島部分（13万平方キロメートル）はヒマラヤ造山帯の延長上にあるが，もはや高山はなく，半島の中央高地に標高2000メートル余の山を頂(いただ)くのみで，多くは高原と平地である。島嶼部（20万平方キロメートル）の北端に聳(そび)える標高4000メートル余のキナバル山が良く知られているが，ここ以外は内陸の一部に2000メートル級の高地がある以外は大部分が平原・低湿地である。半島部分はほぼプランテーション，その他農地，工業用地などに開拓され尽くされており，さらに世界最多の錫鉱脈があることで知られる。これに対して島嶼部は沿岸を除いて広大な熱帯雨林に覆われていたが，伝統的な焼畑と近年の開発の波で森林破壊が徐々に進行している。

　上述の人口2327万人のうち，約80％が半島部に住み，約20％が島嶼部に住む。半島部ではブミプトラ，すなわちマレー系人が過半を占め，以下，華人，インド系人が占める。他方の島嶼部は平均人口密度は大変稀薄で，華人が約25％，ブミプトラが約12％で，他は先住民族（ダヤク族と総称されるが，さらに小さな種族に分かれる）である。華人とブミプトラは大部分が海岸沿いに居

住し，ダヤク族は広範囲に種族ごとに点在するように昔ながらの生活を送っている。

7．マレーシアの歴史的な歩み

(1) 王国興亡期（〜17世紀）

　マレー半島では数々の小王朝の興亡を経て，14世紀末にマラッカ海峡の最狭部の港市にマラッカ王国が興った。古来より海上交通の盛んな海峡の中ほどに位置したため，西からの航海船と東からの航海船の交易港として地位を次第に固め，多くの外国人も居留して王国は繁栄した。この間，王国はタイの強国アユタヤ王国の圧力を絶えず受けていたが，7次にわたる南洋遠征航海（1405〜33年）を行なった明朝の鄭和がマラッカ港に補給基地を置いていた間は安定であった。鄭和の艦隊の来航が途絶えると再びアユタヤの圧力をが強まったが，15世紀初期にイスラムに改宗していた王国は，イスラム聖戦としてアユタヤに対抗して圧力を退けることに成功，以後，一層の繁栄を実現するとともに，東方の国々へのイスラムの中継点となった。

　1509年，ポルトガル船がマラッカに現われ，国王に貿易の許可を求めた。国王は一度はこれを認めたが，インド人，イスラム商人の強硬な反対で態度を改め，上陸していたポルトガル人を奇襲して撃退した。ポルトガルは翌々年艦隊を率いて再襲来すると今度は国王マフムド・シャーが敗走し，マレー半島南端に行き着いてジョホール王国を建国する。

(2) イギリス植民地期（17世紀半〜1945年）

　ジョホール王国は，オランダ東インド会社が1641年に旧敵ポルトガルからマラッカを奪取することに協力したことにより，会社と友好関係を結び，新首都バトゥサワールは国際貿易港としてマレー半島南部からスマトラの一部にまで版図を広げて繁栄した。しかし，1666年から13年に及んだスマトラ島ジャンビ王国との戦争で王国は国力を消耗するなどして，18世紀初頭，マレー半島南部はジョホール，パハン，ケランタン，トレンガヌ，ケダ，セランゴールの

6王国に分裂した。1771年，ケダ王国に内乱が起こると要請を受けたイギリス東インド会社はそれに介入して，ペナン島の領有を認めさせ，マレー半島植民地化の端緒とした。18世紀初頭のナポレオン戦争の期間中は，オランダの海外植民地は戦争中はイギリスの保護下に入ることになり，イギリス東インド会社はマラッカを支配下に入れたが，戦後も返還せず，逆に植民地拡大に努めた。1819年にはシンガポールの領有をジョホール王国に認めさせ，マラッカとともに英国直轄地とした。

19世紀に入ると，錫鉱業の規模が拡大し，そこに中国人が労働者や鉱山師として多数流入してきた。彼らを差配していたのは複数の秘密結社で，やがて彼らは互いに対立し，激しい紛争を引き起こし，時にはマレー人支配者も巻き込まれる程になった。19世紀後半，イギリス植民地当局者はペラク王国の有力者たちとパンコール条約を結び，内乱に対処することと引き替えに，国王の下に理事官を派遣し，徴税権，軍事・警察権を掌握し，実質的にイギリスの支配下に入れた。同様にして，他の諸王国も相次いで支配下に入れ，マレー半島全域が，海峡植民地・マレー連合州・非連合州とイギリスの支配の程度は多様ではあったが，イギリス領マラヤと総称されるに至った。

1895年からは各地でゴム樹の栽培が始まり，多数のタミル系インド人が呼び寄せられた。これによって，都市と錫鉱山は中国人，ゴム園はインド人，稲作はマレー人という民族別職業区分が形成された。イギリス領マラヤは第一次世界大戦後の大恐慌期を除いては繁栄し続けた。イギリスはマレー人保護を基本とし，マレー人は稲作に従事するように仕向ける一方，各州国王に貴族の地位と特権を与えた。第一次世界大戦以降，南洋共産党，マラヤ共産党による労働運動が活発になり，インドネシアからの影響でマレー人の民族意識覚醒も起こったが，独立を求めての直接的な政治活動に至ることはなかった。

他方，ボルネオ島北西部には古くからブルネイ王国があった。1841年，ブルネイ王国の内乱に介入したイギリス人ブルックは王国の支配下にあったサラワクを入手し，自らその総督となり，46年にはブルック王国として独立した。また，サバは1881年から北ボルネオ特許会社がブルネイ国王から租借していた。しかし，イギリスは，1888年，両地を保護領として支配下に組み入れた。

(3) 独立・マレーシア連邦期（1945～1965年）

　第二次世界大戦後の1945年10月10日，イギリスは各民族平等の独立案「マラヤ連合」案を提示したが，マレー人はこれに反発，46年5月に統一マレー人国民会議（UMNO）を結成して，従来からのスルタン制とマレー人の特権の維持とを主張した。48年，イギリスは植民地のままで，マレー人の特権を認めたマラヤ連邦（シンガポールは含まず）を発足させた。これに対して今度は華人が不満を持ち，ゲリラ戦まで起こったが，イギリス軍はこれを鎮圧した。他方，華人は49年にマラヤ華人協会（MCA）を結成してUMNOと連合協定を結び，46年結成のマラヤインド人会議（MIC）も54年から参加して，連盟党が結成され，55年の総選挙で連盟党が圧勝し，57年8月31日，マラヤ連邦が完全独立を達成した。

　シンガポールについては，日本の軍事占領後，イギリスが再植民地化した。しかし，労働者，学生の抵抗運動が激しく，その中から労働戦線と人民行動党の2政党が生まれた。55年の総選挙では労働戦線が勝利してマーシャル初代首相がイギリスと独立交渉を行なったが合意には至らず，59年の第2回総選挙を制した人民行動党のリー・クワンユー首相の下で63年8月31日に独立を果たした。

　マラヤ連邦アブドゥル・ラーマン首相はシンガポール，サバ，サラワク，ブルネイとの合邦（がっぽう）を目ざした。曲折の末，ブルネイを除いてのマレーシア連邦が63年9月16日に実現したが，財政問題などでマレーシアとシンガポールが対立し，65年8月9日，シンガポールは連邦から分離独立した（本項「マレーシアの歴史的な歩み」については生田滋「マレーシア」，「マラッカ王国」石井米雄編『東南アジアを知る事典』平凡社，1986年を参考にした）。

8．マレーシアの政治制度

　マレーシアの政治制度は立憲君主・議院内閣制である。国家元首は国王であり，国王が連邦首相を任命するが，実際に政治を行なうのは首相である。全国は13の州から成り，島嶼部には2州，半島部には11州があり，半島の元王国

だった九つの州に州元首としてのスルタンがいる。国王はその9人のスルタンの互選で選ばれ、任期は5年である。互選の形はとっているが、実質的には順送りで、通常、その時点で未就任の最古参スルタンが選ばれる。また、各州に州議会と州憲法がある。連邦議会は上院（68議席）と下院（180議席）から成り、下院議員は一般の選挙によって選出される。上院議員は26人が州議会で選出され、42人が国王の任命議員である。首相は下院で選出される。独立以来、3大民族の政党（UMNO，MCA，MIC）の連合体である連盟党が下院議席の大部分を占め、その代表としてUMNO総裁が首相に就任してきた。

9. ブミプトラ政策とビジョン2020

　マレーシアでは、ブミプトラ（57%）、華人（33%）、インド系人（10%）の3大民族が共存していることから、これら民族の協和の維持が政治安定の基本的要題である。憲法においてスルタン制の維持とブミプトラの特別な地位が規定され、それが容易に変更されることがないよう憲法の改訂にも厳しい条件が付されている。しかし、ブミプトラの特別な地位の内容に関しては憲法では定めていなかった。それを経済的側面から規定することになったのが、ブミプトラ政策の実施であった。

　1969年の第3回総選挙直後の5月13日、首都クアラルンプルでブミプトラ住民と華人の間で大規模な衝突が起こり、多数の死傷者が出た。これをきっかけに、ラザク首相は71年開始の第二次マレーシア計画から第五次マレーシア計画までの20年間の経済計画を新経済政策（NEP）と位置づけた。この新経済政策においては、建前は人種を問わず、貧困世帯を撲滅する、マレーシア社会を再編する、としているが経済的弱者たるブミプトラの経済的地位を向上する規定が盛り込まれていることから、通称、「ブミプトラ政策」と呼ばれてきた。同政策では、①ブミプトラが所有する株式を期間中に全体の30%にまで引き上げる、②近代産業および専門職への人種別就業率に人種人口構成比を繁栄させること、③ブミプトラ企業・経営者の育成、などを目標として掲げた。

　ブミプトラ政策は1990年に終了したが、その間にブミプトラの所得水準は確

実に上昇するとともに社会の安定が保たれた。後者は，華人やインド系人にとっても歓迎できることであったし，さらに外国資本にとってマレーシアはASEAN諸国でもトップクラスの投資先となって，高度経済成長が持続してきた。しかし，他方では，経済効率より「ブミプトラ政策」が優先され，またそれゆえに政治と経済の癒着も多発したため，効率が犠牲になった側面も否めない。

　新経済政策後の指針として，マハティール首相は91年に「ビジョン2020」を打ち出した。年率7％の経済成長を持続して，30年後の2020年にはマレーシアを先進国の仲間入りさせようという新たな目標である。

10. マハティール長期政権とその成果

　マレーシアの独立から2001年間までの44年のうち，20年間はマハティールが首相を務め，マレーシア政治史の中での彼の演じた役割は圧倒的に大きい。同時に，アジア政治指導者切っての論客として多くの主張を発信してきた。その第一は，年来の自らの信念と一致する「ブミプトラ政策」を積極的に推進してきたことである。

　第二に，内外の諸問題に対する是々非々の現実的姿勢。81年に首相に就任して間もなく「ルック・イースト政策」によって，英連邦の一員の立場を離れて，経済発展のためのモデルあるいはパートナーを日本や韓国に求めた。おりから，日本経済の好調時であり，当時としては現実的な判断であった。また，90年，ASEANと日中韓台の間の経済協力機構として東アジア経済グループ（EAEG，後にEAECに変更）の創設を提唱した。日本や韓国がアメリカの不快感を忖度して実現には至らなかったが，その後，アジア通貨危機時のアジア通貨基金構想などを経てこの枠組みは今後も生かされ得るに違いない。外交においてもきわめて現実主義的である。欧米の政治指導者と経済面で論争をしている場合でも，並行して防衛協力の方は推進する。97年のアジア通貨経済危機に際してもアメリカの投機筋を直接的に厳しく非難したことは記憶に新しい。

　第三に，政府と首相自らとが先頭に立っての技術移転促進に取り組んできた。国営重工業公社と日本の自動車企業の合弁事業を進めることに全自動車技術の

移転を目ざした。家庭電器分野においても同様のことを試したが、これはすぐに失敗した。近年はマルチメディア・スーパー・コリドー計画で首都周辺に先端的情報・電子企業を誘致して最新の情報システムを備えた街区を構築しようとの構想を打ち出している。さらに、首相自身が繰り返し大田区のハイテク中小企業視察を行なっている。ある程度成功、あるいはまったくの失敗など様々だが、石油収入などで豊富な財政資金を使って技術向上への取り組みにきわめて熱心である。

　第四に、マレーシア経済は独立以来常に7％台の高度成長を持続してきた。ASEANの優等生であり、1人あたり国内総生産水準も3853米ドル（2000年）に達し、シンガポールを除けば、ASEANの中では際だって高水準にある。マレーシアの成長政策は、一貫して新規分野の海外直接投資（FDI）を誘致して成長を持続させることであった。それも、人口が少ないことから国内市場が限られているため、輸出指向型FDIの誘致に努めた。そのためには、国内の制度を整備し、汚職を撲滅し、工業団地や輸出加工区の整備を進めて生産拠点移転型FDIが参入しやすい環境を整えた。同時に、上述のとおり政府主導で技術移転促進に取り組んできた。2020年に目標を達成できるかどうか興味をそそられるが、鍵は、技術移転の進展と、どれほど実質的な独自技術開発を行えるかにかかっている。

　第五に、長期政権の弊害も否定はできない。ブミプトラを優遇するという政策を20年間続けてくればネポティズム・クローニイズム・汚職はほとんど不可避であろう。その結果、90年代に入って、マハティールは与党中の与党であるUMNOの青年部からの批判を受けることになった。98年の通貨経済危機後、かつての腹心にして後継者候補であり、UMNO青年部を最大の支持基盤とするアンワル蔵相との権力闘争にまで発展した。結局、権力闘争ではアンワルを制し、投獄にまで持ち込んだものの、99年12月の総選挙では、アンワルの妻などが結成した国民正義党にブミプトラ票をくわれたことは否めず、与党連合は勝利したものの、安定を求める非ブミプトラ票に支えられての勝利という構図となった。退陣の日もそう遠くないマハティール首相にとって、UMNO内での支持をいかにして回復するかが最後の政治課題ということになるだろう。

2−4 インドネシア, マレーシア, シンガポール 85

写真4 シンガポール港（吉田昌夫撮影，1996年）

写真5 シンガポールのシンボル
　　　　「マーライオン」
　　　　（吉田昌夫撮影，1996年）

11. シンガポールの政治と経済

　シンガポールの原名シンガ・プラ（獅子の町）の由来は，その昔，スマトラ島のスリウィジャヤ王国のパラメスワラ王子が狩りをしながらの放浪の途上たどり着いた島で，無人の丘の上から獅子を見たとの言い伝えによる。1819年にこの島に到来したイギリス東インド会社高官S・ラッフルズがこれを植民地化し，貿易港としたことから実質的な発展が始まった。様々な国籍の人が集まり住んだが，やがてマレー半島の錫鉱山で働きに来た華人で成功して商業資本化した者たちが多くシンガポールに移り住み，さらに南洋へ向かう華人の中継地となったことからシンガポールの人口の8割弱までを華人が占めることになった（本パラグラフと以下のパラグラフの多くではアジア経済研究所木村陸男氏の教示を受けた）。

　上述のような経緯で，1965年8月9日から再び単独の独立国として歩み始めた。国家元首として大統領が存在するが，政治の実権は首相にある。議会は一院制で，独立後現在までの46年余り，与党の人民行動党が議席の95％以上を占めてきた。この圧倒的な議席の背景には，60年代中に野党指導者とその支持者を徹底的に弾圧して，野党としての政策批判能力と争点形成能力を奪ってしまったからであるといわれる。その結果，野党政治家はあくまで政府批判を貫く政治家の個人政党と化したのである。このように野党の力がほとんど無いに等しい結果，議会の役割はおのずから小さくなり，少数のテクノクラートが運営する行政が主導の政治体制となっている。

　この間の首相もわずか2人を数えるだけである。初代首相のリー・クアンユーは独立前の59年に首相に就任してから91年まで32年にわたって首相を務め，首相退任後も上級相として強い発言力を維持しており，第2代首相ゴー・チョクトンもすでに就任以来10年を数えた。今任期で退任する意向を示しており，次期首相にはリー首相の長男リー・シェンロン商工相が有力と見られている。以上から察せられるとおり，シンガポールの政治事情はかなり"窮屈"であり，野党として公然と活動するにはそれなりの覚悟を要する状況にある。それゆえ，開発独裁と規定される場合が多いが，シンガポール当局者はシンガポール型民主主義と主張する。

政治的窮屈さと対照的に経済政策においては徹底した自由化政策を追求した。独立当初のシンガポールの経済においては中継貿易が重要なウエイトを占めていた。インドネシアやマレーシアの農園作物などを，単に大型商船に乗せ換えたり，詰め替えたり，品質分類し直したり，ごく簡単な加工を施したり，といったことを行なって口銭を得ていたのである。しかし，このような業務による経済発展の限界はすでに明白であったため，政府は外資導入による輸出主導型工業化と経済多角化へと60年代末に政策転換を図った。

「本格的な投資環境の整備が行なわれ，外資の製造業への流急テンポで拡大しはじめるのは68年に入ってからのことであった。」「67，68年に政府の輸出主導型工業化政策が一挙に打ち出された。67年に〔経済拡大奨励（措置）法〕が制定され，新規輸出からの利益に対する法人税率は期間10〜15年にわたり4％（通常40％）に引き下げられ，海外からの借り入れに対する利子課税が無税になり，技術使用料などの支払いに対する税率が大幅に引き下げられた。労働政策面では，68年に休暇，超勤手当，賞与などの労働条件を一本化し，大幅に切り下げた雇用法と，人事問題などで労組の交渉権を否定し経営者側の専決権を明記した〔労使関係（改正）法〕が制定された。」（木村陸男「小都市国家の開発体制」林俊昭編『シンガポールの工業化』アジア経済研究所，1990年）このように徹底した外資優遇政策によって多数の外資を誘致してシンガポールは高度成長を遂げてゆく。

しかし，70年代も後半になると，マレーシアなどからの出稼ぎ労働力を勘案しても労働力不足が深刻になり，79年，政府は「第二次産業革命」と称する産業構造高度化政策を打ち出した。「経営側に生産性の引き上げと低技術・労働集約部門の近隣諸国への転出を促し，労働者に技能修得の誘因を与えるべく，79年から3年間にわたり年平均で約30％の賃上げを行なうよう勧告した。」「同時に，転出する労働集約部門から解放される労働者の再訓練のため，経営側に賃金の一定比率を技能開発基金に拠出することが勧告された。」（同前）

このように経済の各発展段階で明確な政策転換を行なうことによって，シンガポール経済は今日に至るまで高度成長を続け，90年代に入ってからは，シンガポールに周辺諸国に展開する多国籍企業の本社機能を誘致することによってさらに高い付加価値を追求してきた。その結果，2000年時点での1人あたり国

内総生産は2万2948米ドルという,アジアでは日本に次ぐ水準にまで上昇した。しかし,シンガポールは日本より物価水準が低いので,物価水準を勘案した購買力平価による比較では,80年代中にすでに日本の所得水準を抜いていたという試算もある。

参考文献

綾部恒雄,石井米雄編『もっと知りたいインドネシア』第2版,弘文堂,1995年

綾部恒雄,石井米雄編『もっと知りたいマレーシア』第2版,弘文堂,1994年

加納啓良編『植民地経済の繁栄と凋落』岩波書店,2001年

京都大学東南アジア研究センター編『事典　東南アジア:風土,生態,環境』弘文堂,1997年

サイド・フシン・アリ(小野澤純,吉田典巧訳)『マレーシア〜多民族社会の構造』井村文化事業社,1994年

斯波義信『華僑』岩波書店,1995年

末廣昭『キャッチアップ型工業化論』名古屋大学出版会,2000年

末廣昭,山影進編『アジア政治経済論:アジアの中の日本をめざして』NTT出版,2001年

永積昭『東南アジアの歴史―モンスーンの風土―』講談社,1972年

林俊昭編『シンガポールの工業化』アジア経済研究所,1990年

萩原宣之『ASEAN:東南アジア諸国連合』増補版,有斐閣,1990年

石井米雄ほか監修『東南アジアを知る事典』平凡社,1986年

堀井健三『マレーシア村落社会とブミプトラ政策』論創社,1998年

堀井健三編『マレーシアの工業化』アジア経済研究所,1990年

間苧谷栄『現代インドネシアの開発と政治・社会変動』勁草書房,2000年

三平則夫・佐藤百合編『インドネシアの工業化』アジア経済研究所,1992年

2−5　オセアニア―人・海洋・島―　　　　〔オセアニア〕

畑中幸子

1．オセアニアとは？

　オセアニアとは1.8億平方キロメートルという人間的スケールを超える巨大な海に散在する島々とオーストラリア大陸を指す。総面積は約900万平方キロメートルである。海洋が陸地面積よりはるかに大きい。陸地面積の98％はオーストラリアである。太平洋の島々は火山島，隆起珊瑚礁，環礁で1万余りを数え，ミクロネシア，ポリネシア，メラネシアと地理的・文化的に地域が分かれている。今から100万年～2万年前に太平洋の海底が約200m隆起し，多くの島が現われた。オセアニアの総人口は3021万人（2000年）である。

　オセアニアへの人類の移住は人類史的にみてさほど古くないが，ヨーロッパ人が太平洋探検に出てくる3世紀前までポリネシア人は移動していた。東～中部太平洋は年中一定の強い貿易風の影響を受ける。赤道北部は北東風，南部は南西風が吹く。オセアニアの人類にとって重要なことは10～15日の短期間であるが，風向の季節的変動である。それは風向が西から東へと逆転し，遠洋カヌーの帆走を容易にしたことである。貿易風は雨をもたらすが，海流も気温，雨量，風と同様にオセアニアにおける人の移住に影響を与えた。海流は赤道中心に，北では時計の針の方向に流れ，南では逆に流れる。オセアニアにおける大部分の動植物の祖先は，オーストラリアあるいはアジアからきたもので，風・人・鳥・海流によって運ばれてきたが，多くは途中で脱落してしまった。したがって東へ行くほど植物の目録が限られてくる。

　火山島，隆起珊瑚礁では根栽農耕が漁業とともに生業であるが，環礁では漁業のほかはコプラとの交換で，主食は輸入食品に依存している。オセアニア特有の根栽農耕はフェイバナナ，パンの実，タロイモ，ヤムイモを主とするが，これらは東南アジアから伝播したものである。少し遅れて南米起源のサツマイモが東南アジアから船乗りによってもたらされ，ニューギニア高地ではサツマイモが定着し住民の主食となった。

オセアニアの先住民は記録を残す文字をもたなかったため，民族の太平洋への移動についてその起源や文化遺産を知るには，文化人類学，考古学，言語学，植物学などの研究成果から材料を求めねばならない。

「多くの島々」を意味するポリネシアは，ハワイを頂点にイースター島とニュージーランドを結ぶ三角形の領域に入る島々である。ミクロネシアは「小さな島々」を意味し，赤道の北の広大な領域に小さな島々が散在し，西はパラオ諸島から東はマーシャル群島に及ぶ。メラネシアは「黒い人の島々」を意味し，世界で第二の大きな島ニューギニア島からソロモン諸島，ニューヘブリデス諸島，フィジー諸島に至り肌の黒い人々が住む。ヨーロッパ人によりつくられた植民地国家に，ニュージランドとオーストラリアがあるが，前者はポリネシア人，後者はアボリジナルが先住民である。

2．オセアニアに住む人々

オセアニアでは第二次世界大戦後，ヨーロッパ諸国の植民地であった多くの島々が独立した。オーストラリア，ニュージーランドに加えて，パプアニューギニア，フィジー諸島，ソロモン諸島，バヌアツ，サモア，トンガ，ナウル，ツバル，キリバス，パラオ，ミクロネシア連邦，マーシャル諸島の14カ国が独立国である。北マリアナ諸島，グアム，米領サモア，ウェーク，ニューカレドニア，仏領ポリネシア，ワリスフトゥナ，ピトケアン，クック諸島，ニウエ，トケラウ，ノーフォークらが各国領土にとどまっている。

先住民はミクロネシア，ポリネシアはモンゴロイド系で，メラネシアはオーストラロイド系である。アジア大陸から押し出され南下してきた最古の集団として，ネグリート系のオーストラリア先住民アボリジナルがいる。オーストラリア大陸への人類の到着は4万年以上に遡るといわれている。赤道以南の島々に住むメラネシア人とポリネシア人はほぼ同じルートを辿って移住してきたが，メラネシア人の方が古い。オーストラロイド系の人々は約3～4万年前にニューギニア島に到着，後からきたモンゴロイド系に高地に追いやられ，ニューギニア高地人として他のメラネシア地域とは異なる人種集団を形成した。オー

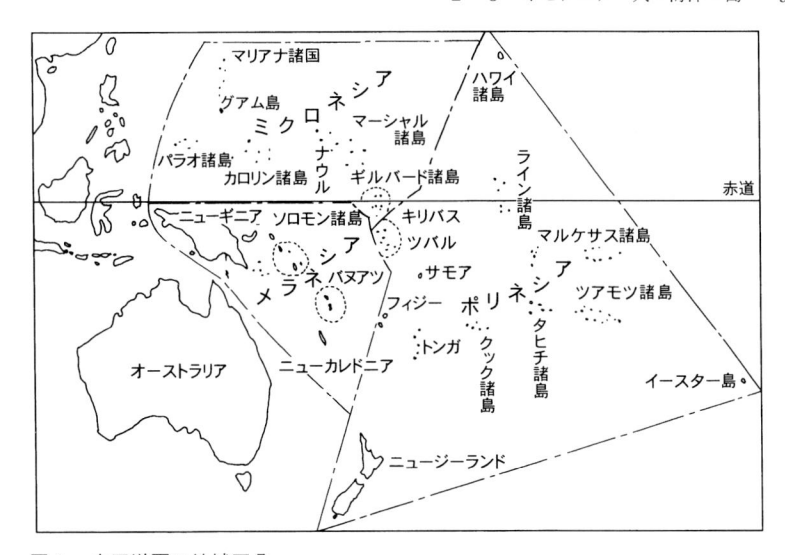

図1　太平洋圏の地域区分
出所：別技篤彦『世界の風土と民族文化』帝国書院，1989年，252頁

写真1　ニューギニア高地の村，皆畑に出て昼間は閑散としている
（筆者撮影，1966年）

ストラロイドに同化したモンゴロイドはメラネシア人と呼ばれ，ニューギニア高地を除く地域の住民の大宗（たいそう）をなしている。メラネシア人は約5000年前にソロ

モン諸島，ニューヘブリデス諸島，フィジー諸島，ニューカレドニアに拡散を始めた。メラネシアは移住後の歴史が長いため，島嶼間または種族間相互の関係を求めるのは容易ではない。メラネシアの島々も東へ行くほどポリネシアと共通の文化がみられ，フィジーは文化面では正しくポリネシアとメラネシアとの接点である。

ポリネシア人が渡来したのは，B.C.1500年を少し過ぎた頃である。フィジーよりトンガ諸島に植民を開始した人々は遠洋航海に耐え得るカヌーと航海術を身につけていた。彼らは土器製作技術をメラネシアへ導入した。土器の名にちなんでラピタ文化と呼ばれているが，土器の分布は紀元前後にはほぼ消滅した。ラピタ文化をたずさえて，フィジー，トンガ，サモアへの最初の植民者の後裔が現ポリネシア人の先祖である。B.C.1500〜A.D.500年の約2000年間にポリネシア人の足場が太平洋に築かれた。

ミクロネシアの広大な海洋に移住した人々については年代がはるかに遡るため，パラオ諸島民がフィリピン方面から移住してきたこと以外に他の島々について起源はわからない。ミクロネシアは島嶼群ごとに言語も異なりマーシャル諸島などはポリネシアと文化を共有している。

3．外来者との接触

コロンブスの新大陸発見後，ヨーロッパ人の太平洋探検が始まった。今日のオセアニア文化や社会を理解するためには外来者との接触の歴史を知らねばならない。

(1) 探検時代（1520〜1780年）

バルボアが南米のダリエン岬より太平洋を発見して以来，多くの航海者が太平洋に航海し，探検時代が始まった。16世紀はスペイン，ポルトガルの舞台となったが，いずれも香料群島への競争であった。マゼラン以後，数十年間の太平洋航海はすべてスペイン人により行なわれたが，太平洋横断が目的で，オセアニアの島々にはあまり注意を払っていなかった。この間にソロモン諸島，

ニューヘブリデスが発見されている。イギリスの海賊がスペインの領分を荒らし始め，F・ドレイクは2年9カ月一隻の船で世界一周をし，海洋学的，地理学的状況を明らかにした。17世紀に入るやオランダが南太平洋に進出，喜望峰回りで東インド諸島に到着，モルッカに足場をつくり香料貿易に活動した。17世紀半ばから18世紀半ばは海上における重要な発見はないが，この当時の著名な航海の大部分が略奪を目的としたものであった。

18世紀に入りイギリスが登場。知識，信仰，野望をもっての太平洋探検最後の時代をもたらした。この時期の探検は地理的な目的よりも経済的なものに重点がおかれた。17世紀後半にはイギリスでは航海者のためグリニッチ天文台が創設された。バイロンに始まりワリスによって太平洋への航海は軌道にのり，この間，東ポリネシアの多くの島々が発見され，またカーターレット，ブーゲンビル，クックによりメラネシアの多くの島々も発見された。

中でもキャプテン・クックは10年にわたり，太平洋を航海した。1769年から2年10カ月の航海で金星の太陽面通過の観測時にタヒチ島周辺を調査したが，二度目の3年にわたる航海が彼の名を不朽にしたのは，この航海でポリネシアに関する鋭い観察と貴重な記録を残したからである。三度目の航海でハワイ諸島を発見したが，原住民に誤解され命を落とした。発見時代はクックで終わりをつげる。18世紀最後の20年間は海洋探検の努力の大部分が北太平洋に集中，イギリス，フランスが活躍した。キャプテン・クックの下で航海をともにした士官の中から後年優れた航海者が出ている。

(2) 捕鯨者・商人・宣教師の到来（1780～1850年）

18世紀末頃からオセアニアもヨーロッパ列強の競争の場になり，植民地争奪が始まった。この時期にイギリスは国内事情から，オセアニアの島々への君臨は消極的になる。国家，海軍，教会は離れることのない関係で，交易商人がパートナーになって，God, Gold, Government の協同から3G政策といわれた。ハンザ同盟市からのドイツ商人で南太平洋における交易が盛んになった。ヨーロッパにおける政治的出来事よりも経済的出来事がオセアニアに影響を与えた。イギリス，アメリカでは油の需要から捕鯨産業が盛んとなり，北太平洋ではアメリカ，ロシアによる毛皮貿易が活発となった。1850年代の捕鯨のピークでは

数百の捕鯨船が太平洋で操業し，ハワイ，タヒチ，マルケサス諸島，ポンペイ，マーシャル諸島は捕鯨基地となった。捕鯨者たちはシーズンオフには島々に上陸し，島民たちと交易を行なっていた。交易ではキャラコ，ナイフ，ラム酒，小銃などが果物，野菜，豚などと交換された。これらの島々はヨーロッパ人の影響を強く受けた。

　商人の活動舞台はハワイのオワフ，タヒチ，サモア，フィジー，ニュージーランドでコプラやサンダルウッドが交易の目的であった。サンダルウッドはついに南太平洋から姿を消した。南太平洋へのキリスト教の布教は1797年，ロンドン伝道協会のタヒチ島上陸を皮切りに新・旧教が競って布教活動を始めた。彼らはそれぞれの縄張りをもち，直接に接する島民たちに大きな影響を与えた。新旧の競争はあちこちで衝突し，時には原住民を巻き込んだ。

(3) 農園開発，奴隷商人，商社の活動（1850～1914年）

　この時期にはイギリス，フランスに加えてドイツが登場。商社は鉄血宰相ビスマルクに保護され，オセアニアの島々で活動した。ハンブルグの商人ゴッデフロイ商会は船主でもありミクロネシアから中部ポリネシアにかけて縦横無尽に活動した。1880年以後，ドイツの植民地主義では商業活動と海軍が同時に進出する形をとった。この時期には捕鯨業とコプラ産業が交代し，増加しているヨーロッパ人口の食用油の需要からコプラをとるため，椰子の植林が行なわれた。熱帯のプランテーションである。ハワイ，フィジー，サモアでは大規模な農園がドイツ人，イギリス人，アメリカ人などによって経営された。その労働者集めに奴隷商人が一役買い，暗躍した。1847年メラネシア人がオーストラリアへの棉の栽培園に，ミクロネシア人やポリネシア人がペルーの鉱山へ誘拐され，犠牲になった。商社の進出で熱帯農産物の取引をめぐり，パリ，ハンブルク，マンチエスター，メルボルンでビジネスが展開された。オセアニアから熱帯産物の市場へ登場したのはコプラ，コーヒー，カカオ，サトウキビ，バナナ，バニラなどであった。

　ドイツやフランスは燐鉱石の開発を始めた。オーシャン，ナウル，マカテア，アンガウルの島々で，採掘のため土地が使用できなくなった島民たちは鉱山会社に寄生する結果になった。採掘に必要な労働力が大きな問題となった。という

のはキリスト教徒となった島民が教会の奉仕で自由がきかない上，賃金労働に慣れていないため，開発事業に支障をきたしたからである。そのため労働移民，あるいは契約労働者をアジア人に求めた。こうしてインド人，中国人，日本人，フィリピン人らがオセアニアの農園や燐鉱石開発に一役買うことになったのである。

4. 熱帯圏の首長制

　ポリネシアでは1200～1800年頃，全体として同質性を持ちながらも火山島と環礁ではそれぞれ特質を持っていた。特に人口の多い火山島ハワイ，サモア，トンガ，タヒチ，マンガレバでは高度に階層化した首長制があった。すでにキャプテン・クックが島を訪れた18世紀後半には階層化された社会をみている。また宗教儀礼が盛大に行なわれた石造建築物が東ポリネシアで残存している。巨石文化の遺跡としてイースター島の石像は謎とされてきたが考古学の調査により島への移住の波と関わりがあることがわかった。トンガのツイトンガ王朝は13世紀より継承されている。サモアの大酋長マリエトアの子孫もキリスト教と接して以来国民の上に君臨し，独立に際し国家元首となった。トンガ，サモアに限らずタヒチのポマレ王朝，ハワイのカメハメハ王，マンガレバのマプテオア王らはキリスト教を受け入れた後，宣教師の仲介でイギリス，フランス，アメリカなどの保護国になり，ついで植民地つまり欧米国家の領土へのステップをふんだ。トンガ，サモアを除いて王家の系譜は絶えてしまった。

　欧米の諸国は宣教師によって流血もなく植民地を太平洋に持ったのである。メラネシアではフィジーのザコムバウ大酋長が似た運命を辿り，イギリスに領土を譲渡したが，100年後の1970年に完全な独立を迎えた。フィジーでは他の第三国の国とは異なり，「脱植民地化」はイギリスの手によって仕掛けられたものであった。

　こうして熱帯の首長制は一見して中央集権が成功するかに見えたが，白人から武器を得て内乱を起こしたり，宣教師の干渉があり欧米列強の下に姿を消してしまったのである。

5. 文化的背景

　ポリネシア人について彼らの過去を明らかにする一つの方法に，系譜の解釈がある。部族の首長や神官にいたっては，その先祖を神々にまで遡って跡づけることができ，系譜を暗誦する専門家がいた。系譜の暗誦は社会生活において一つの技術として確立されており，先祖の世代と結びついた歴史上の事件の年代記の役を果たしていた。こうして無文字民族であったポリネシア人の歴史が語りつがれた。首長，神官のもとで宗教儀礼が発達，独自の祭政一致の政治体系をもち階層社会が発達していた。イースター島をはじめ東ポリネシアでは，宗教儀礼とかかわりのある巨石文化の遺跡が多く残存している。

　民族の移動においてポリネシア人が携えたものは共通の基本的な言葉，共通の食料と家畜，共通の宗教，文化的背景たる伝説と系譜であった。彼らは航海民族にふさわしい海洋文化をもっていた。家屋，家具，武器，カヌー，文身（いれずみ），衣服に代わる樹皮布に幾何学文様の精巧な文様や彫刻がみられた。技術の発達は社会的分業を生み専門職の分化が見られた。

　ミクロネシア人も海洋文化でポリネシア人と文化を分かち合う。彼らの移住の年代は古く，島嶼群間が互いに遠く離れており相互関係は言語的にも考古学的にも確実なことがいえない。ミクロネシアは植民や占領した宗主国が4度も代わり，島社会の文化変容も大きく，島民の混血が進んだ。移住の起源がはっきりしない中でパラオ諸島とマリアナ諸島の島民の祖先がフィリピンから移住してきたことが言語学や考古学上から判ってきた。

　メラネシアは開放的なポリネシア人，ミクロネシア人と異なり外来者との同化を拒否し，彼らの関心は部族の境界を越えることがなかった。文化面では大きくニューギニア高地，ニューギニア海岸地方およびメラネシア島嶼群に分けられるものの，東へ行くほどポリネシアと共通の文化がみられる。

　メラネシア社会では中央集権化された政治組織もなければ，体系化された宗教もなかった。しかし儀礼が発達しており儀礼用の仮面，太鼓，楯，木彫などにすぐれた芸術性がみられた。メラネシア人は顔料を用いて身体装飾をしていた。メラネシア社会の特徴はリーダーシップにあり，これは世襲ではなく戦闘や交易によって築かれ獲得されたものである。戦闘の原因の多くは呪術，土地

の侵犯であり武器として槍，棍棒（こんぼう），弓矢が発達した。

　メラネシアは宗主国が部族社会に近代化政策を施行しなかった上，教育制度が欠如し，学校も教会に依存していたため多くは無文字民族のまま独立にいたった。メラネシア文化は西洋文化との接触後もほとんどのものが残存した。

　オーストラリア大陸の先住民アボリジナルは少なくとも4万年以上前にアジア大陸から南下しオーストラリアに到着，採集狩猟に依存した生活を送っていた。イギリスの植民が始まりアボリジナルは大陸の内陸部へ追いやられたり，18世紀から19世紀にかけての虐殺，入植者のもたらした疫病などで人口の崩壊をみた。アボリジナルは侵入者を退けるだけの物質力も持たなければ，種族間の社会的連帯もなかった。白人の入植当初，200を超える言語集団があり，約50万〜100万人と推定されていた人口は1920年頃には約7万人にまで減少した。1996年には混血も含まれるが約35万人まで回復した。彼らは保護を口実に隔離され厳しい人種差別下におかれ，1975年までアボリジナルの自決権も土地権の存在も認められなかった。多文化主義の時代に入ったオーストラリアでアボリジナルに福祉政策や教育にも優先政策がとられ，20世紀末，市民社会で活動ができるようになった。都市や町の周辺にコミュニティをもち，高等教育を受ける機会にめぐまれるようになった。オセアニアはキリスト教の布教が成功した地域の一つである。特にポリネシアの島々は島民はカトリックかプロテスタントのキリスト教徒であるが，フィジーのインド系はヒンドゥー教，イスラム教で，またニューギニア高地では一部に精霊崇拝の伝統宗教も残存している。

6．現代オセアニア

　旧宗主国から独立したオセアニアの新興国家の概観を表1からみよう。オセアニアの独立した島嶼国の多くは極小国であり，多くの共通点をもってスタートラインに立った。独立したとはいえ，パプアニューギニア，フィジーのように資源を持っている国は開発が期待されるが，他の島嶼国は国の経済水準はきわめて低く，近代化への道は厳しい。国民の多くが自給経済，あるいは二重構

98　Ⅱ　世界の地域

表1　主要国データ

国名	独立年	面積(km²)	人口	国内総生産	1人あたり国民総生産	通貨	民族	言語
日本		37万7863	1億2607万	513兆6822億円	411万円	円　1$＝116〜120円	日本人、朝鮮系、中国系、他アイヌ	日本語
オーストラリア	1901	768万6848	1926万	3897億ドル	20,050ドル	A ust.$　1$＝1.79 A$	大半欧州系、アジア系、アボリジナル	英語
ニュージーランド	1947	27万534	383万	536億ドル	13,870ドル	NZ$　1$＝1.26 NZ$	欧州系、マオリ、太平洋諸島民	英語、マオリ語
パプアニューギニア	1975	46万2840	492万(推定)	36億5000万ドル	744ドル	キナ　1$＝3.03キナ	メラネシア系パプア人、メラネシア人	ピジン英語、モツ語
フィジー諸島共和国	1970	1万8333	84万8000	17億ドル	2210ドル	フィジードル　1$＝2.17 F$	フィジー人、インド人、ポリネシア系	英語、ヒンディー語、フィジー語
サモア	1962	2831	17万	1億9400万ドル	1060ドル	タラ　1$＝3.08タラ	ポリネシア系	サモア語、英語
トンガ王国	1970	748	10万	1億7280万ドル	1720ドル	パアンガ　1$＝1.79パアンガ	ポリネシア系	英語、トンガ語
ソロモン諸島	1978	2万7556	43万	3億80万ドル	750ドル	ソロモンドル　1$＝5.16 S$	メラネシア系、ポリネシア系、ミクロネシア系	英語、ピジン英語
バヌアツ共和国	1980	1万2190	19万	2億5200万ドル	1170ドル	バツ　1$＝143バツ	メラネシア系	ビスラマ語(ピジン英語)、英語、仏語
ナウル共和国	1968	21.3	1万1200	3億6800万ドル	33,500ドル	オーストラリア$　1$＝1.79 A$	ミクロネシア系	英語、ナウル語
キリバス共和国	1979	810	8万8000	5500万ドル	910ドル	オーストラリア$　1$＝1.79 A$	ミクロネシア系	キリバス語、英語
パラオ共和国	1994	508	1万9200	1億2900万ドル	---	USドル	カナカ人(マレー系)、日・米・独との混血	パラオ語、英語
マーシャル諸島共和国	1991	180	6万4000	9500万ドル	1560ドル	USドル	カナカ人、日・米・独との混血	マーシャル人、英語
ミクロネシア連邦(米との自由連合)	1986	701	11万6000	2億1900万ドル	1810ドル	USドル	カナカ人、日・米・独との混血	ヤップ、チューク、ポンペイ、コスラエ4州の言語、英語
ツバル	1978	25.9	1万1000	780万ドル	800ドル	オーストラリア$	ポリネシア系	ツバル語、英語

出所：『世界年鑑2001年』共同通信社、2001年、246〜262頁より作成

造経済にとどまっている。近代化に向かうや社会と生態系との間の微妙なバランスが崩れつつあること,財政基盤が弱いため外国の援助に大きく依存し,必要物資の輸入のため極端な貿易不均衡をきたしている。一方,人口が急増し首都への人口集中も共通してみられる。資源もなく産業も乏しい国内で失業者が大量に発生している。現金および消費物資への渇望が高まる一方,経済的自立への意欲が独立後に高まってきた。小国では海外へ,主として旧宗主国へ労働移民,契約労働者として出かけるものが急増し,収入の道を得て家族,親族へ送金している。ニュージーランド,ハワイ,米国西海岸にはそれぞれ大きなコミュニティや教会ができている。これらの国に渡った親族を頼りに,さらに移住者が続き,旧宗主国でしばしば問題となっている。

　東南アジアの発展途上国,特に仏教,イスラム教など強固な宗教に支えられている国と比較して,オセアニア地域の文化面で顕著なことは伝統文化の基盤が強固でないこと,西欧文化と接した時無文字文化であったことも過去とのつながりを薄弱なものにしている。

　独立当初,メラネシア人もポリネシア人も国民としての自覚よりも部族意識,あるいは民族意識のほうが強かった。ポリネシア人の民族意識は共通の言語・文化を分かち合っているという強い文化共有の意識(カルチュラル・アイデンティティ)に基づく。メラネシアは文化的均質性が乏しいとはいえ,19世紀にオーストラリア,クイーンズランドに送られたメラネシア人奴隷たちの間で生まれた混成語のピジン英語が広く普及した。メラネシアにおけるこの共通語は部族の境界を越え,また島嶼間の相互理解に一役買うと共にメラネシア人の連帯意識を育てたといえる。一方,伝統文化には経済発展途上の障害になる要素もある。独立当初は伝統文化の無視が見られたが,近年では国としてのカルチュラル・アイデンティティの確立は国民の誇りとバイタリティの基礎となり,愛国心につながることに指導者たちが気づいた。そして伝統文化の保護に政府も懸命になっている。

　さて赤道の北に広がる広大な海域に2500余りの小島の散在するミクロネシアをみよう。ミクロネシアは大きく分けて八つの種族言語集団からなる。島々のほとんどが環礁である。長い先史時代の編年が確立しているのはマリアナ諸島だけである。東ミクロネシアの文化はポリネシアとの間に類似性がある。ミ

クロネシアの島々も欧米からの探検家，宣教師，商人，捕鯨者との接触で島の運命が変えられた。16世紀にスペインの航海者たちの航路にあったマリアナ諸島に行政の中心がおかれ，南米からフィリピンへの航路の寄港地にした。17世紀に入るやジェスイットが布教を始め，18世紀初めまで反乱や戦争が島民と行政側や教会との間で絶えなかった。フィリピン人をマリアナ諸島へ移住させ，島嶼間で住民を入れかえるなどし，伝統的社会は解体した。混血が進み，スペイン統治時代にマリアナ諸島で新しくチャロモという民族が生まれた。

　1835年マーシャル諸島や東カロリン諸島は捕鯨場となり，食物と水の補給に寄港した捕鯨者たちが様々な疫病をもたらし，島の人口は激減した。米西戦争で没落したスペインからマリアナ諸島とカロリン諸島をドイツが買い，19世紀末にはミクロネシアのほとんどの島がドイツ行政下に入った。しかし，ドイツにとってミクロネシアは投資のための植民地以上のものではなかった。精力的な政策が実を結ぶにはドイツ時代はあまりにも短かすぎた。第一次世界大戦で日本がドイツ領を占領，国連委任統治領として行政権をゆだねられ，南洋群島と命名し，第二次世界大戦末まで占領した。ミクロネシアは国連の信託統治領となり日本に代わってアメリカが行政を行なった。こうして16世紀以来，スペイン，ドイツ，日本，アメリカと次々に宗主国が変わり統治されてきた。そのため島の小社会での混血は進んだ。ここで日本行政について注目される点をあげよう。それは太平洋の他の植民地経済政策を凌ぎ，85％の労働力が日本人により供給され経済発展はすさまじいものがあったことである。日本にとっては投資のための植民地ではなく，移民の出口となった。1944年には5万1273人のミクロネシア人の人口に対し，7万7980人の日本人の数が国勢調査に残されている。

　オーストラリアは世界で最も古くて新しい国といわれている。先住民アボリジナルはオーストラリアに到着以来，隔絶された島大陸で外部の世界と接触することなく18世紀末までまったく独自の発展をとげてきた。オーストラリアは，アボリジナルの静寂な環境のところへ200年余りしかならないヨーロッパ移民の文化が移植されて生まれた国である。1901年1月1日イギリスから独立し連邦国家として今日にいたる。今やオーストラリアは人口の98％が1788年以降の移民の子孫である。流刑移民地に自由移民が移住し羊毛産業を発展させたが，

19世紀後半,莫大な量の金の発見でアメリカやヨーロッパ大陸からの移民が増加,ついで中国人移民も加わった。19世紀後半のオーストラリアは政治的には最も平等で経済的にもきわめて流動性が高かった。この時点ですでに階級意識が存在していた。オーストラリア連邦が発足し最初の連邦会議が取り組んだのが非ヨーロッパ人の移民制限法の制定であった。人種差別の象徴ともいえる白豪主義の政策が確立した。先住民「保護政策」の下にアボリジナルを社会から隔離された集団にしてしまった。1970年代に入るまでオーストラリアは白いオーストラリア連邦であった。1975年の白豪主義の廃止や先住民政策は国民の差別意識を超越した超党派的政策として推進された。脱白豪主義政策を進めた主な原因は移民国家オーストラリアの国内的要因として①大量移民の経済的効果への期待,②移民流入の自律的持続性,③特定職種の移民への依存の継続,④国内における政治的理由による難民・移民の受け入れ,およびアジア・太平洋国家オーストラリアとしての国際的要因として①極東・東南アジアとの経済関係の緊密化と強化の必要性,②東南アジア,特にASEANを中心とした政治的・軍事的協調の重要性,③第三世界との連帯の必要性,④国際世論や人道主義の影響にあったことである。

　第二次世界大戦後の20年間は,大規模に導入された新移民によりオーストラリア経済は高度成長に入った。移民の3分の2がアングロサクソン系ではなく非アングロ・ケルト系が占めた。ヴェトナム難民受け入れをきっかけにアジア系にも門戸が開かれ,オーストラリアはイギリス文化を基礎とする均衡な社会から多文化主義社会を目指す国家となった。移民構成,本国（イギリス）との関係,アジアとの関係,冷戦構造の変化などが原因であろう。しかしながら,オーストラリアは決定的にアジアに依存しながら国民の多くがアジア人に不信感を抱いていることは否定できない。今日,多民族国家の国民的自覚の不在を補う唯一のシンボルはスポーツ・ナショナリズムだといわれている。

　ニュージーランドの先住民はポリネシア人のマオリである。マオリはポリネシア三角形の西南端ニュージーランドに少なくとも700年前に東ポリネシアから到着した。14世紀に入り7隻の大型カヌーの船団で家畜を携えソシエテ諸島のライアテアから帆走してきたと伝えられている。ポリネシア人の壮大な航海の物語の最後を飾るものである。17世紀にはタスマン,19世紀にはクックと

写真2　ニューギニア高地で「独立」の説明会に集まった村人たち
　　　　（筆者撮影，1968年）

写真3　サモアの典型的な村風景
　　　　（筆者撮影，1961年）

いった著名な探検者に続いて南太平洋の島々と同様，捕鯨者，商人，宣教師らが上陸した。1840年マオリがワイタンギ条約に調印しイギリス領となる。ニュージーランドは1907年には英自治領となり，1947年に独立した。政府は

マオリの復権要求に対処するため1975年にワイタンギ審判所を設置した。数年間の間にいくつかの大きな補償が国によって行なわれた。約130年前に条約に違反して政府が土地を奪ったことをマオリが訴え，1995年にエリザベス二世は和解に署名，北島ワイカト地区の土地の返還や賠償をした。ニュージーランドの豊かな自然は日本の風土と似ている。多くの移民を受け入れてきたニュージーランドもアジア人に対しては白豪主義のオーストラリアと同じ路線を歩んできた。

第一次世界大戦時には約500人のマオリ志願兵が参戦し，以後マオリとの連帯感が生まれた。第二次世界大戦後，1950年代にニュージーランド人1人あたりの収入が世界最高になるまでに財政は再建された。ホワイトニュージーランドからの脱却も第二次世界大戦後の特色である。南太平洋の島々のサモア，トンガ，クック，ニウエなどかつての領土や連邦の島々から移民労働者が増加している。故郷に土地を持たないマオリの都市居住者は年々増加し，新規移住者の増加は緊張を生み出した。マオリに対する補償が一段落するまでにかなりの年月がかかるとみられている。今日アメリカ主導型のグローバリゼーションの波の中でかつてのニュージーランドが世界に誇った高福祉，高社会保障の制度は過去のものになりつつある。同時に門戸を大きく開いていた南太平洋島民の

写真4　コプラ生産のため椰子の実を集めるサモアの若者
　　　　（筆者撮影，1961年）

写真5　シドニー湾でひときわ目立つオペラハウス
(筆者撮影, 1973年)

労働移民に対しても厳しい条件を出さざるを得なくなり，島嶼国との間に摩擦音が出ている。

参考文献

秋道智弥，関野久雄，田井竜一編『ソロモン諸島の生活史―文化・歴史・社会―』明石書店，1996年

新保満『オーストラリアの原住民―ある未開社会の崩壊―』NHKブックス，1980年

関根政美『マルチカルチュラル・オーストラリア』成文堂，1991年

畑中幸子『南太平洋の環礁にて』岩波書店，1967年

畑中幸子『ニューギニア高地社会』中央公論，1982年

ピーター・バック（鈴木満男訳）『偉大なる航海者たち』社会思想社，1967年

ピーター・ベルウッド（池野茂訳）『ポリネシア』大明堂，1985年

ピーター・ベルウッド（植木武，服部研二訳）『太平洋―東南アジアとオセアニアの人類史―』法政大学出版局，1989年

三輪公忠，西野照太郎編『オセアニアの島嶼国と大国』渓流社，1990年

矢内原忠雄『南洋群島の研究』岩波書店，1935年

山本真鳥編『オセアニア史』世界各国史27，山川出版社，2000年

2−6　南アジア—歴史に育まれた多元的社会—　〔南アジア〕

佐藤　宏

1.「南アジア」という呼称

　今日いうところの「南アジア（South Asia）」は，東南アジアと中東のあいだに位置し，国を単位にアルファベット順にあげれば，バングラデシュ，ブータン，インド，モルディヴ（マールディーヴ，モルジブ），ネパール，パキスタン，

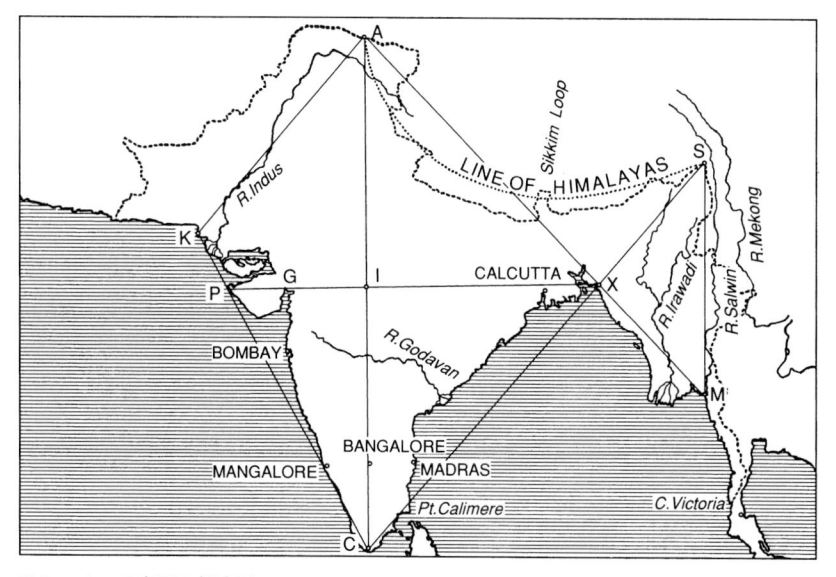

図1　インド帝国の概念図
　　　出所：Morrison, Cameron, *A New Geography of the Indian Empire and Ceylon*, 8th ed. 1933, (1st ed., 1906), 10頁より転載．
　　　凡例：A: カラコルム峠　C: コモリン（カニヤクマーリー）岬　I: インドール　X: チャッタゴン　S: ビルマ北端　M: モウルメイン　K: カラチ　P: ドゥワルカ　G: キャンベイ（カンバート）湾頭
　　　作図の手順：用紙を横長にし，左から1/3の位置に上下の枠いっぱいに縦線（AC）を引く．ACの中間点をIとし，ICに等しい垂線IXを引く．XとA，Cとを結び，CXの延長上のCAと等しい点S，AXの延長上のACと等しい点Mをとる．SとMを結ぶ．Cを中心とする半径CXの弧と，Aを中心とする半径AIの弧の交点をKとする．KCとXIの延長線との交点をPとし，PIのほぼ中間点にG．XI上でPGに等しい点がカルカッタである．

スリランカ（スリ・ランカ）の7カ国からなる地域である。

南アジアという呼称は，第二次世界大戦後になって新たに国連関係機関で使用され始めた。日本で南アジアという用法が定着したのは，1960年代の後半以降で，それまではパキスタンやインドも「東南アジア」に含めて考えられていた。67年にフィリピンからタイまでの5カ国からなる「東南アジア諸国連合（ASEAN）」が成立したことで，いわば消去法のような形で，ASEAN以西のこれらの国々が南アジアとして区別されるようになったのである。

注意したいのは，アフガニスタンとビルマ（ミャンマー）の扱い方である。アフガニスタンは，中東と南アジアの狭間にある。85年に成立した「南アジア地域協力連合」（本章5. 参照）が上記7カ国からなるため，歴史的にも深い関係がありながら，アフガニスタンは，今日では南アジアの一国としては数えられていない。いっぽうビルマは1935年まで英領インドの一部であった。また発足当初からASEANはビルマを含んでいなかった（97年にASEAN正式加盟）。そのため，国際的にはビルマも南アジアに分類されてきたこともあった。

こうして，ビルマをも含めて，改めてこの地域を考えてみると，実はこの南アジアという領域は，ほぼ植民地時代のイギリスによる「インド帝国」の範囲と一致するのである。図1として転載したのは，植民地時代の地理書に描かれた「インド帝国」概念図である。イギリスによる植民地支配の歴史が，現代の南アジアの問題にも，さまざまな影を落としていることを忘れてはならない。

2. 自然・地形・歴史－陸と海の南アジア－

(1) 自然と気候

南アジアは一般には暑い国々のイメージがあるが，実際には最北のカシミール地方の緯度は北緯35度（ほぼ名古屋，京都の緯度）を越え，夏は格好の避暑地となり，冬は厚い雪に閉ざされる。いっぽう南のデカン半島先端のコモリン岬は緯度8度の常夏の地である。また東にはインドのアッサムのような多雨地帯やバングラデシュのような広大なデルタ地形が見られるかと思うと，西にはインド・パキスタンに連なる砂漠地帯がある。中国には南船北馬という言葉

Monsoon already a week late

EXPRESS NEWS SERVICE

NEW DELHI - The southwest monsoon failed to keep its date with the people of Kerala even on Wednesday. Initially expected to hit this southern state on June 1, its onset has already been delayed by a week now.

Giving this information, the Additional Deputy Director-General of Meteorology (Services), Dr G.S. Mandal, said that even though the conditions were favourable for the onset of monsoon in the state, it had failed to make its appearance there for some inexplicable reason.

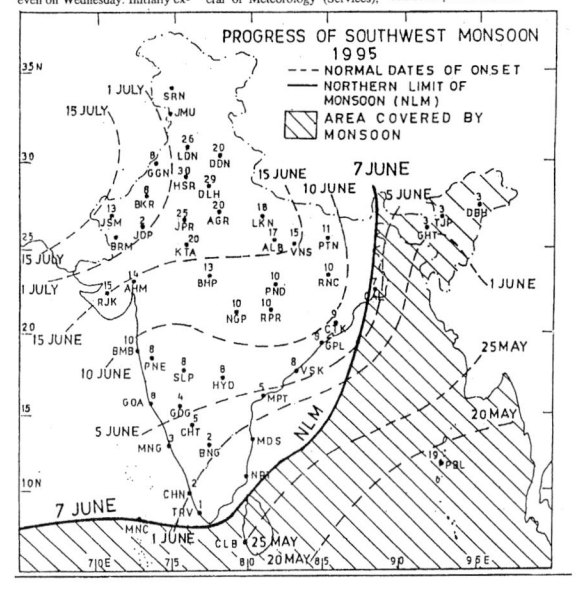

図2　モンスーンの到来予測記事
　　　南西モンスーンの季節に入ると，新聞には毎年こうした図版が掲載される
　　　出所：*Indian Express*, June 8, 1995年より転載

があるが，南アジアでは東船西馬なのである。このように南アジアの気候条件は南北そして東西でまったく正反対といってよいほど多様である。

　南アジアの人々の生活や，農業に最も強い影響を与えている自然現象はモンスーン (monsoon)，特に南西モンスーンである。もともとアラビア語の「季節」(マウシム) を意味する言葉から生まれた語で，日本の梅雨とも大気循環上の深い関連がある。早いところでは5月から湿った空気がインド洋の南西方向から吹きつけ，稲の植え付けなどの農作業の開始を告げる。しかしデリーから西のインド，パキスタンとデカン半島の内陸にはほとんど影響がなく，これらの地方では畑作つまり，粟や稗などの雑穀や冬から春にかけての小麦作が主流になる。作物の

写真1　ベンガル・デルタの農村風景
　　　　河川が縦横に走るバングラデシュ。よくある渡しの風景（筆者撮影，1994年）

違いは食生活にも地域差をもたらし，だいたい西部では小麦や稗の粉からつくる薄いパン（チャパティ，ナーン）が，東部と南部では米が主食となっている。

(2)　陸の南アジア，海の南アジア

　地図帳を手元におきながら，南アジアの地形を歴史との関係でさらに詳しくみてみよう。南アジアの地形は大きく分けて①ヒンドゥークシとヒマラヤの山脈からその山麓部，②インダス・ガンジス平原，そして③デカン半島と④インド洋島嶼部という四つの部分からなる。デカン半島部はもともとアフリカやオーストラリア大陸と一体の太古のゴンドワナ大陸の一部である。それが北へ北へと動いてユーラシア大陸にもぐりこみ，その上の地層を盛り上げたのがヒマラヤ山脈である。鉄鉱石，金やマンガン鉱をはじめとする鉱物資源がデカン半島部に集中しているのは，こちらの方が古い大陸であるからである。インダス・ガンジス平原はこの二つの地塊の間にあった浅い海が山岳部から流れ出した河川が運ぶ堆積物で埋められたもので，パキスタンのパンジャーブからインド東部にかけての代表的な農業地域として，南アジア文明揺籃の地となった。そして，この肥沃な平原は，北西のヒンドゥークシからヒマラヤへと続く6000

から 8000 メートルの山脈と,さらにビルマのアラカン山脈へと連なる天然の弧状の要害によって防御されている。歴史的には,この地域への外敵の侵入は,常に西側の険しい峠を越えて行なわれた（第二次世界大戦中の日本によるインパール作戦が東からのまれな例であった）。パキスタンとアフガニスタンの国境にあるカイバル（ハイバル）峠からインドのデリーを結ぶ線には,諸王朝の興亡を決した古戦場がいくつも見られる。古代叙事詩マハーバーラタの舞台でもある。

　しかし南に目を転じると南アジアはまったく開かれた世界である。西から海岸線をたどってみる。海岸線はパキスタンのバローチスターン地方のマクラーン海岸からインドのグジャラート,そしてデカン半島の西海岸沿いにマラバール海岸へと連なる。さらにコモリン岬からポーク海峡ないしは,スリランカ南端を迂回すればベンガル湾へと抜け出る。時計回りにベンガル湾を一巡すると,ガンジス河口からビルマ沖をかすめてインドの最南端の領土であるアンダマン・ニコバル諸島にたどりつく。マラッカ海峡を抜けた船はこのニコバル諸島の間を通過してベンガル湾にはいる。ニコバル諸島の南端からインドネシアのスマトラ北端までは 200 キロメートルあまりしかない。この長大な海岸線は西に中東,アフリカに,東に東南アジア,東アジアへと開かれた海上交易路に接続している。

　こうして,インド洋に楔（くさび）を打ち込んだような亜大陸の突端は,アラビア半島のアデンとマレー半島のマラッカを結ぶ線のほぼ中間点に位置している。この中間点に位置する国々,それがスリランカとモルディヴである。家島彦一氏は,インド洋海域世界が,西からインド洋西海域（アラビア海）,ベンガル湾海域,南シナ海域という三重のネットワークからなるとしているが（『海が創る文明　インド洋海域世界の歴史』朝日新聞社,1993 年),スリランカとモルディヴはインド洋西海域とベンガル湾海域という二つのネットワークの重なり合う地点となっていて,東西に隣接する世界からの海の渡来者に憩いを与えるインド洋上の止まり木にたとえられる。

3. 人々とその文化的多様性

(1) 人口の特徴

　南アジア諸国の人口は，合計で約13.3億人，つまりこの地域全体でちょうど中国一国に匹敵する人口規模を抱えている。世界人口の5人に1人は南アジアの出身者ということになる。うち最大人口は，いうまでもなくインドの約10億2000万人（2001年）である。人口の増加率はしだいに低下傾向をたどっているが，それでも，ようやく年率2％前後の水準で（地域全体で年間に3000万人弱の増加を意味する），世界的には人口増加率がやや高いグループに属する。

　南アジアの人口の特徴として，農村人口比率と貧困人口比率の高さを挙げることができる。乾燥地域の多いパキスタンを別とすれば，都市人口比率は2割台にとどまる。つまり経済活動における農業の重要性（本章4．参照）が示唆されるのである。また，南アジアはアフリカ（特にサハラ以南のアフリカ）とならんで人口の多数が貧困に苦しんでいる地域である。全人口の約3割から4割が，日々の基礎的な栄養摂取量をまかなう収入水準（＝「貧困線」）以下での生活を余儀なくされている（以上のデータは表1にまとめてある）。

　もちろん，以上の見取り図は各国平均の数字によるものだから，階層や地域によって生活の水準とその質には大きな開きがある。人口増加に悩むインドで

表1　南アジア諸国の人口の特徴

	総人口 (100万人) (2000)	人口増加率 (%) (2000)	都市人口比率 (%) (1999)	1人あたりGNP (米ドル) (1999)	貧困線以下人口比率 (%)　　（年）
バングラデシュ	129.19	1.7	24	370	35.6(1995-96)
ブータン	2.00	2.2			
インド	1,014.00	1.6	28	450	35.0(1994)
モルディヴ	0.30	3.1			
ネパール	24.70	2.3	12	220	42.0(1995-96)
パキスタン	141.55	2.3	36	470	34.0(1991)
スリランカ	19.24	1.0	23	820	35.3(1990-91)

注：空欄はデータなし。
出所：総人口，人口増加率は US Census Bureau, IDB Summary Demographic Data（インターネット），
　　　その他のデータは，World Bank, *World Development Report 2000/2001 Attacking Poverty* から作成。

も南インドでは顕著な人口抑制に成功している地域もある（例：ケーララ州）。また，地域ごとの1人あたり所得格差も，インドを例にとれば，首都デリーと最低水準のビハール州とのあいだには約5対1の格差がある。全般的な水準の低さが，内部での大きな格差と共存しているという見方が，ここではとても大切になるのである（詳しくは佐藤宏『インド経済の地域分析』1995年を参照）。

(2) 宗教への視点

　諸宗教が複雑に交錯し，人々は信仰心に厚いという，多くの人が共有する南アジアのイメージには，多少の混乱や勘違いが見られなくもない。それは，南アジアをインドによって代表させ，さらにインドをヒンドゥー教のイメージによせて想起することが原因ではないだろうか。古くは三島由紀夫の『豊饒の海』，最近では遠藤周作の『深い河』などの作品から，人々はインドの宗教世界を「輪廻」，「ベナレスの沐浴場」などを手懸りにして読み取ることになる。「業」と「輪廻」はインド古代思想からヒンドゥー教や仏教が受容した概念で，インド総人口の8割は確かにヒンドゥー教徒である（図3）。しかし同時に，インドは1億人以上のイスラム教徒（ムスリム）をかかえている。この規模はインドネシア，パキスタン，バングラデシュについで世界第4位である。インド，パキスタン，バングラデシュを合わせた約3.5億人のムスリム人口は，全世界のムスリム人口約13億人の4分の1強にあたる。南アジアについて考える際には，イスラムの要素と，それを通じての中東との関係を忘れてはならない。また，インド南部ケー

写真2　デリーのジャマ・マスジッド
ムガル朝のレッド・フォートとともに，旧デリーの代表的建築であるムスリムの礼拝所（筆者撮影，1998年）

112　Ⅱ　世界の地域

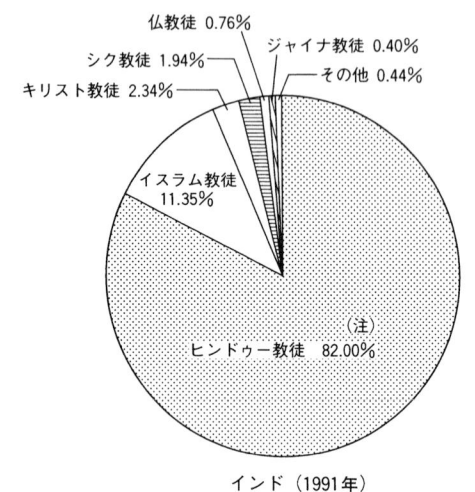

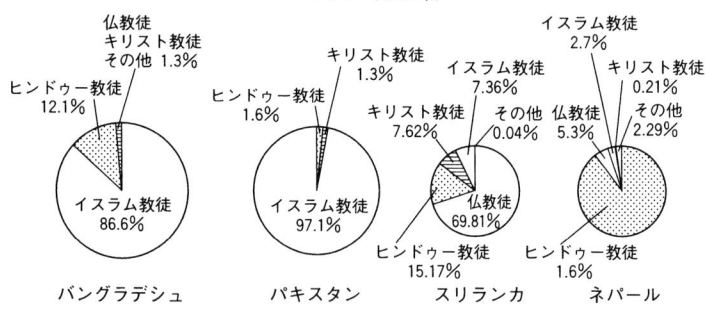

図3　南アジア諸国の宗教別人口

インド（1991年）
- ヒンドゥー教徒　82.00%（注）
- イスラム教徒　11.35%
- キリスト教徒　2.34%
- シク教徒　1.94%
- 仏教徒　0.76%
- ジャイナ教徒　0.40%
- その他　0.44%

バングラデシュ
- イスラム教徒　86.6%
- ヒンドゥー教徒　12.1%
- 仏教徒・キリスト教徒・その他　1.3%

パキスタン
- イスラム教徒　97.1%
- ヒンドゥー教徒　1.6%
- キリスト教徒　1.3%

スリランカ
- 仏教徒　69.81%
- ヒンドゥー教徒　15.17%
- キリスト教徒　7.62%
- イスラム教徒　7.36%
- その他　0.04%

ネパール
- ヒンドゥー教徒　89.5%(?)
- 仏教徒　5.3%
- イスラム教徒　2.7%
- その他　2.29%
- キリスト教徒　0.21%
- ヒンドゥー教徒　1.6%

注：ヒンドゥー教徒の中には指定カースト（不可触民），指定部族（少数民族）が含まれる（合わせて約23％）。

出所：Robinson, Francis(ed.), *The Cambridge Encyclopaedia of India, Pakistan, Bangladesh, Sri Lanka, Nepal, Bhutan and the Maldives,* Cambridge University Press, 1989, p.45（インド以外の4カ国について，1981年の比率）．

および *Census of India, Series-1, India, Paper 1 of 1995, Religion,* p. xi

ララ州のシリア派キリスト教徒の起源は，紀元後3世紀まで辿れるという。イギリスでキリスト教の公式の布教が開始されたのは，597年であったから，インドにおけるキリスト教の歴史は，「キリスト教国」のイギリスより古いことになる。したがって，ヒンドゥー教のみが南アジアの固有の宗教で，イスラム教やキリスト教を外来宗教のようにみなす考えは，インドの一部勢力が近年とみ

に強調するところだが，正しい理解ではない。これらの宗教もまた南アジア史の重要な一部を構成してきたのである。

　日本との関係の深い仏教について補足しよう。今日のインドの仏教徒640万人（1991年センサス）の多くは，インド独立後，不可触民から新たに改宗した人々である。インドにおいて13世紀にはヒンドゥー教に駆逐・吸収された仏教は，スリランカを中心に，南伝（もしくは小乗）仏教としていき続けた。現在はムスリム国家となっているモルディヴにも，仏教は日本への公式伝来（538年）よりはるかに早く，すでに紀元前3世紀にはスリランカ経由で到達していた。スリランカはタイ，ビルマなど東南アジアに広がる南伝仏教の中心地である。

(3)　言語と政治の深い関係

　南アジアの言語は，ギリシア語やフランス語，英語，ペルシア語などと同じインド・ヨーロッパ（印欧）語族と，系統を異にする南インドのドラヴィダ語族（タミル語，カナラ語，テルグー語など）の諸言語が主なものである。中国やビルマに接する地方にはチベット・ビルマ語族の言語を話す人々がいる。ブータンの公用語であるゾンカ語は，この系統に属している。また，インドの内陸部には，カンボジアのクメール語と系統を同じくするオーストロ・アジア語族というグループの諸語（例：ムンダ語，サンタル語）を話す人々も多い。

　国家公用語であるパキスタンのウルドゥー語，インドのヒンディー語，ネパールのネパール語，バングラデシュのベンガル語，スリランカのシンハラ語はすべてインド・ヨーロッパ語族に属するから，基本的な語彙は，例えばba-もしくはpa-（父），ma-（母）のように，ヨーロッパの諸言語と共通のものが多い。モルディヴの公用語はディヴェヒー（「島の」の意）と呼ばれ，言語そのものはシンハラ語に近いが，表記はアラビア語からの借用によっている。

　南アジアのすべての国が言語的な多様性をかかえているから，「公用語」の制定は深刻な政治対立を引き起こしてきた。その好例はパキスタンである。1971年にバングラデシュがパキスタンから独立した背景には，47年のインド・パキスタン分離独立以来のパキスタン国内での言語問題があった。独立当初は西パキスタン（現在のパキスタン）で共通語となっているウルドゥー語が公用語と

され，東パキスタン（現在のバングラデシュ）のベンガル語が排除されてしまった。こうして，ベンガル語の公用語化要求が東パキスタンの自治運動の発端となり，バングラデシュ独立へとつながった。スリランカでも民族対立は，多数派言語のシンハラ語に対する少数派言語のタミル語の公用語化要求から始まっている。インドでは，英語が現在でも連邦政府の公用語として用いられているが，これは単に植民地遺制によるだけではない。もう一つの連邦公用語であるヒンディー語が北インド中心の言語という性格を今なお払拭できないでいるからでもある（インドの言語問題については佐藤宏「現代インドの国家と言語」近藤治編『アジアの歴史と文化　第10巻南アジア史』，1997年参照）。

4．政治と経済―イギリス植民地統治から現代まで―

(1) 植民地支配の遺産

　今日の南アジアの文化や政治を考える時，ネパール，ブータンを除いたすべての国が200年あまりの長期にわたって，イギリスの植民地統治をうけたことを忘れてはならない。それは社会・政治生活の上に多岐にわたる影響を与えた。たとえば，高等教育における英語の優越である。中層から上層階級の人々のあいだでの英語の流通度は高い。南アジアでは大都市での生活には英語でほぼ不自由をしない。また，司法さらには軍も含め政府行政の仕組みは，植民地支配期のものを継承している。そもそも，カラチ，ニュー・デリー，コルカタ（カルカッタ），ムンバイ（ボンベイ），チェンナイ（マドラス）といった大都市は，イギリス支配（British Raj）の設計にかかるものである。

　また，逆にインド統治は，イギリス本国にとっても，産業革命自体が植民地の富の搾取によって可能になったといわれているように，世界制覇に不可欠な要素であった。われわれが英語だと思って使っている言葉の中には，「カーキー（色）」，「バンガロー」，「サファリ」など，この地域を起源とする言葉を数多くみることができる。これもまた，植民地支配の「遺産」の一つである。

(2) 独立国家の仕組み

　南アジアの多くの国々は，民族運動をへて第二次世界大戦後にイギリスからの独立を獲得した。ネパール王国のみは独立を維持した。同じ王国でもブータンは英領インドの保護国として扱われていた。南アジア地域の周縁部に，ネパール，ブータンだけでなく，西にイラン，アフガニスタン，東にタイとあたかも鎖のように王制国家が配置されていたのは（とりわけ1970年代までは），ロシア，中国（清），フランスという競合勢力の圧力から植民地「インド帝国」を守るための緩衝地帯として，イギリスがこれらの王国を利用したからである。今日ではこの鎖の西半分（イラン，アフガニスタン）で，王制は崩れ去っている。

　独立後の国家の仕組みは，植民地期の制度を多く継承したが，最も大きな変化は，基本的人権を定めた憲法を自らの力でつくり上げたこと，そして成人普通選挙による議会制度を国家運営の重要な柱としたことであった。その意味では，同じ発展途上地域の中でも，議会制民主主義が比較的定着していたのが，南アジアの諸国家の特徴でもある。しかし，この民主主義の内実には，多くの問題があることも事実である（佐藤，岩崎編『アジア政治読本』1998年の南アジアの各章参照）。

　まず，政治的な民主主義が経済面での課題，特に貧困問題を解決できなかったことである。それは，南アジア政治が各国内のエリート層によって独占されているからである。また，第二に，国内の民族・宗教対立を解消できなかったことである。特にインドではヒンドゥー対ムスリムという宗教の形態をとった紛争は絶えない。その背景には，社会の根底に巣食う貧困問題がある。また，インドとパキスタンの独立が，イスラム教徒が圧倒的多数を占めるカシミール地方の領有権争いと，凄惨な宗教対立とを産み落とし，その後の国家間対立が常に宗教対立と連動するという構造的な連関が生まれたことも原因である。そして，第三に，しばしば軍（パキスタン，バングラデシュ）や王室（ネパール）が，政党政治を転覆して強権政治にはしった経験がみられることである。現在（2002年2月）でも，パキスタンは軍政下にある。

(3) 経済発展の特徴

　南アジアは世界の中の低所得地域の一つではあるが，農業生産総額（1995年）

でみれば，世界の米生産の27％，小麦生産の15％，綿花生産の22％を占める一大農業生産地域なのである。農地などの資産や所得の不平等な分配と農業生産性の低さが，多くの人々の所得を低位に押しとどめている原因である。

　経済構造を一般化して叙述するのは難しい。インドは原子力発電や人工衛星技術までを自力で開発した実績をもつ。産業も国有企業を中心に製鉄業から小規模機械工業，最近ではIT産業まで幅広い分野を手がけ，外資にあまり依存しない自立的な発展（「輸入代替工業化」）をめざしてきた。1990年代に入り，外資導入の開放経済に転換したが，中国のような外資ラッシュは到来せず，その成果は今後の課題である。いっぽう，パキスタンは伝統的に民間企業重視の経済運営を行なってきた。スリランカやバングラデシュでは，それぞれ紅茶やジュートという伝統輸出産品からの脱却をめざし，70年代末から開放政策に転換したが，縫製品輸出などを除いて目覚ましい変化はみられない。南アジア諸国では，都市での工業化だけで失業者や新規労働力を吸収することは困難で，農業や農村工業の同時的な発展による雇用創出が求められている。

5．南アジアの国際関係―地域協力と核軍備競争―

　今日の世界は様々な地域協力機構で網の目のように覆われている。南アジアでは7カ国からなるSAARC＝南アジア地域協力連合（South Asian Association for Regional Cooperation）が1985年に創設された。地域協力機構は一般に共通の脅威への対抗や経済的利益のために結成される。南アジアでは，インドとパキスタンという中心になる2国が，カシミール問題などをめぐって独立以来反目してきたし，インドの圧倒的な経済力と軍事力を周辺諸国が警戒して，地域協力関係がなかなか成立しにくかったのである。SAARC事務局はネパールのカトマンドゥに置かれ，事務総長はアルファベット順に2年交替で各国が務める。

　SAARCは発足して17年になるが，域内の関税引き下げや市場の統合などの経済的な機能はまだ十分には発揮していない。なによりも，1998年のインドとパキスタンによる核実験，翌年のカシミールをめぐる両国の交戦など，印パ関係の悪化が地域協力の進展にとって最大の障害となっている。毎年開催される

写真3　南アジア地域協力連合（SAARC）本部
ネパールのカトマンドゥに置かれるSAARCの本部の前景。7カ国の国旗が掲揚されている（筆者撮影，1993年）

はずの首脳会議も不定期で，98年以降は中断され，ようやく2002年1月に開催された。印パの核軍備競争は，両国民の生活改善の障害となるだけでなく，経済力の弱い他の南アジア諸国の経済発展までをも阻害しているというべきであろう。

現在までに，麻薬対策やハイジャック犯の引渡し，科学技術，農業開発協力などに関する協定が成立した。また最近ではバングラデシュやネパールでの選挙に際してSAARCは選挙監視団を派遣している。こうしてSAARCは徐々に活動分野を広げ，域内7カ国の協力関係を強めていくことが期待されている。

6．おわりに―私たちと南アジア―

南アジアでは，東南アジアのような日本企業の進出は比較的近年の現象であり，中東の石油に比較できる輸入品も，インドの鉄鉱石，パキスタンの綿花を除けばあまり特筆するものがなかった。しかし，日本は最近では，これら諸国に対する政府開発援助の最大の供与国となってきた（山崎，高橋編『日本とイ

ンド　交流の歴史』，1993年)。歴史的にも日本との関係は深い。インドの人は必ず仏教のとりもつ縁を強調する。また東アジアや東南アジアとは異なり，第二次世界大戦時にも，ごく一部を除いて日本軍が占領したことがなく，基本的には親日的でもある。南アジアは，中東と東南アジアの架け橋になる位置にあり，これまで紹介してきた文化的多様性のゆえに，世界文化のあらゆる要素があい交わる舞台でもある。南アジアを知ることによって，私たちは，おのずと，より広い世界への眼を開かされるのである。

参考文献

佐藤宏『インド経済の地域分析』古今書院，1995年

佐藤宏「現代インドの国家と言語」近藤治編『アジアの歴史と文化　第10巻南アジア史』同朋舎，1997年

佐藤宏，岩崎育夫編『アジア政治読本』東洋経済新報社，1998年

山崎利男，高橋満編『日本とインド　交流の歴史』三省堂，1993年

その他，弘文堂刊『もっと知りたい』シリーズのインド，バングラデシュ，パキスタン，スリランカ，ネパールの巻および，二宮書店刊，B・L・C・ジョンソン著『南アジアの国土と経済』シリーズ4巻を参照。

2-7　アラブ・イスラム世界

〔中東〕

堀内　勝

1. イスラム世界

　イスラム世界とは，ムスリム（イスラム教徒）がその人口の大半を占める地域をいう。この世界は発祥の地アラビア半島を中心に，西はモロッコ，モーリタニアまで（かつてはイベリア半島も），また東はインドネシア，フィリピンまで，北はカスピ海北東カザフスタンまで，南はサハラ砂漠を越えたサーヘル，ザンジバルやコモロ諸島などスワヒリ地域までも包含して，今なおその信徒は広がりを見せている。

　イスラム世界の拡大は，歴史的には軍事遠征による場合も多々あったが，布教活動をすることなく広まった点に特色がある。すなわち，イスラム信仰共同体（ウンマ）には聖職者は存在しないし，したがって宣教師の組織もない（ただし，シーア派の一部には宣教組織がある）。イスラムが広がっていったのは，異教の地で働くムスリム商人などの存在が大きく作用した。交易に従事するムスリム商人は居留する先々で，商人としての活動，信者としての日常生活が，周囲の人々に立派な営みとして感銘を与え，感化を導くほどだったからといえる。ムスリム商人たちと親しく接した人々はムスリム商人たちの考え方，態度に学び，その教えと儀礼行為を見習っていった。特にその居住地の指導者，支配者にその傾向が強く，こうした人々の入信はその地域の被支配者，一般民衆を容易に誘って，その地域共同体の丸ごと改宗が行なわれる例が多かったわけである。

　ムスリム世界がその連帯を固くしているのは，教義，儀礼，日常活動における宗教共同体の活動をとおしてなのだが，同時にアラビア文字による一体感も強調されねばならない。ムスリムは信仰心が篤いほど原典コーランの言葉であるアラビア語を学ぼうとする。近代以前では，旧世界においてアラビア文字圏は，ローマ字文字圏よりはるかに広い地域で使われており，たとえ意味は判らずとも判読はできる世界が広がっていた。現在アラビア文字を用いているのは，

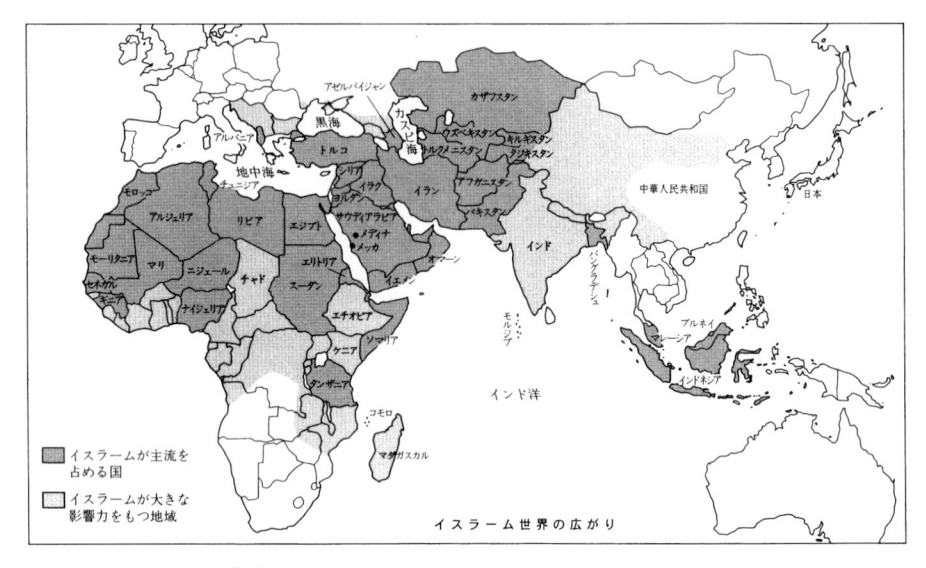

図1　イスラム世界の広がり
　　出所：坂本勉『イスラーム巡礼』岩波書店，2000年，vi頁

アラブ諸国，イラン（ペルシャ語），パキスタン（ウルドゥー語），アフガニスタン（ダリー，パシュトゥーン語）などである。かつてはトルコ（トルコ語），インドネシア・マレー（マレー語），東アフリカ（スワヒリ語），他にも中央アジア諸国もアラビア文字を用いていたが，植民地化，近代化，西洋化でこれらの国々はローマ字に化してしまった。とはいえ，この文字の持つ力は依然として生き続けており，中央アジアでは文字の復活運動も起きている。

2．アラブ世界

　イスラム世界の中でも，その中心的地位を占め，宗教共同体としての指針となっているのがアラブ世界である。アラブ世界は20余カ国あり，その面積はヨーロッパ全土に匹敵するほど広大である。
　この広大なアラブ世界を二分する区分法がマシュリク（東アラブ地域）とマグリブ（西アラブ地域）である。マシュリクは「日の出ずる地域」が原義で，

エジプトから東のアラブ諸国，マグリブとは「日の没する地域」で，リビア以西のアラブ諸国だが，かつてはスペインも含まれていたし，現在では狭義にはモロッコの国自体がこの名称で呼ばれている．

(1) マグリブ

　西方アラブ諸国と呼んで良いマグリブにはリビア，チュニジア，アルジェリア，モロッコ，モーリタニアと国が並んでいる．歴史的にはイブン・バットゥータの旅行記でも馴染みのように，広くサハラを越えたサーヘル地帯，またスペイン，ポルトガルも含まれていた時期があった（アルハンブラ宮殿はイスラム期の最後の花を咲かせた古都で，今も観光客で賑わっている）．マリ王国のマンサムーサ王が黄金と奴隷を資金としてメッカ巡礼したエピソードなど良く知られた話である．

　この地域はチュニジアのカイラワーンにアフリカ総督府が設けられ，早くも711年にはイベリア半島のイスラム化が進み，732年フランス南部トゥール・ポワティエの戦いにフランク軍に敗れるまでイスラムはヨーロッパに広がる勢いを見せた．

　またこの地方にはトゥアレグをはじめ原住民ベルベル族の人々がおり，イスラム化を受け入れつつ，独自の言語・風俗・習慣を維持している．

(2) マシュリク

　マシュリクはサウジアラビア以南のアラビア半島，チグリス・ユーフラテスの貫流する北部地域，ナイル河を賜（たまもの）とするエジプトなどのアフリカ北東部から構成され，イスラムの歴史を動かし，リードした地域といえる．メッカ，メディナの2大聖地の存在するアラビア半島は別に後述することにして，ここでは他のマシュリク地区を述べておく．北部地域はイスラム化以前は広くメソポタミア（メソ＝中間，ポタミア＝二つの河）地域と呼ばれていた地域と重なる．シリア，イラク，ヨルダン，レバノン，パレスチナ（イスラエル）が国を構成する．シリアは世界最古の都市とされるダマスカスを中心に東部に広がるシリア砂漠の世界と，西部の地中海世界，南部のメッカ・アデンを基幹とする隊商道，アレッポから北に広がる北方ルートを束ねるカナメとして古くから栄えており，

図2　アリーとその二子ハサンとフサイン
　アリーは預言者ムハンマドと従兄弟であり，またその娘ファーティマを嫁ったところから義息でもあり，預言者とは血のつながりが最も深い。シーア派ではイマームの系列をムハンマド→アリー→ハサン→フサインとして，このアリー家の血筋を神格化している。

　その旧市街は独特な魅力をたたえている。イスラム王朝のうち，ウマイヤ朝がここに首都を置き，また北の大都市アレッポを中心にハムダーン朝，ミルダース朝がアラブ的文化を花咲かせた。また東隣りのイラクではササーン朝の古都クテシフォンの近くチグリス河に面してバグダードが築かれ，アッバース朝の首都となり，ハールーン・アル・ラシードのカリフの頃イスラム王朝の全盛期を迎え，東の唐と世界を二分する勢いであった。
　この地域は預言者や教友時代以降，ウマイヤ朝やアッバース朝など，イスラム史の中心的地域となり，先行するビサンチン帝国やササーン朝の制度や文化を引き継ぎ，イスラム文化を開花させ，カリフたちの私生活，文化活動などは千一夜物語にも書かれている。レバノンにはキリスト教徒が半分近くを占め，またパレスチナは1948年以降ユダヤ人たちが大挙押し寄せイスラエル国家を

つくり，先住のパレスチナ人たちと紛争が絶えない状態になっている。

マシュリクの第二の地域はアフリカ北東岸になり，ここにはエジプト，スーダン，エリトリア，ジブチ，ソマリアが含まれる。ナイル河が貫流するエジプト，スーダンは古代ファラオの時代から文明が栄え，イスラム化する以前に成立していたコプト教会（キリスト教）はエチオピアに至るナイル河沿いに現在に至るまでその信者の点在が見られる。エジプトのイスラム史に果たした貢献は大きく，アッバース朝以降のイスラム圏の屋台骨となり，十字軍やモンゴン軍の侵略に対抗した。サラディン（正式にはサラーフ・アッディーン）の武勇と騎士道については良く知られている。アッバース朝の崩壊後，カリフ権はエジプトのマムルーク朝に引き継がれ，16世紀オスマン・トルコに引き継がれることになった。近代化に早くから着手したエジプトはナセル（ジャマール・アブド・ル・ナーセル）の時代には第三勢力のリーダーとして東西対立の間に力を占めた。スーダンは国が大きく，南部地域はキリスト教，伝統宗教の力が強く，北部中心の政府に対し自治を要求している。エリトリアは，エチオピアからの分離独立運動が実って，1993年アスマラを首都に独立を達成した。

アラビア半島を構成する国はサウジアラビア，イエメン，湾岸諸国（クウェイト，バハレーン，カタル，アラブ首長国連邦，オマーン）である。

メッカ，メディナの2大聖地をか

図3 コーヒーの飲用はアラビアから始まった
イブリーク（ポット）には濃いコーヒーが入っており，小さなフィンジャーン（カップ）で飲む。飲み終わったら，カップを裏返してその濃い残り滓の筋から占いが行なわれる（コーヒー占い）。

かえるサウジアラビアは半島の大半を占め，イスラム揺籃(ようらん)の地であり，預言者時代，正統カリフ時代の政治的中心地を北方に譲ってからも，宗教的，学問的中心地であり続けた。今日にいたっても毎年1度の巡礼はメッカに赴き，また毎日5度の礼拝はメッカのカアバ神殿の方向を向いて行なわれる。南西端のイエメンはインド洋と紅海に開け，交易の好条件を持ち，シバの女王，マアリブのダムなど古くからの文明が栄え，イスラム誕生にも影響を与えた。湾岸諸国はペルシャ湾（アラブ諸国はアラビア湾と呼ぶ）岸に接する国で，地図で見る通りサウジアラビア，イラクも含まれる（イラクは湾岸戦争以来除外されている）。ここは油田地帯で国富がうるおっているが，石油以外は見るべきものがなく自然環境も苛酷で，人口も少なく，恐らくアフガニスタン同様最貧国としてあえいでいたはずである。

3．イスラム教，その平等性と助け合いの教えと実践

(1) 喜捨（施し）＝互助，助け合う心構えの修養

　ムスリム（イスラム教徒）の間には，恵まれない者，不幸な境遇にある者に対して，それを救済する制度がいき届いている。ムスリムとして果たさねばならない行為，これを五行とか五柱とかいう。信仰告白，礼拝，喜捨（施し），断食，巡礼がそれである。ここでは教義は別にして，この五行の中に見られる平等性と助け合い精神およびその実践について主として述べていこう。この五行の中で，喜捨（ザカート）は，自分よりも恵まれない人にはできる限りの施しをするようにとの教えで，社会全体に（税を徴収することで）それを強制している。「今私がここにこうあるのは神の御加護のおかげである（ハーザー・ミン・ファドル・ラッビー）」として，神に全幅の信頼をおいて現状肯定をし，より薄幸な人たちへの慈恵の心を行為で示す。

　ムスリムの「もの乞い」に対する接し方も独特である。夫に死なれ，身寄りがなかったり，商売がどうしてもうまくいかなかったり，心身に正常な活動ができない状態にある者に対しては，社会全体がその救済にあたる。乞われれば金品を渡すのが普通で，商店街も一軒一軒入ってくるもの乞いに対しては布施

を出す。無視したり手荒に追い払ったりするようなことはない。強制的な「喜捨（ザカート）」に対して，このような任意な，自発的な「喜捨」はサダカといって，人の集まる所や祭礼の折などで盛んに行なう。

(2) 信仰告白＝正々堂々とした態度，正義を全面に

　信仰告白（シャハーダ）とは，自己のムスリムたることを表明することである。「アッラーの他に神はなし。ムハンマドはアッラーの使徒なり。」の二つの定句からなっている。前半は唯一神信仰の，後半はムハンマドの預言者たることを，内なる信心を外へ向けて口に出して唱えることである。礼拝や祈りの折はもちろんのこと，仏教の念仏や題目のように折に触れ唱えるのが良いとされる。また婚約時や約束，契約などの締結時，裁判の折の証言となる時にも唱えられる。信仰は心と舌と手を通して表明される。手とは行動，すなわち信仰生活，日常活動を意味する。一般語ムスリムはイスラム教徒という形式的な包括的な名称だが，ムウミン（mu'min）という特称があり「心の底まで，真のイスラム信者」という意味である。

　ムスリムは異郷にあったり，異教徒や異宗派の中にあって身の危険を感じた場合，信仰を隠しても良いことになっている。これを「信仰秘持（タキッヤ）」といい，舌と手は譲っても良い，がしかし心の中では信仰を維持しなさい，との教えである。このようにイスラムは厳格でも一義的でもなく，現実に応ずることのできるきわめて寛容な宗教である。原理主義者や厳格派は，こうした寛容さを欠いた少数の人々で，上述の「ムスリム」を他人にも強いる考えの人々である。自分自身の信仰の度合いは「神のみぞ知る」であって，他人から強制できるものではないことは長い歴史を持つイスラム社会では常識になっている。

(3) 礼拝＝ムスリムとしての一体感，連帯感

　ムスリムに課される義務行為の中で，最も厳しく感じられるのが日に5度の礼拝である。日増しに速度を増していく日常生活の中で，夜明前，正午，午後，日没，夜の定時に課せられる義務は辛いものである。夜明け前の礼拝は睡魔との戦いともなる（その折の我々旅人にとってのアザーン〔礼拝の呼びかけ〕は忘れられぬ思い出となるであろうが，ムスリムにとっては起きろという合図）。

正午や午後の礼拝は勤務時間中や仕事のやりかけとなるので、やむなく不履行となることも多い。しかしムスリム社会はその不履行をも許し、日没や夜の礼拝時、その不履行時の礼拝の手順回数を継ぎ足して行なえばすむことになっている。

礼拝の前には体の露出している部分、頭、手、足は流れる水で清めなければならない（沐浴）。これを日に5度行なっているわけだから、ムスリムほど清潔好きはいないことになるであろう。モスクにはトイレや沐浴場が設けられ、礼拝ではなくとも利用できるようになっている。また外国人だから、もの乞いだからといって拒みはしない。同じ信徒ならば国籍も肌の色も区別せず入って礼拝ができる。

礼拝は早いもの順に横一列に並び、一列が一杯になると次の後ろの列が構成されていく。身分が高いからといって最前列が当てがわれるとか特別席が設けられるということもない。時の宰相だろうと将軍だろうと知事であろうと一介のムスリムとして、横一列の一員となって並ぶ。礼拝を終えた後、隣同士も挨拶を交わす。神の前の平等および連帯が意識され、強められる時である。また勤めを果たした充足感、満足感も味わう時となる。

(4) 断食＝誰も「饑じさ」味わう平等な精神

ムスリムには1年に1カ月、断食（sawm）の行が課せられる。イスラム暦の9カ月目をラマダーン（断食月）といって、29〜30日、夜明けから日没まで飲食を断つ。仏教の断食と異なり、水も飲んではならず、唾も飲み込んではいけないとされ、この日が夏季に来ると苛酷な毎日になる。断食は世俗的な事柄を控え、神と向かい合うことが主体となり、経済活動はこの時期は停滞する。会社も学校も短縮した労働、授業時間体制となり、信仰を重んずる人ほどモスクや宗教施設にこもって瞑想にふける。

断食は貴賤上下の別なく、ムスリムに一様に課せられる。どんなに豊かで満ち足りた生活を送っている人でも、貧者や修道者の常なる状態「飢え、饑じさ」を1カ月均しく味わうことを主眼としており、ここにもイスラムの誰かれの隔てない平等精神が息づいている。

厳しい行ゆえに、断食をしなくとも良い除外者も認められている。幼児や老

人，妊産婦や乳幼児の育児中の母親は除外される。また旅にある者，戦いに従事する兵士，傷病にある者なども除外されるが，その状態が完了したのち断食行を補完することになっている。こうした点も厳格で一義的でなく，融通な宗教であることが判る。

(5) 巡礼＝いずこに居ようとも，イスラムの遍在性

　ムスリムは一生に1度はメッカ巡礼を行なうことが望ましいとされている。もちろん何度行なっても良いし，距離的に近ければ毎年欠かさずという人もいる。巡礼者は巡礼月の7日目までにメッカに入って，10日目までの行事をともにしなければならない。この一連の行事をまっとうして初めてハージ（巡礼者）としての称号を受けることになる（この時以外のカアバ詣はウムラ＝小巡礼といって，巡礼とは認められない）。貧しくて出かけられない者にも救済制度がある。こうした場合には人に託して代わりに行ってもらう代参制もあるし，我が国の講のようにお金を出し合ったり，積み立てて，一共同体の少数が代参として出かけたり，クジ引きで出かけるシステムもでき上がっている。

　今では政府やサウジアラビアが援助金を出して巡礼用飛行機を安価に利用できるが，飛行機のない時代，メッカから遠距離にあって往復代金を工面できず，それでも巡礼を志す人は，何年もかけてメッカを目指した。巡礼の路にそって行く先々で働いてお金をつくり，次の町を目指した。ホテル代を支払う余裕のない場合，モスクや宗教施設，廟などに一夜を求めることもできるようになっている。

参考文献

井筒俊彦『イスラーム生誕』中央公論社，1991年

井筒俊彦訳『コーラン』3巻，岩波書店，1957年

伊能武次編『中東における国家と権力構造』アジア経済研究所，1994年

イブン・ハルドゥーン（森本公誠訳）『歴史序説』3巻，岩波書店，1987年

加納弘勝『中東イスラム世界の社会学』有信堂，1992年

後藤　明『イスラーム歴史物語』講談社，2001年

酒井啓子編『中東諸国の社会問題』アジア経済研究所，1998年

佐藤次高『イスラームの「英雄」サラディン』講談社選書，1996年

清水学編『中東新秩序の模索』アジア経済研究所，1997年

ハワード・ターナー（久保儀明訳）『科学で読むイスラム文化』青土社，2001年

長場紘『現代中東情報探索ガイド』慶応義塾大学出版会，2001年

中村廣治郎『イスラム―思想と歴史』東京大学出版会，1977年

日本イスラム協会,嶋田襄平,坂垣雄三,佐藤次高監修『イスラム事典』平凡社,1992年

ジクリト・フンケ（高尾利数訳）『アラビア文化の遺産』みすず書房，1982年

堀内勝『砂漠の文化』教育社歴史新書，1979年

前嶋信次『イスラム世界』河出書房新社，1968年

前嶋信次『イスラムの蔭に』河出書房新社，1975年

2−8　トルコ—世俗化，イスラム，女性の相互関係—　〔中東〕

中山紀子

1．トルコを理解するための三つのポイント

　トルコという地域を研究するには様々なアプローチ方法がある。そもそも，トルコはヨーロッパなのか，アジアなのか。トルコ最大の都市，イスタンブル市はボスポラス海峡を挟んでアジアとヨーロッパを跨いでいる。トルコ全体でみれば，国土の3％がヨーロッパ大陸に，残りの97％がアジア大陸に属している。「トルコは東西文明の架け橋」と呼ばれる由縁である。国外では，たとえば，ワールドサッカーではヨーロッパ・リーグに属している。逆に，日本の外務省の中では，ヨーロッパではなく中近東に分別されている。トルコの人々自身の意識はどうかというと，イスタンブルに住む知識人たちの中には自分たちのことを当然ヨーロッパ人だと思っている人が多い。一方，田舎の老人は，自分のことをヨーロッパ人ともアジア人とも思わず，ただトルコ人と思っているか，あるいはトルコ人でもなくその村の人間と思っているだけかもしれない。

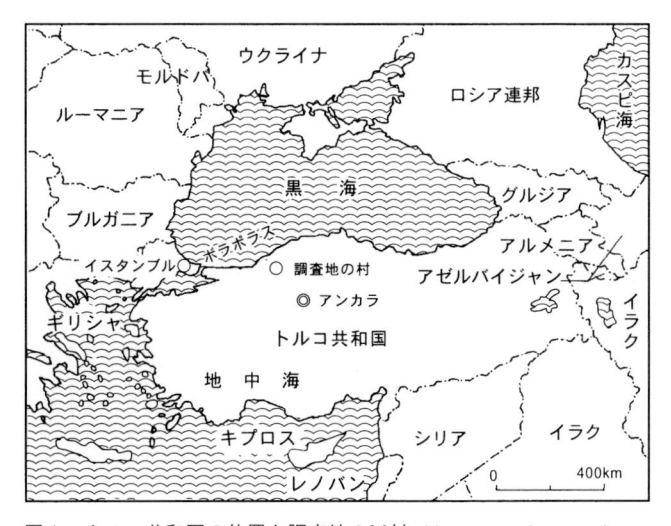

図1　トルコ共和国の位置と調査地のM村（中山，1999年，18頁）

このようなヨーロッパとアジアのはざまにあるトルコを理解するために，その歴史を彩るいくつかの知識が必要となる。三つをあげよう。第一に，トルコ共和国が位置している小アジア半島（またの名をアナトリアと呼ぶ）がもつ重層的な文化についてである。小アジアは，古くは鉄器の発明で有名なヒッタイト文明が栄えた場所であり，また古代オリエント文明と古代ギリシア＝ローマ文明の接点に位置している。その後，東ローマ帝国であるビザンツ帝国の領土となり，ギリシア正教世界となった。現在の住民であるトルコ人がこの地に移住し始めたのは11世紀末以後のことであり，それ以前に小アジアに栄えた文明がその遺産を現在に残していることを忘れてはならない。

　第二に必要となる知識は，トルコ人たちがその出自としてもっている遊牧民の伝統・文化についてである。小アジアに移住したトルコ人は，モンゴリア高原や中央アジアで活躍し，数多くの遊牧国家やオアシス都市国家を築いたトルコ系の人々と同系である。そのため，彼らは本来もっていたシャーマニズム信仰や遊牧騎馬民族としての伝統・文化を中東にもたらすことになった。ちなみに，日本ではブルガリアの名産だと思われているヨーグルトは，実はトルコ産でトルコ語である。この語は「こねる」という意味の「ヨウル」というトルコ語の動詞語幹から派生した。ヨーグルトは乳製品を多く生み出した遊牧民の食文化の一つである。

　第三に，小アジアに移住したトルコ人たちがその後オスマン帝国という巨大なイスラム国家をつくり，イスラムの盟主となったことである。イスラムは7世紀前半，アラビア半島の一角で預言者ムハンマドによって興された宗教である。アラブ人ののちイラン人もイスラムを受け容れたが，トルコ人が受け容れたのは9世紀中頃以後にすぎない。いわば遅れてきたイスラム教徒といってもよい。その彼らが，本家本元のアラブ人たちを差し置いて，イスラムを支える最大の屋台骨になったのだ。オスマン帝国のスルタンは全世界のイスラム教徒の盟主であるカリフの地位についた。オスマン帝国は16世紀には，アジア，アフリカ，ヨーロッパの3大陸にまたがる大帝国となり，19世紀末までその領土の大半を維持した。

2．世俗化したムスリム大国

　以上，トルコを理解するために，小アジアのもつ重層的な文化，中央アジアからの遊牧民としての伝統，イスラムの盟主としてのオスマン帝国という三つの歴史上の知識をみてきた。いわば，場所のおもしろさ，人々のおもしろさ，宗教のおもしろさをみてきたともいえる。さて，それでは，現代のトルコを理解するために必要な知識は何だろう。何が現代トルコの最大の特徴なのだろうか。

　それは，一言でいえば，トルコ共和国設立以来強力に進められてきた「世俗化」である。世俗化とは，一般には，1960年代の宗教社会学者たちによって定義された「近代化，合理化あるいはそれらに伴う社会の機能分化によって，制度的宗教が社会に及ぼす影響力をしだいに喪失し，宗教が公的領域から私的領域へと移行していく過程」とされるが，トルコの場合，トルコの近現代史研究を行なっている新井政美による「イスラムの，国家や社会における影響力，支配力の相対的低下」という定義が有効である。最初の定義を簡単にいうと，近代化すると宗教の力は低下するということだが，トルコの定義では近代化を常にイスラムとの関係ではかり，近代化をイスラムの力を低下させる「世俗化」と同義にみなしていたことになる。両者の違いは，前者が近代化によっておのずとその力が消えていく，といった傾向があるのにくらべ，後者は国家そのものがイスラムの力を低下させるように乗り出したことにある。

　1923年に誕生したトルコ共和国は，初代大統領ムスタファ・ケマルの強力な指導力のもと，徹底的にイスラムとの訣別を図った。国民の9割以上がイスラム教徒という中東屈指のムスリム大国であるこの国で「世俗化」を図ったのである。彼の「近代化」のモデルは西洋であった。ケマルは，イスラムそのものを禁止したわけではなかったが，イスラムを個人の信仰の自由のもとに行なう「私的」な領域のみに限定し，イスラムが国家や政治という「公的」な領域に関わることを拒否した。

　イスラムを遠ざける政策が矢つぎばやに執行された。1924年に，イスラム世界の最高権威を表わすカリフ制を廃止し，オスマン王家の全員を国外へ追放した。同時に，イスラム法に基づいたシャリーア法廷，宗教的な知識人を輩出し

てきた宗教学校を廃止し，裁判制度と教育における世俗化を果たした。1925年には，各種のイスラム神秘主義教団の閉鎖，ムスリムとしてのトルコ人の象徴であるトルコ帽の着用の禁止，イスラム暦（太陰暦）に代わる西暦（太陽暦）の採用を行なった。1924年に発布された共和国憲法に国民の大多数がムスリムであることを考慮して盛り込まれていた「トルコ国家の宗教はイスラムである」という条項は，1928年に削除された。また，同年に，それまで使用されていたイスラム世界との紐帯であるアラビア文字を廃棄して，ローマ字に若干の手を加えた新しいトルコ文字を採用した。同様に，1941年に，イスラム世界との紐帯を薄めることを意図して，アラビア語による礼拝の呼び掛け（エザーン）誦唱が禁止された（1951年に禁止を解除）。

3．近代化の試金石となった女性

　このように世俗化政策が推し進められていく中，女性のあり方もまた注目された。そもそもイスラムにおいて女性のあり方は，4人妻の容認，ヴェール着用による髪の毛の隠蔽，性的隔離などで知られるように，核心的なテーマの一つであった。そのため，近代化と向き合った様々な社会で女性のあり方はそれぞれ論議されたが，イスラム社会においては，より一層の重要性を帯びることになった。さらにトルコは，イスラム世界の中でも政教分離を明確に打ち出し，世俗化という近代化に邁進していた。まさにこの点で，トルコの女性は近代化の試金石となったのである。

　「世俗化」に収斂された「近代化」を目指すケマル大統領にとって，イスラムの「封建的束縛」から女性を解放することはオスマン帝国の宗教的な残滓を清算する闘争のための格好の材料であり，国民国家の建設と「世俗化」の達成を目標とする，幅広い政治戦略の一環と考えられた。ケマルは，1926年に，スイスの法律を模範にして一夫多妻の禁止などを含む民法を導入し，また，男女の教育機会の平等を図り，1934年には，女性に選挙権と被選挙権を与えた。このような早い時期に女性に選挙権と被選挙権が与えられたのは，当時，国の内外から独裁者として批判され始めていたケマルが，ドイツに誕生したファシスト

政権との差異化を図り，西欧に対してトルコが「民主的」な国家であることを示したかったからだと指摘する研究者もいる。民主主義は，政治的に現われた「西欧化」である。西欧的な民主主義は，トルコでは，それ自身が一つの目的として重視されている。その中で，女性の地位が「民主化」の象徴にもなったのである。

　ケマルは，トルコ共和国の建国の直後に行なった多くの演説の中で，「文明化」という言葉を頻繁に用いている。ケマルにとって文明とは，西欧文明にほかならず，「文明化」も「西欧化」と同義であった。イスラムに代わってトルコ人のアイデンティティ（帰属意識）を支えるものとして，トルコ民族主義が提示された。具体的には，イスラム化以前の中央アジア以来のトルコ文化の再評価である。しかし，民族主義を持ち出したケマルの目的は，トルコ民族の優秀性を示すためだけでなく，むしろイスラム化以前にすでに高度な文化を有していたトルコ人は20世紀の現在，イスラムを離れて「文明化」（すなわち，「西欧化」）することができるのだという，「西欧化」への鼓舞であった。民族主義は，女性に対しても当てはめられ，男性と平等で力強かった本来のトルコの女性という女性像が普及された。イスラムの封建的な束縛を受けない「新しい女性」の出現を望んだケマルは，隣国イランのようにヴェール禁止令こそ出さなかったが，ヴェールを被らない西欧の衣服を着用した女性を伴って国民の前に現われて，自分から模範になろうとしたのである。

　「ヴェールを被らない女性を伴う」というのは，女性のヴェールの使用と性的隔離というイスラムの「封建的な束縛」から自由になることである。ケマルは，女性の教育の必要性を強く説いている。ある演説における「女性にその目で世界を見させよ。そして，世界に女性の顔を見させよ」という言葉は，非常に示唆的である。「女性が世界を見る」とは，女性の教育を意味し，「世界が女性を見る」は，女性がイスラムの象徴であるヴェールを脱いで顔を見せる，すなわちイスラムからの決別を意味している。ケマルの考えでは，女性は教育を受けることによってイスラムから遠ざかるのであった。

4. ヴェールを脱いだ女性たち

　こうしたケマルの「世俗化」政策のもと，トルコは他のイスラム社会にくらべて「世俗化」が進んだ，そしてヴェールを被らない女性の割合が多い国となっている。ケマルの「世俗化」を経た現在のトルコ女性の諸相を具体的にみていこう。

　まず，ケマルのとった「世俗化」の政策を支持し，それを信奉する者であるケマル主義者，すなわち「ケマリスト」の女性たちがいる。女性にさまざまな法的な権利を与えてくれたケマルを女性に対する最大の理解者と見なす女性は多い。その女性たちは，ケマルの推し進めたイスラムの「公的」な領域からの分離と「私的」な領域への制限を当然のこととして受けいれた。女性たちは，信仰の行為を個々人の良心に従って行なうものとして認識し，それが何らかの権威によって強制されるべきではないとしている。女性たちは，「ムスリムである」という自覚はあるが，イスラムの宗教的な義務とされている日常の礼拝などには熱心でない人が多い。女性をイスラムの封建的な束縛から解き放し，公的な場に登場させることを，「近代化」の一つの証と考えていたケマルの考えに添うように，女性たちは外に向かって「開いて」おり，ヴェールを脱いで髪の毛を見せている。

　ケマリストたちは，伝統的に，軍人，知識人，作家の中に多い。特に軍人は，ケマル自身が軍人の出身ということもあり，「世俗的な」共和国の体制の擁護者を自認している。1960年，1971年，1980年と3度にわたって軍部によるクーデターが起こったが，その理由は「アタテュルク（トルコ政府によって贈られたケマルの姓で「トルコ人の父」を意味する）の示した方針からの逸脱を修正する」ためであった。軍人の妻の多くは，ヴェールを着用せず，髪の毛を見せている。

　また，ケマルの徹底した教育の世俗化の結果，トルコでは，医師，弁護士，大学教師，公務員などの専門職に，比較的幅広い階層から多くの女性が就くことになった。トルコの学校教育は，男女共学になっており，また，学校内での女性の教師や生徒のスカーフ使用は禁止されている。教育を受けることは，すなわちヴェールを取ることに通じているのである。

トルコにはケマリスト以外に，ヴェールを脱いで髪の毛を見せている女性たちがいる。それはフェミニストの女性たちである。フェミニストとは，女性の権利を拡大する主張をもつ人々のことである。フェミニズム運動は，ヨーロッパで多様に展開された。トルコにおいて，フェミニズム運動は，1980年代に盛んになった。1960年代以降，特に1970年代，トルコで社会主義思想が広がった。1968年におけるフランスの「五月革命」は，トルコの左派にも大きな影響を与えたが，この事件をきっかけに西欧で引き起こされたフェミニズム運動は，トルコでは起こらなかった。トルコの左派の考えでは，女性への抑圧は階級闘争の一つに過ぎず，女性解放は，社会主義の達成によって解決されると了解され，女性に関する問題が独自の課題として浮上することはなかった。そのため，左派出身の女性が多数を占めるフェミニズムが世論に登場するのは，皮肉なことに，1980年の軍部のクーデターによるすべての政治活動の一時的な禁止，特に左派の壊滅後のことになる。このため，フェミニズムは，左派の男性から「クーデターの産物」と呼ばれ，プチブル的だと見なされている。

写真1　ケマルの命日にケマルを賞賛する詩を捧げる専門学校の女生徒たち。髪の毛は隠していない。(筆者撮影，1991年)

　同じくヴェールを脱いだケマリストの女性たちとフェミニストの女性たちであるが，違いがある。ケマリストの女性たちは，女性の解放者であり，救済者であるケマルに感謝を捧げるという根本的な合意のもとに，女性の権利は国家から与えられるもので，それが実際に行使されるには教育が最も重要であり，教育によってケマルの思想が理解できるようになれば，おのずと性差別は解消していくと考えている。それに対して，フェミニストの女性たちは，ケマリス

トの女性たちが検討しなかったトルコの「父権制」や「性的不平等」などについて批判的であり、このことについて本格的に論議すべきだと主張している。

5. ヴェールを被り直した女性たち

　こうしたヴェールを脱いだ女性たちがいる一方で、トルコには、ヴェールを被り直す女性たちがいる。それは、イスラム主義者の女性たちである。ケマルが強力に推し進めた世俗化政策に対して異議申し立てをしたのである。特に1980年代の後半以降、トルコで盛んになったイスラム主義運動は、1950年代、1970年代に高まったイスラム主義運動とは大きく異なっていた。その違いは、運動を担う主体者である。それまで、トルコにおいては、イスラムに傾倒する人たちは、地方出身者であり、伝統的な価値観に縛られて、教育や経済的な向上に縁のない人々とされていたが、1980年代においては、まったく逆に、高い教育を受ける機会に恵まれた若者が中心になっていた。中でも大学に通いながらヴェール着用の自由を求める女子学生の起こした「テュルバン事件」が注目

写真2　親イスラム政党のキャンペーンデモに参加する女性たち。髪の毛を隠している。(筆者撮影，1991年)

される。大学に通う女子学生の中に，エシャルプと呼ばれるスカーフを巻いて髪の毛と首を完全に隠し，ゆったりとしたコートを着て身体の線が目立たないような服装で通学する学生が増えた。急速に増えたこのイスラム主義の女子学生に危機感を感じた大学当局は，女子学生たちを授業や試験からしめ出すという措置を執り行ない，世間に賛否両論の論議を巻き起こした。大学当局のこの措置に対して，女子学生たちは，自らの手で反対運動を起こした。大学の前での座り込みデモや，この措置を撤廃するための署名運動などが行なわれた。それぞれ主張の違う数多くの男性のイスラム主義者たちも，一致団結して女子学生たちを支援した。

ヴェールの古い言い方であるアラビア語に起源のある「テュルバン」が，メディアによってこの「事件」の名に冠されたことでも判るように，この現象は，「世俗主義」に対するイスラム主義者たちからの「反動」と見なされ，この現象は，教育を受ければおのずとヴェールを脱いでいくとされた共和国の理念を根底から揺るがした。女子学生たちは，大学で学びながら身体を隠すという行動によって，まるで現代トルコのイスラム主義運動を顕現する象徴的な存在になった。

この現象の過程において，興味深いことが多々あった。それは，イスラム主義者の女性たちが大学当局の措置を批判する際に，「民主主義」を標榜する国家としてあってはならない行為であるというレトリック（表現）を何度も用いることであった。さらに，「ヴェールを着用する自由を」と運動した女子学生たちに真っ向から反対したのは，イスラム主義者からもっとも遠いと見られたフェミニストの女性たちではなく，「反動」を忌み嫌い，女子学生たちを「民主主義の破壊者」とする一部のケマリストの女性たちであった。イスラム法であるシャリーア，すなわち「神政」の実施をその究極の目的とするイスラム主義者たちが「民主主義」の名のもとにスカーフを着用する自由を求め，「民主主義」の擁護者を自認するケマリストの女性たちが衣服の着用の自由を侵害しようとしたのである。

イスラム主義者である一部の女性たちは，フェミニストの女性たちと少なからぬ共通点を見いだしている。イスラム主義者の女性たちは，女性の地位をおとしめてきたのは，イスラムではなく，本来のイスラムから逸脱し派生した

「伝統」であるとし，イスラム改革の必要性を説いている。その一部の女性たちは，女性の対象化，すなわち女性の身体と性の商品化を批判するところまでフェミニズムと近い関係にあり，あるイスラム主義者の女性は，フェミニストの女性たちによって進められている論議がイスラムにとっても有効であると述べている。

6. ヴェールを被り続ける女性たち

　ケマルの世俗化政策によってヴェールを脱ぐ女性たちや，またその反動としてヴェールを被り直す女性たちがいる一方で，こうした世俗化政策と関係なくヴェールを被り続ける女性たちがいる。それは，農村の女性たちである。トルコの農村の女性は，1989年現在，女性の総人口の51％になっており，農村から都市への人口移動が大きな社会現象として見られる現在でも，依然として，全女性の半数以上を占めている。その状況は，気候，生業，開発の程度によってそれぞれ異なるが，女性の服装に関しては，ある程度の共通点が見られる。

写真3　春の祭りの日，近くの山でピクニックを楽しむ農村の女性たち。髪の毛を隠している。（筆者撮影，1993年）

筆者の調査したM村（西黒海地方）の資料から，ヴェールを被り続ける女性たちを見てみよう。

　M村の女性は，ヴェールで髪の毛を隠している。形態的にはヴェールというよりスカーフに近い。ここではヴェールではなく，スカーフという言葉を用いることにする。そのスカーフは，さまざまな色の花柄の綿製の布で，女性たち自身によって刺繡の縁取りが施されている。M村の女性は，農作業をやりやすくするため，スカーフを首の後ろで結ぶので，首が見えていることが多いが，モスク（イスラムの寺院）に入る時や宗教行事に参加する時には，髪の毛と首を見せないよう念入りに注意を払っている。しかし，M村の女性たちに，なぜ髪の毛を隠すのか，なぜスカーフを被るのかと聞いたところ，「ムスリムだから」とか「髪の毛を見せていると，地獄で火に焼かれるから」という宗教的な理由を挙げる女性もいたが，多くの女性は「慣習だから」とか「これがないと，寒くて風邪をひく」という答えであった。

　M村の女性たちにとってスカーフは，宗教行事に参加する際のあらたまった気持ちを表現するだけでなく，多くの意味をもっている。未婚や既婚による厳密な区別はないが，若い女性は花柄で，年配の女性は白地というように，大まかな年齢の差を示している。また，スカーフの結び方によって，どの村の出身者であるかが判別できる。スカーフに縁取られる刺繡の技巧は，女性の間で賞賛の対象になる。

　M村の女性は，「慣習」としてスカーフを着用しており，見た目にはイスラム主義者とたいして変わりないようにみえる。しかしながら，イスラム主義者たちからは，ただ慣習に従って髪の毛を隠しているだけで，美しさを隠すという本来の宗教的な意味に無自覚である，だから，首も出しているし，髪の毛のほつれも見えると批判されている。たしかに，M村の女性は，誰からもイスラム主義者とみられることはない。たんに「キョイル・クズ」（村娘）とか「キョイ・カドヌ」（村の女性）なのである。

　髪の毛を隠しながら，イスラム主義者と見なされない女性たちは，村の女性たち以外にも，実際には多く存在する。イスラム主義者の女子学生たちは，ある質問に対して，自分たちの家族のことを「宗教に対して敬意を払っているが，意識的ではない」とし，特に母親に対して，「イスラム的な意味で髪の毛を隠し

ているわけではない」と答えている。この質問を受けた9人の女子学生の出身地は，村ではなく，地方の小都市である。すなわち村だけではなく，都市にも，「慣習」としてヴェールを被り続ける女性たちが存在しているのである。

7．おわりに

　ケマルの世俗化政策を経た現代トルコの女性のさまざまな姿を見てきた。ケマルの世俗化政策を支持し，ヴェールを脱いだケマリストの女性たち，同じくヴェールは脱いではいるもののケマリストの女性たちとは一線を画すフェミニストの女性たち，また，世俗化政策への異議申し立てとしてヴェールを被り直すイスラム主義者の女性たち，慣習としてヴェールを被り続ける農村の女性たちとさまざま女性が存在する。前者の三つであるケマリスト，フェミニスト，イスラム主義者の女性たちは，ケマリズム，フェミニズム，イスラム主義という主義主張とヴェールの着用，非着用が連動しているが，最後の農村女性は主義主張ではなく慣習でヴェールを着用している。また，一見，正反対に位置すると見られるフェミニストの女性たちとイスラム主義者の女性たちの間に対話が成立している。また，ヴェールを脱いだケマリストたちと，ヴェールを被り直したイスラム主義者たちがともに，「民主主義」を標語に挙げる現象も見られた。

　このように，女性という一つのテーマを取り上げるだけでも，トルコの複雑に入り組んだ状況が浮かび上がってくる。現代トルコにおいて，近代化はイスラムを遠ざける世俗化となり，また，女性のあり方が，近代化によって生まれたそれぞれの立場の象徴となってきた。世俗化，イスラム，女性が相互に関係し合ってさまざまな現象を生み出しているのである。

　ここでは，地域研究の一つのモデルとして，女性をテーマに取り上げたが，トルコにはさらに多くの研究の可能性がある。さて，あなたならどのようなテーマでトルコを研究するだろうか。

参考文献

新井政美『トルコ近現代史―イスラム国家から国民国家へ―』みすず書房，2001年

鈴木董『アジア読本トルコ』河出書房新社，2000年

永田雄三，加賀谷寛，勝藤猛『中東現代史Ⅰ』山川出版社，1982年

中山紀子『イスラームの性と俗―トルコ農村女性の民族誌―』アカデミア出版会，1999年

ホサム・D．（護雅夫訳）『トルコ人』みすず書房，1983年

松原正毅『トルコの人びと―語り継ぐ歴史のなかで―』日本放送出版協会，1988年

ミナイナイラ（久富木原睦美，寺澤恵美子他訳）『イスラームの女たち―ヴェールのかげの真実―』ＢＯＣ出版部，1992年

山内昌之『現代のイスラム』朝日新聞社，1983年

2-9 熱帯アフリカ―伝統と近代をまたぐ住民―〔アフリカ〕

吉田昌夫

1. アフリカの大きさと多様性

アフリカは，日本においては最も知られていない地域かも知れない。もっとも「アフリカ」という言葉を聞いただけで，一般の人々が感ずる何かがある，ともいえるであろう。それは誤解あるいは偏見が入り交じったものが多いが，キーワード的な単語を拾ってみると，大自然，熱帯，ジャングル，砂漠，未開，紛争，飢餓，太鼓とダンス，ポップミュージックなどがアフリカを表わすものとしてしばしば使われる。よく聞かれる言い方として「アフリカという国は

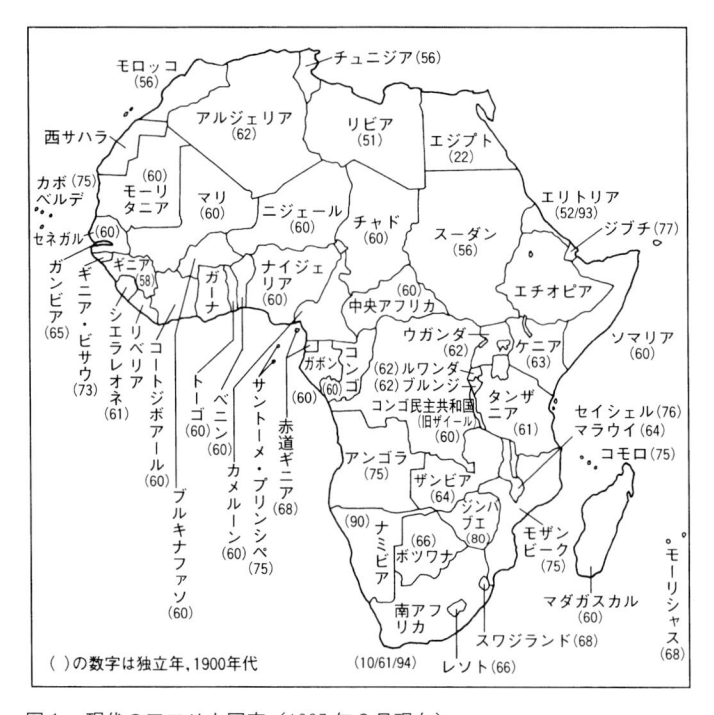

図1 現代のアフリカ国家（1997年6月現在）
出所：宮本正興，松田素二編『新書アフリカ史』講談社，1997年，510頁

………」というのがある。しかしアフリカとその周辺の島々には，現在35もの独立国があり（2001年），それぞれが個性を持った存在である（図1参照）。何よりも，アフリカを理解するためには，その大きさと多様性を知る必要がある。アフリカというのは国ではなく，アジアというのと同じで，大陸全体を指す言葉である。

　まずアフリカ大陸の大きさを理解するのに，大変よい方法がある。緯度からいうと，アフリカの北の端は，ちょうど日本の東京あたりに等しい。またアフリカの南の端は，オーストラリアの南の端にほぼ等しい。要するにアフリカの大きさは，日本からオーストラリアまで太平洋を陸地で埋めつくしたくらいの規模があるということなのである。またその気候は，砂漠とジャングルだけではない。図2で見るように，気候や植生は多様であり，その中で最も広く見られる植生は，サバンナと呼ばれる灌木がまばらに生えた地帯であるといってよい。また熱帯地域に大部分が入ることから，さぞ暑い所だろうと思われがちであるが，海抜2000メートルを越すような山地や高原もあり，暑さをしのぎや

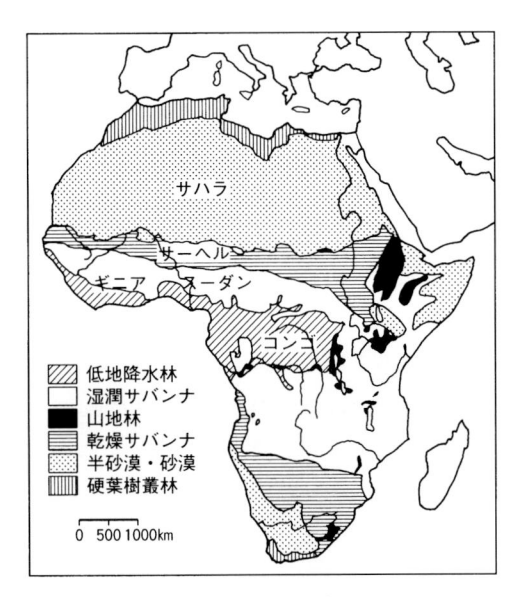

図2　アフリカの植生と自然地域名称
　　　出所：門村浩「自然とその変動」川田順造編『アフリカ入門』新書館，1999年，21頁

すい地域も多い。

　アフリカには歴史がなかったとする誤った理解を持つ人は現在ではほとんどいなくなったが，過去にどのような輝かしい歴史を持っていたかを知る人は少ない。ナイル河上流やニジェール河中流部には古代から王国ができ，サハラ砂漠縦断の交易で栄えたし，アフリカ東部や南部にはインド洋交易によって栄えた都市がいくつか出現した。アフリカ社会では，現エチオピア地域を除いて，文字を発明しなかったので，これらの輝かしい歴史は口頭伝承によるか，外部からの訪問者の手記か，考古学の手法によってしか知ることができなかったのである。この点で地中海沿岸地帯の北アフリカ地域はサハラ以南のアフリカとは違って，古代にもフェニキア，イスラエル，ギリシア，ローマなどと関係があり，7世紀に始まるアラブ人の進出により，早くから中東イスラム世界に組み込まれてきた。したがってアラビア語で書かれた文書も広く行きわたっていた。このような特徴があるので，ここでは北アフリカを中東地域の一部と考え，以後アフリカという場合には，「サハラ以南のアフリカ」という意味で記述することにする。なおこの章では熱帯アフリカに内容を限ることにし，南部アフリカは次の章で扱われる。

　サハラ以南のアフリカは，16世紀から19世紀中頃まで，350年間にわたる奴隷貿易の嵐にさらされた後，ヨーロッパ諸国の植民地として統治されることになる。アフリカの国境線の引き方はアフリカの人々が自ら決めたものではない。それは歴史的には，1884〜85年にヨーロッパ列強諸国がアフリカ大陸を分割するためのベルリン会議で決めた方式に従って，アフリカの住民の意志に関係なく列強の勢力範囲が決められ，線引きがなされたのがそのまま国境となったものである。このような歴史からアフリカの住民の意識には国境の意識があまり強固ではない。国境とは地図の上に書かれた線というほどにしか考えられていないことが多く，事実として幹線道路のみに国境の関門があるだけで，それ以外の場所には柵も標識も何もないことがほとんどである。

2. アフリカにおける部族／民族と言語

アフリカには，全体で1000以上の民族が存在するといわれている。この民族は，以前は部族と呼ばれることが多かった。今でも新聞などでは部族と書かれることが多いし，民族と呼ぶことに躊躇するアフリカ研究者もいる。しかし部族という言葉はアフリカの人々に嫌われており，「民族」を使う方がよい。この場合の民族は，本書の第Ⅰ部で説明された「エトニ」を意味する。英語では昔はトライヴと呼ばれていたが，最近はエスニック・グループと呼ばれる。民族を分ける最も重要な基準は言語の違いであるといって良いであろう。このことはアフリカには1000種類に近い「母語」(生まれた時から家族で話す言葉)が存在するということである。もっともこれらの母語は，言語学上でみた五つほどの語族(同系統の言語グループ)のどれかに属している(図3参照)。そして部族あるいは民族と呼ばれる集団は，他の地域で民族と呼ばれる集団と同じく，言語の共通性のみならず，共通の領域にその集団の大部分が住み，時には伝説上の共通の祖先を持ち(しかしほとんどは異なる血縁グループすなわちクランの集合体)，同質的な文化や社会組織(父系親族組織，母系親族組織，年令集団組織など)を持ち，自己の集団への強い帰属意識を持っている。しかしアフリカにおける民族構成の特徴として，一国内に他の地域と比較してはるかに多い数の民族が存在しており，そのどの一つも国全体の人口の35％を超すような人口を持っていないのが通常であることである。例えばケニアには約40，タンザニアには約110，ナイジェリアには約250の民族がいるといわれ，国民はすべてどれかの民族に属しているのである。要するにアフリカでは中国にあるような特定の少数民族というようなものはなく，逆にいえばすべてが少数民族である(これには例外もあり，ソマリアはほとんどソマリ単一民族の国であり，ルワンダおよびブルンジのフツ，レソトのソト，スワジランドのスワジ，ナミビアのオバンボ，ジンバブエのショナなどは，国内で50％を超す割合を持つ)。

しかしこのことは，一民族の人口が小さいことを必ずしも意味しない。例えばナイジェリアでは，1963年の人口でも，最大のハウサ族は1165万人，ヨルバ族1130万人，イボ族が925万人，フラニ族が480万人を数える大きな集団であった。また民族の人口の大きさには非常な差があり，1957年の時点で，

146　Ⅱ　世界の地域

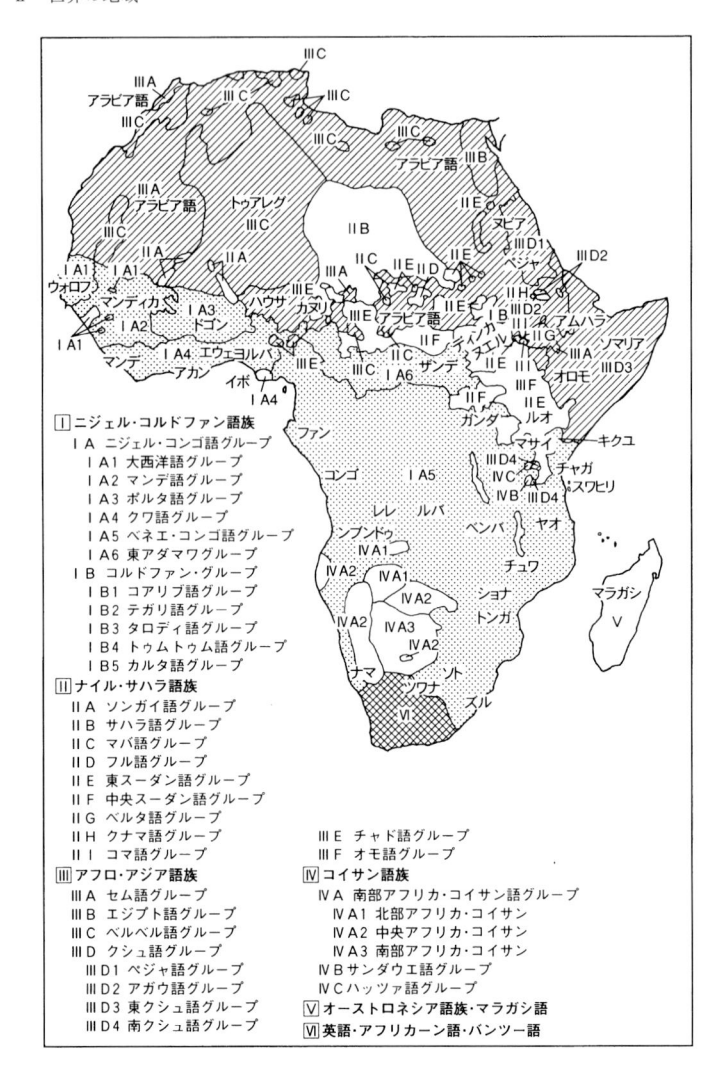

図3　グリーンバーグによる言語分布図

出所：米山俊直『アフリカ学への招待』NHKブックス，1986年，52頁より作成

地図中の凡例：

Ⅰ ニジェル・コルドファン語族
　ⅠA ニジェル・コンゴ語グループ
　　ⅠA1 大西洋語グループ
　　ⅠA2 マンデ語グループ
　　ⅠA3 ボルタ語グループ
　　ⅠA4 クワ語グループ
　　ⅠA5 ベネエ・コンゴ語グループ
　　ⅠA6 東アダマワグループ
　ⅠB コルドファン・グループ
　　ⅠB1 コアリブ語グループ
　　ⅠB2 テガリ語グループ
　　ⅠB3 タロディ語グループ
　　ⅠB4 トゥムトゥム語グループ
　　ⅠB5 カルタ語グループ

Ⅱ ナイル・サハラ語族
　ⅡA ソンガイ語グループ
　ⅡB サハラ語グループ
　ⅡC マバ語グループ
　ⅡD フル語グループ
　ⅡE 東スーダン語グループ
　ⅡF 中央スーダン語グループ
　ⅡG ベルタ語グループ
　ⅡH クナマ語グループ
　ⅡI コマ語グループ

Ⅲ アフロ・アジア語族
　ⅢA セム語グループ
　ⅢB エジプト語グループ
　ⅢC ベルベル語グループ
　ⅢD クシュ語グループ
　　ⅢD1 ベジャ語グループ
　　ⅢD2 アガウ語グループ
　　ⅢD3 東クシュ語グループ
　　ⅢD4 南クシュ語グループ
　ⅢE チャド語グループ
　ⅢF オモ語グループ

Ⅳ コイサン語族
　ⅣA 南部アフリカ・コイサン語グループ
　　ⅣA1 北部アフリカ・コイサン
　　ⅣA2 中央アフリカ・コイサン
　　ⅣA3 南部アフリカ・コイサン
　ⅣB サンダウエ語グループ
　ⅣC ハッツァ語グループ

Ⅴ オーストロネシア語族・マラガシ語

Ⅵ 英語・アフリカーン語・バンツー語

タンザニアの最大民族のスクマ族の人口は153万人であったのに比べて，最小のソンジョ族の人口は4300人であったと記録されている。要するに民族として認められたというのは，根拠をたどれば，植民地になった時に行政の都合上，それまでかなり流動的であった集団を部族として植民地宗主国の方で認定して，ある場合には勝手に首長をつくりあげて，名をつけて固定化してしまったというのが真実に近い。したがって民族とは長い歴史を持った外部者を寄せつけないような強固な集団ではなく，かなり出入りの可能な柔らかい集団であるという松田素二の観察が当を得ている（松田『都市を飼い慣らす』1996年）。

　これらの民族同士は，緊張関係を持ちながらも，おおむね他のグループと共生，共存してきた。時には紛争が激化し敵対行為が生じることがあっても，また共存関係が再生される。このような関係を維持するために，言葉が互いに通じない「母語」を持つ民族間で「共通語」のようなコミュニケーション手段を発達させることも多かった。こういう共通語は商業用語として成立してきたものが多い。東アフリカの「スワヒリ語」や，西アフリカのサバンナ地帯の「ハウサ語」などはこのようにして成立し，広い地域で使われる共通語となった。図4は，代表的な共通語が存在する地域の広がりを見たものである。

　言語については，それぞれの国で何語を「公用語」としているかを知ることが重要である。中等教育以上の教育言語は，教科書の必要上，例外なく公用語

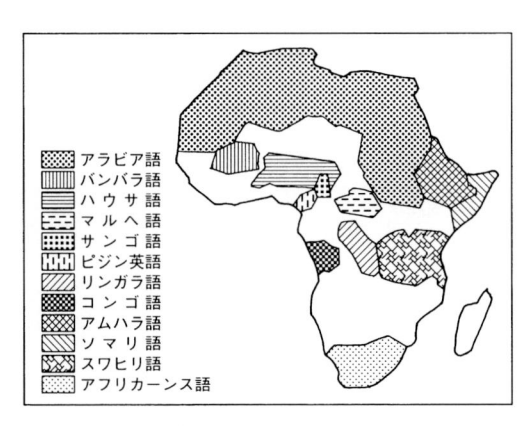

図4　おもな地域共通語
出所：『国際協力』1984年9月号，12頁より作成

を用いているし，政府の公文書，発行部数の多い新聞，ラジオ，統計などは公用語を使用している。このためアフリカでは中等教育以上の教育を受けた人たちは，「母語」，「共通語」，「公用語」の三つを自在に操る能力を持っているのが普通である。公用語は旧植民地宗主国の言語を用いているのが一般的である。イギリスの植民地であった所は英語，フランスであった所はフランス語，ポルトガルであった所はポルトガル語である（図5参照）。しかし国によっては地域共通語も公用語として取り入れている所もあり，スワヒリ語を公用語にしているタンザニアやケニア（ここでは英語も公用語である）や，アラビア語圏などが，それに当たる。また次章で述べられるように，アパルトヘイト廃止後の南アフリカでは，英語，アフリカーンス語の他に，大きな母語九つを加えた11言語を公用語としている。

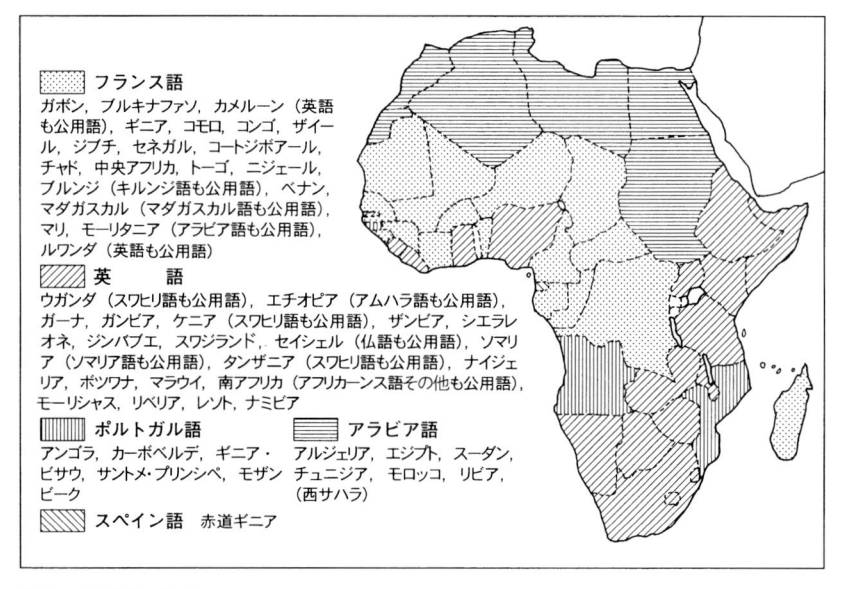

図5　公用語の分布
　　　出所：外務省情報文化局編『あふりかアフリカ―サハラの向うの世界』世界の動き社
　　　　　　1984年，110頁より作成

3. 食生活の変化

　アフリカに関して，一般に欠けていると思われるのは，住民の日常生活についての知識である。人々が何を食べており，どんな家に住んでいるのか，というようなことは，日本ではほとんど知られていない。アフリカの食事といった場合，地域差と同時にかなりの共通性もあり，現地で生活する時は，この食事についての知識を持っていることがかなり重要となる。

　アフリカの食事は，主食と副食を一緒にして食べるというのが普通で，この点ではご飯とおかずを一緒に食べる日本と似ている。ただ食事にあまり費用をかけられないアフリカでは，おかずが毎食ほとんど同じである。また農村では，朝食は薄く溶いたお粥のようなものにお茶だけ，夕方に食事をたっぷり取るという形の1日2食の場合が多い。その食事であるが，主食の材料は，伝統的穀類では稗（ミレット），もろこし（ソルガム），エチオピアのみにあるテフ，最近ほとんどの地域で最大の主食穀物の地位を担っている白トウモロコシ（メイズ），消費量が都市部で増えつつある米，それに降水量の多い湿潤サバンナや熱帯雨林でとれるヤムイモ，ココヤム，キャッサバなどのイモ類およびバナナ類が重要で，どれを主食としているかは地域の差が大きい。しかしアフリカに共

写真1　ガーナの町のマーケットでいもやバナナを売る女性たち
　　　　（筆者撮影，1998年）

写真2　タンザニアの農村風景—トウモロコシをたたいて脱穀
　　　（筆者撮影，2000年）

通する特徴として，穀類やイモ類を搗いて，いったん粉にして食べる場合がほとんどである。それをどう食べるかというと，大きな鍋に湯を沸騰させ，粉をその中に入れ，大きな木製のしゃもじで練り上げて餅状にするのである。アフリカの食事の特徴は「粉粥餅文化」だといわれるゆえんである。副食には肉類や魚，豆類などを入れたシチュウのようなものがよくつくられる。主食を盛った器を皆が囲んで各自が取り分け，副食とともに手で食べる。家の台所は土間に石を三つ置いて，その上に鍋をかけ，下から薪で火を焚くのが農村では最も多く，都市部ではコンロに木炭が多い。

　これに対し都会では，パン食が広がりつつある。西欧的なものに対する憧れがあるのと同時に，生活における時間の節約の必要に迫られた結果が，このような変化をもたらしているのである。米食が増えているのも調理の簡便さが食文化を変えつつある事例として考えられる。

4．アフリカの農業と食料危機

　最近のアフリカでは食料危機が大きな問題とされている。1973〜74年および83〜84年の2度にわたってアフリカの全域にわたる大旱魃（かんばつ）が発生したが，同時に種々の人災と呼べるような人為的な原因が重なり，そこに長期的に進行しつつあった問題が顕在化して，多くの国で食料危機が起こったことにより世間の注目を集めた。

　食料問題を見る時に，まずアフリカにおける急速な人口増加に注意する必要がある。1960年の全アフリカの人口は約3億人（サハラ以南では2.2億人）といわれていたが，2000年には約8.2億人（サハラ以南では6.4億人）に増加しており（国連『世界人口予測』1996），この間の人口増加率は年3％にも達する。アフリカは世界の中で最も都市化率の低い地域として知られ，1980年においてもその率は平均29％であり，大多数の人口は農村部に住む。高い人口増加は都市だけでなく農村で起こっているのである。したがって農民の数は増え続けており，そのほとんどは，「小作人」や「農業労働者」ではなく，自らの土地を持ち，主として自らの労働で農業生産を行なっている「小農」と呼ばれる人たちである。これら農民が生産性を上げれば食料問題の解決につながるのであるが，統計を見ると，アフリカの食料生産の増加率は1970年代に年1.7％，1980年代に年2.2％（FAO Production Yearbook）で人口増加率には追いつかなかった。このため1人あたりの食料生産量が長期的に低下してきているのである。

　このような人口増加に直面した農村において，伝統的な農法である「叢林休閑法」（数年耕作したら土地を数年休ませて地力を回復させる方法）から，肥料を投下し，地片を繰り返し耕作して生産性を上げる農法への移行が必要とされるのであるが，小農の間にはまだそのような技術は確立しておらず，またそのゆとりがない。化学肥料は輸入に頼らざるを得ず，灌漑を利用できる地形が少ない。土地制度もケニアなど一部の私有制を導入した国を除いては，農民が土地の占有権を共同体（伝統的な血縁あるいは地縁に基づいた成員の組織）から得ているという特徴を持ち，土地生産性を高める誘因に欠ける。ただアフリカの農村では，共同体的な助け合いの制度が残っていて生活の破綻（はたん）を防いでいる。問題は食料の余剰供給が追いつかず，都市住民の需要を満たすことができてい

ない。また食料生産と輸出向け農産物生産の競合問題があり，農民は高い収入が得られる輸出向けの作物を選択しがちで，食料作物に力を注ごうとしない場合がしばしば見受けられている。しかし飢饉を引き起こす最大の原因は，内戦などのため農作業ができず，居住地を離れて難民となるのを余儀なくされることにある。テレビの映像などでわれわれの眼に焼きつけられる飢餓状態は，例外なくこのような政治的紛争によるものである。

　　アフリカの紛争はすべて「民族対立」によって起こされるという，間違った理解が通用している。しかし現代のアフリカの紛争は，よく調べてみれば全然別の理由で起こっている場合がほとんどである。ただ紛争を自己に有利に展開させるために「民族」感情を利用することが行なわれがちで，この場合事後的に民族紛争であるような形に発展してしまう。

　　1994年のルワンダにおける大虐殺事件は，通常フツとツチとの民族対立によって起こったものと理解されているが，これは政権をあくまでも固守しようとするフツの一部の者による組織的戦略に原因があったのである。虐殺されたのはツチだけではなく，フツの穏健派も殺されたのであった。ツチとフツは同じ母語を持ち，混住しており，共存関係にあったのである。ツチとフツをはっきり分けてしまったのは，ベルギーの植民地政策によるもので，少数者ツチのみを官吏に登用した。このような社会差別をなくそうとするフツの運動が，逆にフツの民族感情をあおりたて，フツの一部が政治権力を独占することに反対する運動までフツ対ツチの構図に巻き込まれてしまった。この他，国内の地域的な富の偏在に発する対立が，民族問題の装いをもって顕在化しているもの，政府の上層部の権力闘争が，国内の鉱物資源の奪い合いに発展し，住民支持も得られないまま，小火器による暴力的対立が続いているなど（ダイヤモンド産地を握ったシエラレオネのゲリラの例）の場合がある。このような場合，マスコミが現地の状況を正確に理解しないと，誤った理解が広まってしまう。すべてを民族対立と割り切ってしまったら，紛争の解決の道を見出すことができなくなってしまうのだ。

5. 都市住民をめぐる問題

　現代のアフリカでは，都市が膨張を続けている。サハラ以南のアフリカ都市人口増加率は，1970年代より90年代まで年平均約5％という高率であった。これは農村部から，とくに若年層の青少年が仕事を求めて稼ぎに来るという社会的増加によるものが多い。

　アフリカの大都市，特に首都などは近代的な装いを持っており，高層ビルが立ち並んでいる所も多く，青年層には魅力的な場所である。しかし人口流入があまりにも急速に行なわれてきたために，雇用機会の拡大が追いつかず，多くの者は，同郷の仲間や，親類縁者の家に同居させてもらって，職探しをしている。その結果わずかな者は常雇いの職を得ることができるが，通常は日雇い仕事か，あるいは自営業を営んだり，雑多な零細店舗に雇われて働いたりしながら，よりよい雇用の機会を狙って生活している。このような人々が住む地区は，通常都市周辺部にあり，1部屋ずつを賃貸するような簡易長屋が多い場所である。彼らの生活は，貧困ではあるが活気に満ちたものである。水道は多くの人の共同利用で，下水道などは完備しておらず衛生上の問題はあるが，仲間同士

写真3　タンザニアで長距離バスに乗る人たち（筆者撮影，1983年）

で強い連携を保ち，ケニアのナイロビ市を研究した松田素二が「都市を飼いならす」と呼んだようなバイタリティーに富んだ生活態度を持っている。

このような現代都市に住む人々の行動様式を，伝統的状況と近代的状況が併存していると理解することもできるが，コートジボワールのアビジャン市を研究している鈴木裕之は，「伝統的行動様式を状況に合わせた単なる使い分けとしてとらえるのではなく，各自が資源獲得のための戦術として，あるいは自己アイデンティティ確認のために伝統性を積極的に利用する」(鈴木裕之「ストリートは文化の揺り籠」嶋田他編『アフリカの都市的世界』2001，196頁)という，都市住民の創造力を重視する見方を提唱している。

このような創造力を発揮して，生活を以前より格段に便利なものとしたのが，ミニバス的な乗り合いタクシーである。これは国により地域によって様々な名称で呼ばれており，ケニアではマタツ，タンザニアではダラダラ，ウガンダではタクシー(普通のタクシーはここではスペシャル・タクシー)，コートジボワールではバカ(Gbaka)というように呼ばれて，市民のインフォーマルで簡便な足として使われている。その車はほとんどが日本車の中古のバンタイプのもの

写真4　タンザニアのダルエスサラームで日本製の中古車利用のミニバス
　　　　(大輪眞理撮影，2000年)

で，時々「〜温泉旅館」などという日本語表示をまだ消さないで走っている。車ごとにだいたいの行き先が決まっており，車掌が呼び込みをやって，客は好きな所で降りられる。この車掌の呼び込みの腕前で車の収入は大きく変わる。彼らは通常，いわゆる「かっこいい兄ちゃん」風の若者で，都市の若い娘さんのあこがれの的でもある。

　急速に膨張する都市は住民にとって楽な生活ができる場所ではなく，いろいろな生活安定の仕組みが必要である。宗教でも，現在世界で一番キリスト教もイスラム教も伸びているのが，サハラ以南のアフリカだといわれているが，これらの教会や教団がしばしば職の斡旋まで行なっている。また新たな都市状況に適応した小グループの互助組織をつくる動きも盛んで，親族関係や同郷の人々といった伝統的グループの意味合いの強いものが多いが，都市での近隣関係や女性どうしのつき合いなど新しく成立した関係によるものもあり，日本の頼母子講に似た相互扶助貯蓄組織が存在するなど，新たな組織が多数つくられている。

参考文献

赤阪賢，日野舜也，宮本正興編『アフリカ研究』世界思想社，1993年
伊谷純一郎他監修『アフリカを知る事典』新訂増補，平凡社，1999年
岡倉登志編『アフリカ史を学ぶ人のために』世界思想社，1996年
小田英郎他『国際情勢ベーシックシリーズ，アフリカ』自由国民社，1996年
川田順造編『アフリカ入門』新書館，1999年
北川勝彦他『アフリカ』大月書店，1999年
嶋田義仁，松田素二，和崎春日編『アフリカの都市的世界』世界思想社，2001年
末原達郎編『アフリカ経済』世界思想社，1998年
武内進一編『現代アフリカの紛争―歴史と主体』アジア経済研究所，2000年
林晃史編『アフリカの歴史』勁草書房，1991年
日野舜也編『アフリカの文化と社会』勁草書房，1992年
松田素二『都市を飼い慣らす』河出書房新社，1996年
宮本正興，松田素二編『新書アフリカ史』講談社，1997年
吉田昌夫『アフリカ現代史Ⅱ　東アフリカ』改訂3版，山川出版社，2000年

吉田昌夫，小林弘一，古沢紘造編『よみがえるアフリカ』日本貿易振興会，1995年
米山俊直，伊谷純一郎編『アフリカハンドブック』講談社，1986年

2−10　南部アフリカ―多様性と差別の歴史―　〔アフリカ〕

峯　陽一

1．南部アフリカはどこにある

　本書の2−9章「熱帯アフリカ」に目を通した読者は，アフリカの現在を鳥瞰図的に理解できたことだろう。本章ではもう少し個別につっこんで，「南部アフリカ」という地域について考えてみたい。だが，「南部アフリカ」とはどこを指すのだろうか。アフリカの南の方なのは間違いないが，はて，どこからが「南部」なのか。

　実は，アジアにおける東南アジアと同じように，地域としての南部アフリカはまだ新しく，境界線があいまいな地域概念である。いちばん広域的な定義を使えば，南部アフリカはSADC（南部アフリカ開発共同体）の加盟国ということになる。現代の東南アジアがASEAN（東南アジア諸国連合）の存在を抜きに語れないように，南部アフリカもSADC抜きには語れない。SADCには14の国々が加盟している。首都が南にある順に，レソト，スワジランド，モザンビーク，南アフリカ（以下，南ア），ボツワナ，ナミビア，モーリシャス，ジンバブエ，ザンビア，マラウイ，アンゴラ，タンザニア，セイシェル，コンゴ民主共和国である（2−9章図1）。ただしSADCは政治の産物であって，地理的な定義としては，北方のコンゴ民主共和国は中部アフリカに，北東のタンザニアは東アフリカに分類されることが多い。

　南部アフリカの自然環境は，きわめて多様である。「アフリカは暑いんでしょう」などといわれるが，そうとは限らない。たとえば南アのドラケンスバーグ山脈では，ときどき1メートルの積雪があるし，ケープタウンにはペンギンが大勢いる。海流や標高によるが，一般的には南に行くほど涼しくなる。

　南部アフリカでは，自然のみならず，そこに暮らす人間たちもまた多様である。本章では，歴史の概略を跡づけながら，どうやってこの地域の住民構成が成立してきたか考えてみることにしたい。

2．歴史と重層的文化

(1) オリジナルなかたち

　南部アフリカの最初の住民は，「ブッシュマン」あるいは「サン」と呼ばれる狩猟採集民である（コラム参照）。狩猟採集民たちは，南部アフリカのほぼ全域で暮らしていた。今からおよそ2500年ほど前までに，この集団の中から，牧畜の技術を身につける者が出てきたと考えられている。牧畜民たちは多くの場合，自分たちを「コイコイ」と呼んだ。狩猟採集民が牧畜民になったり，牧畜民が再び狩猟採集民に戻ったりすることもあったようだが，詳しいことは判っていない。生活様式としての牧畜は，北方から南方に伝わっていったようである（図1, 2）。

ブッシュマンとは何者か？

　太古の昔からサハラ砂漠以南のアフリカで暮らしてきた人々が，すべて黒人だとは限らない。南部アフリカの最初の住民は，ブッシュマンと呼ばれる人々である。やや背が低く，肌の色は明るくて日焼けした東洋人とそう変わらない（そこで，黒人に「チャイニーズ」と呼ばれることもあった）。ブッシュマンの生業は狩猟・採集で，各地に美しい岩面絵画を残している。ブッシュマンは集団の格差を最小限にとどめる平等主義的な生活様式でも有名である。

　しかし，彼ら・彼女たちが自分たちを「ブッシュマン」と呼んできたかというと，そうではない。同じ言語を話す小グループの一体感はあっても，たくさんのグループを包含する「広域的な自称」はなかったのだ。砂漠や平原や山地を小集団で自由に動き回る人々にとって，大集団のアイデンティティなど必要なかったのかもしれない。ブッシュマンという言葉は，彼らを「発見」したヨーロッパ人が流通させた呼称である。

　やがて，ブッシュマンという言葉は西洋人による蔑称だから使わないようにしよう，という意見が生まれてきた。では，どう呼ぶか。そこで広がったのが，「サン」という言い方である。牧畜民コイコイは，隣人のブッシュマンをサンと呼ぶ（狩猟採集民と牧畜民は，あわせて「コイサン人」と呼ばれる）。ところが，このサンという言葉も，コイコイの側は相当に軽蔑的な意味で使っていることが知られるようになってきた。

最近では，過去の経緯をふまえた上で，むしろ敬意をこめてブッシュマンという言葉を使い直そうという声がある。一方，「ブッシュマン＝未開人」という偏見は，観光産業などにしっかり根を下ろしている。本人たちの中には，「われわれブッシュマン」という人も，「われわれサン」という人もいる。こうした経過をきちんと理解しておくこと，理解した上で言葉を使うことが，何よりも大切なのだろう。

参考文献：田中二郎『最後の狩猟採集民―歴史の流れとブッシュマン』どうぶつ社，1994年

図1　岩面絵画の例
　　出所：H・メルバー編（峯陽一他訳）『わたしたちのナミビア』現代企画室，1990年

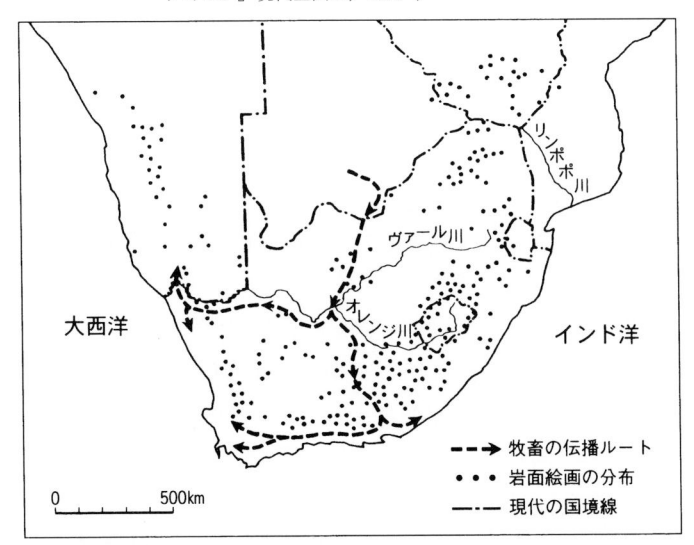

図2　岩面絵画の分布と牧畜の伝播ルート
　　出所：峯陽一『南アフリカ』岩波書店，1996年，56頁

狩猟採集民と牧畜民（まとめて「コイサン人」と呼ばれる）は，永続的な定住村落は形成しなかった。それに対して，赤道方面から徐々に南下してきたバンツー諸語を話す黒人たち（次ページのコラム参照）は，牧畜とともに農耕を行ない，鉄器を使い，堅牢な家屋をつくり，定住生活を送った。今から1000年ほど前までに，黒人は農耕に適した場所の大部分を占有するようになった。集落はゆるやかな交易網で結ばれ，各地で独自の政体を築いていく。黒人王国の遺構としては，見事な曲線美を誇るグレート・ジンバブエ遺跡が有名である。

現代の南部アフリカの住民の多数派を占めるのは，こうして広がった黒人農耕民の子孫たちである。黒人が南部アフリカの各地に広がる際には，当然のことながら，先住コイサン人とのあいだに紛争があった。しかし黒人たちは，コイサン人を，自分たちと本質的に異質な集団だとは見なしていなかったようである。局地的には残虐な戦闘が繰り返されたが，黒人の首長の権威を認めたコイサン人がまるごと吸収され，首長国や氏族の十全（じゅうぜん）たるメンバーになるケースも多かった。大陸を南下した黒人たちの最南端にいたのはコーサ人だったが，コーサ語はコイサン諸語と同じ舌打ち音を多用する言語である。また，その儀礼や神話を検討すると，現代のコーサ人の祖先のかなりの部分が「コーサ人になったコイサン人」で構成されていたことがわかる。

ずっと遅れて南部アフリカにやってきた白人たちは，「黒人も自分たちと同じ侵入者じゃないか」と主張したものだった。だが，数百年かけた黒人の緩慢な拡大プロセスと，白人帝国のアフリカ植民地支配を同列視するのは，明らかに無理がある。

人間たちの平和的な交流の歴史としては，東・南部アフリカの黒人たちとアジア人の遠距離交易にも注目しておきたい。15世紀，明の海軍司令官の鄭和がインド洋に艦隊を派遣し，東アフリカと直接交流したことは有名な史実である。この遠征は，民間商人の活発な環インド洋貿易があってはじめて実現した。1402年，李氏朝鮮の地図絵師は「混一疆理歴代国都之図」と呼ばれる「世界地図」を作成したが，その左側にはアフリカ大陸が描かれている。1414年に現ケニアのマリンディの王が明の皇帝にキリンを献上したことも，中国の記録に残っている。それに対して，白人が船で盛んに東洋を訪れるようになったのは，ようやく16世紀に入ってからにすぎない（ムベキ「新千年紀」）。

黒人って誰？

　複雑な人種関係がある南アフリカでは，それぞれの「人種集団」をどう呼ぶかについて，コンセンサスが存在しない。

　南アの黒人（さしあたりそう呼ぶ）は，他の南部アフリカの黒人たちと同じように「バンツー系諸語」を話す。バンツーは「人間」という意味。外部の者に「あなたたちはナニジンか？」と聞かれ，人々は「人間だよ」と答えた。そこで黒人たちは，白人に「バンツー」と呼ばれるようになったわけであるが，これを白人が口にする時には軽蔑的な響きがあった。したがって，この言葉を使う時には注意が必要である。同じく黒人を指す「カフィール（異教徒の意）」という呼称にも，おぞましい響きがある。

　これらの蔑称を避けるために，やがて黒人は単純に「黒人（ブラック）」と呼ばれるようになるが，スティーヴ・ビコらの黒人意識運動は，その言葉の意味に重大な転換をもたらした。1970年代，ビコたちは「黒人」という言葉を，インド系の人々や，カラード（コイコイ人，サン人，奴隷，白人などを祖先とする混血の人々）を含めた総称として使ったのである。白人以外の人々の被抑圧者としての連帯が重視されたわけだ。上記の「バンツー系」の人々を特に他から区別する必要がある時は，「アフリカ人」と呼ばれた。

　1980年代になると，解放運動ANC（アフリカ民族会議）の威信が高まる。ANCの内部には，白人やカラード，インド系の共産主義者もいた。さらにアパルトヘイトが撤廃されると，すべての人種集団を横断する集団の呼び名が必要になった。そこでムベキ大統領らが提唱したのが，新しい「アフリカ人」の定義である。肌の色を問わず，アフリカ大陸を故郷とし，この大陸を愛する人は，白人だろうとすべて「アフリカン」だということになる。この用語法のもとでは，「黒人」はいわゆる「バンツー系」の人々だけを指す。

　人間のアイデンティティは常に再定義されていくものだ。こうした用語の混乱は，南アに生きる人々が，過去をどう理解し，未来をどうイメージしてきたかを反映している。そもそも現代世界において，「あなたナニジン？」という質問に何のためらいもなく答えられる人は，いちど自分を疑ってみた方がよいのかもしれない。

(2) 白人の到来

　南部アフリカに最初に到来したヨーロッパ人は，ポルトガルの船乗りたちだった。1497年には，バルトロメウ・ディアスが南アの沖合をまわり，大西洋からインド洋に抜ける航海に成功する。こうして西欧世界は，イスラム帝国を媒介せずに，東洋世界との海上交易を実行できるようになった。南部アフリカにおいてポルトガル人の拠点となったのは，自然の良港があったアンゴラやモザンビークの沿岸部である。

　やがてオランダが，東方貿易の主導権を握る。オランダ東インド会社は，バタヴィア（現在のジャカルタ）を経由して鎖国時の日本とも交易していた。ここで必要になったのが，遠い航海の途中で貿易船を休ませる中継基地である。調査の結果，南アのケープタウンが選ばれ，長崎の出島を訪れたこともあるヤン・ファン・リーベックが，植民地建設の責任者になった。島原の乱が1637年，リーベックたちのケープ上陸は1652年のことであった。

　オランダ人やポルトガル人は，アフリカや東洋から奴隷を連行し，植民地建設に利用した。中でもケープ植民地のオランダ人は，アジアからマレー系やインド系の奴隷，そして熱帯アフリカから黒人の奴隷を大量に移入し，先住のコイサン人も奴隷として使役した。奴隷の女性たちは白人男性の性欲の対象とな

写真1　高層ビルが並ぶ港町ケープタウン（筆者撮影，2001年）

写真2　ケープタウンのカラードの新年カーニバル（筆者撮影，2001年）

り，白人を父とする奴隷の子供が大量に生まれた。こうしてカラードと呼ばれる混血の社会層が成長した。現代のケープタウン住民の多数派は，白人でも黒人でもなく，カラードである。

　海上帝国オランダの覇権は，そう長続きしなかった。ナポレオンのフランスとの対抗上，イギリスがケープ植民地を奪取したのである。こうして19世紀初頭，南アは公式にイギリスの支配下に入ったが，白人住民の多数派は，オランダ支配時代に入植した白人たちであった。この人々は，新参者のイギリス人移民に敵意を抱き，やがて自らを「アフリカーナー」（「真のアフリカ人」の意）と呼ぶことになる。

(3)　ムフェカネと鉱物資源の発見

　イギリスがケープ植民地を手に入れた19世紀初頭，南部アフリカの南東部で，重大な出来事が起きた。黒人農民社会のただ中から，帝王シャカに率いられた強力な中央集権軍事国家，ズールー王国が誕生したのである。シャカとその後継者のもと，ズールー王国は周囲の黒人首長国への征服戦争を繰り返した。軍事技術の革新をへたズールー戦士は，向かうところ敵なしであった。周辺の黒人たちは戦士に追われて逃げ回り，南部アフリカ一帯で人口移動の玉突き現象

が発生する（図3）。この時代の広域的な内戦と人口移動は「ムフェカネ」という名で知られている。

ズールー人による帝国建設の動きには，白人の侵略に備えた先制的な反応という側面もあったようだ。しかし，黒人間の戦争がもたらした一時的な荒廃は，南部アフリカに権力の危険な空白状態を生み出した。そして，イギリスの支配を心地よく思わなかったオランダ系白人移民，すなわちアフリカーナーは，混乱を利用して，牛車の大部隊で内陸に移動を開始する。1830年代，幾多の戦闘をへてアフリカーナーが築いた内陸の共和国は，黒人に囲まれたひ弱な国家だった。そのままだったら，ズー

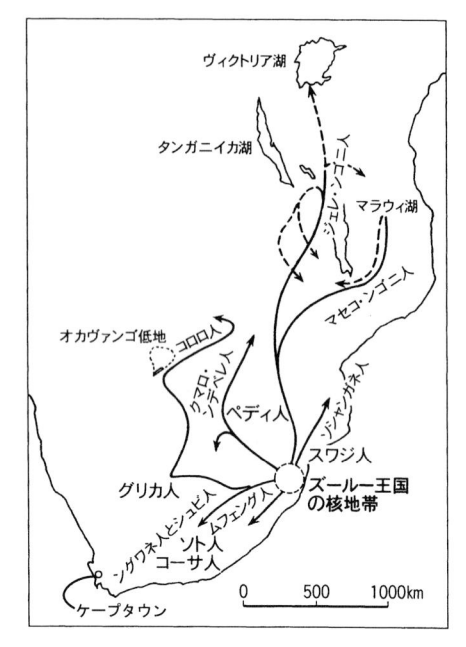

図3　ムフェカネによる難民の動き
出所：峯陽一『南アフリカ』岩波書店，1996年，78頁

ルー人やソト人，ツワナ人などの政体に呑み込まれていたかもしれない。ところが，ちょうど日本が明治維新を経験していた時期，アフリカーナーの勢力圏で自然の恵みが発見された。1867年にダイヤモンド，1886年に金の鉱脈の存在が確認されたのである。

地下資源がみつかると，大英帝国が本気で関与し始めた。ダイヤモンド会社「デビアス」の創業者セシル・ローズはケープ植民地の首相となり，やがて内陸に兵を進め，自らの名前を冠したローデシアを建国する。北ローデシアが現在のザンビア，南ローデシアがジンバブエである。19世紀から20世紀への変わり目には，地下資源の支配権をめぐってイギリス人とアフリカーナーの全面戦争が勃発し，イギリスが勝利した（ボーア戦争）。19世紀末には，ドイツがナミビアとタンザニアを支配下に収め，東西からイギリス植民地を挟み撃ちにする構図が成立したが，第一次世界大戦でドイツが敗北したため，この地域全体

でイギリスの影響力が確立した。

　19世紀末，イギリスは南ア南東部のナタール地方に，サトウキビ農場の労働者（苦力：クーリー）として大量のインド人を移入した。こうして南アの人種関係は一層複雑になった。後にインドを独立に導いたマハトマ・ガンディーは，青年時代の大部分を南アで過ごし，インド人コミュニティの地位向上のために奮闘したことで知られている。

3．人種差別と出稼ぎ労働

　遊動する基層の民コイサン人，力強い主流の文化を築き上げた黒人たち，深刻な人種差別をもちこんだ白人たち，そして，インド洋の彼方から到来したアジアの奴隷や苦力たち。こうして，南部アフリカは多様な人々が暮らす地域になった。異なる背景をもつ人々が出会い，争い，共存してきた歴史は，南部アフリカに限ったことではない。アフリカの他の地域も同様である。

　だが，南部アフリカの特殊性もある。それは何といっても，西ヨーロッパから移住してきた白人が，けた違いに強烈な存在感を示してきたところにある。白人が最良の土地を独占し，黒人やアジア人を隔離された区画に閉じこめ，労働者として汗を流す時間に限って白人地域での滞在を認めるという制度は，南部アフリカの至るところに形成されていった。

　この地域に白人がこだわり続けた理由としては，快適な気候や肥沃な農地もあるのだが，歴史的にみて，やはり鉱物資源の存在が大きい。ザンビアの銅，ボツワナのダイヤモンド，ナミビアのウランなどは有名だが，中でも南アの金鉱業は今なお巨大産業である。ジョハネスバーグ近郊の鉱山は，19世紀末から現在まで，南部アフリカの全土から出稼ぎ労働者を引きつけた。労働者の出身地は，モザンビーク，レソト，マラウイ，ボツワナ，アンゴラ，スワジランド，ジンバブエと，きわめて広範囲にわたっている。最初のうち，農村の黒人の男たちは，家族を村に残したままで出稼ぎに行こうとはしなかった。そこで植民地当局は，南部アフリカ全域に厳しい課税制度を導入し，貨幣経済を浸透させた。税金を支払い，生活必需品を購入するには，現金収入がなければならない。こ

うして男たちは鉱山労働に駆り出され，女たちは村に残された（それでも単純労働者が不足したため，20世紀初頭には6万人の中国人労働者が徴募された）。

　1960年の「アフリカの年」を転機として，熱帯アフリカの国々は次々と独立する。しかし，南部アフリカの解放は遅れた。ポルトガルは，1970年代までアンゴラとモザンビークの独立を認めなかった。ジンバブエの解放は1980年のことだった。ナミビアは1990年まで南アに占領されていた。そして南アでアパルトヘイト（人種隔離体制）に終止符が打たれ，一人一票の総選挙が実現したのは，ようやく1994年のことである。白人たちは，黒人の犠牲のうえに築き上げた富を手放そうとはしなかった。植民地時代と変わらない人種差別が，アフリカ大陸の南端では20世紀末まで続いていたのである。

　アパルトヘイトの時代の南アでは，日本人は（後には中国人や韓国人も）「名誉白人」の処遇を受けていた。白人支配を支える東洋のビジネスマンは，仕事で南アに滞在しているあいだは，白人用の施設を利用しても罰せられなかったのである。どう考えても，気持ちのいい処遇ではなかった。

4．アフリカの一部としての南ア

　ここで，本章の冒頭の問題提起に話を戻してみよう。「南部アフリカとは何だろうか」。

　1948年に成立したアパルトヘイト体制のもとで，白人支配の最後の砦となった南アは，巨大な経済センターに成長した。南部アフリカに占める南アの面積は18％，人口は31％にすぎないが，GDP（国内総生産）については81％を独占している。この南アの富は，人種差別と出稼ぎ労働を通じて蓄積されたものである。アフリカの独立の波が南部アフリカに押し寄せてくると，南アの白人政権は周辺の南部アフリカ諸国の黒人政権を転覆させるために，圧力をかけ始めた。

　南アの動きに対抗して黒人諸国が結成したのが，SADCC（南部アフリカ開発調整会議）である。「白い権力」南アと，それを包囲する「黒い前線諸国」。過去30年にわたり，南部アフリカという地域は，異質な二つの要素で構成され

る闘争の舞台であった。ただし，その闘争の過程で，周辺の黒人諸国は大きく傷ついた。数百万人が南ア政府による不安定化工作の犠牲になり，道路などのインフラも徹底的に破壊されたのである。貧窮化した周辺諸国は，屈辱的なことに，南アへの出稼ぎ労働者の送金と諸外国からの援助にますます依存するようになった。

　ところが，1994年，ついに南アは生まれ変わる。27年間獄中にいたネルソン・マンデラが，南ア初の黒人大統領に就任した。反南ア連合としてのSADCCは，92年にSADC（南部アフリカ開発共同体）に衣替えし，新生南アはその有力メンバーになった。

　忌み嫌われていた白い南アが，黒人大統領のもとで，地域経済の機関車として，ついに南部アフリカの一部に復帰したのである。差別と抑圧を通じて蓄積された南アの経済力を，どうやって地域全体の，ひいてはアフリカ大陸全体の浮揚に役立てていくか。21世紀の南部アフリカの最大の課題は，ここにあるといっても過言ではない。17世紀に移住してきたオランダ系の白人も，今さらヨーロッパに戻ることなどできない。すべての集団が力を合わせなければならない。この実験が成功したら，地域紛争に引き裂かれた他の世界にも大きな影響を与えることだろう。「違いを尊重した統合」へのアフリカの歩みは，まだ始まったばかりである。

参考文献

佐藤誠編『南アフリカの政治経済学』明石書店，1998年

レナード・トンプソン（宮本正興他訳）『新版南アフリカの歴史』明石書店，1998年

ジョゼフ・ハンロン（北村文夫訳）『隠された戦争―アパルトヘイトと黒人諸国』新評論，1987年

平野克己編『新生国家南アフリカの衝撃』アジア経済研究所，1999年

星昭，林晃史『アフリカ現代史Ⅰ総説・南部アフリカ』山川出版社，1978年

峯陽一『南アフリカ―「虹の国」への歩み』岩波書店，1996年

宮本正興，松田素二編『新書アフリカ史』講談社，1997年

森川純『南アフリカと日本』同文舘，1988年

ターボ・ムベキ（鶴見直城訳）「新千年紀―アフリカは再生する」（『世界』2002年3月号）

2-11 西ヨーロッパ―城壁と市門の都市，パリの場合―

〔ヨーロッパ〕

水野　豊

　西ヨーロッパの古い都市は城壁に囲まれた空間として発展してきた。ケルト文化，古代ローマ文化，ゲルマン文化と移り変わる中で，最初は自然な地理的条件を生かした要塞集落だったが，中世後半からは頑丈な石造りの城壁がつくられるようになった。中世の城壁も市壁も敵から家族や財産を守るのに絶対に必要なものであった。また，壁は人や物資の移動に関しても大きな役割を担わされてきた。たとえば，市門を通り抜けるのに通行（入市）税をかけて管理していた。今でなら，入国税や関税に当たるものである。

　他方，一つ一つの家や建物も頑丈な造りが多い。見知らぬ者が簡単には入りこめないように，厚い外壁をつくり，窓も小さめで室内は暗い。壁はその中に住む人々に安心や保護をもたらすと共に，抑圧的で息苦しい心理を与える。自由や人権の思想が近世以来強く叫ばれ，多くの民衆に支持されて発展していったことは，こうした物理的環境と無縁ではない。

　産業革命以後，都市は過密化し，人口も膨れ上がったが，市壁や市門は20世紀の2回の世界大戦まで多くその形状を残したままであった。戦後急速に車社会に移り変わったが，城壁は道路として生まれ変わり，都市の環状線として，現在につながっている。

　この章では，西ヨーロッパの人々がいかにこうした壁に影響されてきたかをフランスを中心として，特にパリを例としてその発展と社会・文化的特徴をみていきたい。古い文化の維持と新しい社会がいかに解け合い，ある種の調和がはかられるかが判ってくるはずである。

1. 古代から中世へ

　紀元前の昔，ヨーロッパは森林と巨石に代表される地域だった。森林を開墾

して農業が始まると，集落ができ，土塀や堀で要塞化された集落に発展していく。フランスがガリアと呼ばれていた頃，ローマの将軍カエサルはこの地を征服しにやってきた。『ガリア戦記』によれば，ガリア（ケルト）諸部族の防壁は石と木材を用いて土で固めたものだったらしい。特にカエサルの最大の難敵ウエルキンゲトリクス（ヴェルサンジェトリクス）の城塞城壁は強固なものだった。これに比べるとセーヌ河の島に住むパリシイ族のルテキア（パリ）は船で簡単に攻められてしまった。

　ローマ支配下のガリアにいくつか城壁都市ができた。「ローマの平和」の期間に造られた都市は石の城壁とはいえ，2メートルを超える厚みの城壁はまれだったらしい。

　ゲルマン民族が西ヨーロッパに入ってくると，ゲルマン様式家屋（長方形で木骨造り，壁は練り土で屋根は藁ぶきか木枝ぶき）が北部地域に増えてきた。ゲルマンの集落は農村にみられるように木立や生け垣が囲いとなった。

　クローヴィスはフランク王国を築き，508年にパリを王国の首都とした。パリの市壁はローマ期にすでにあったが，シテ島とセーヌ左岸は部分的に城壁があった程度で都市防御力としては軟弱であった。メロヴィング朝からカロリング朝に移行するのは8世紀のことだが，カール大帝（シャルルマーニュ）は王国の中心を東（アーヘン）に移し，パリは9世紀にノルマン人に攻撃された。これにより，シテ島を除くほとんどの部分が破壊しつくされ，10世紀末，ユーグ・カペーの登場でやっとパリに平和がおとずれた。パリ市壁の本格的再建は12世紀のフィリップ・オーギュスト王の到来を待たねばならない。彼の治世下，城壁の内部面積は2.7平方キロメートルと推定されるので，19世紀後半からのパリ面積のおよそ30分の1に過ぎない（図1）。ノートルダム大聖堂やルーヴル宮が建設され始め，ソルボンヌ大学の開校もこの頃だった。

　このカペー朝時代の城砦がほぼそのままの姿で残っている例として，よく南仏カルカソンヌがあげられる。この城壁はローマ時代後期にすでに建築され始めているが，13世紀に中世要塞都市の形が整い（図2），その後の度重なる修復はあるものの，基本的には13世紀の様相をとどめている。

　ドイツでは，ケルンがローマ帝国時代から司教座都市として発展し，13世紀にはパリを上回る人口を有していたといわれる。ライン河畔の美しい中世都市

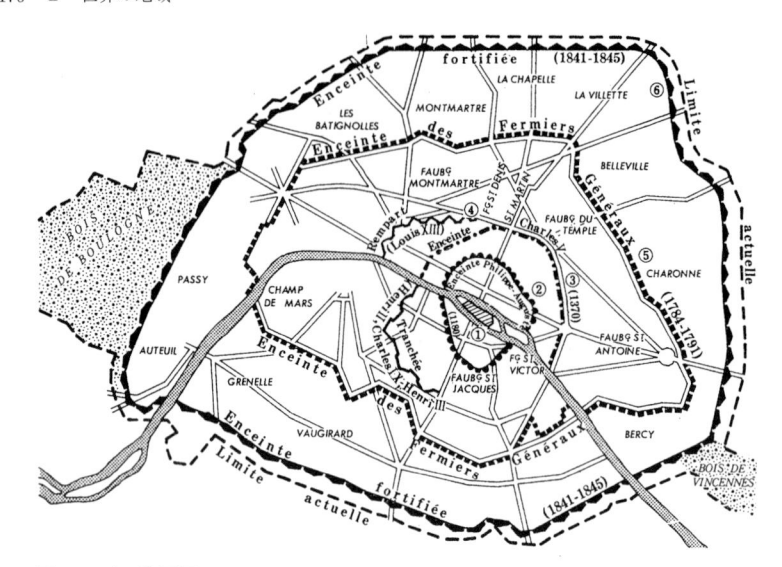

図1　パリ発展図
　　　出所：新倉俊一他編『事典　現代のフランス』増補版，大修館書店，1997年，
　　　498頁

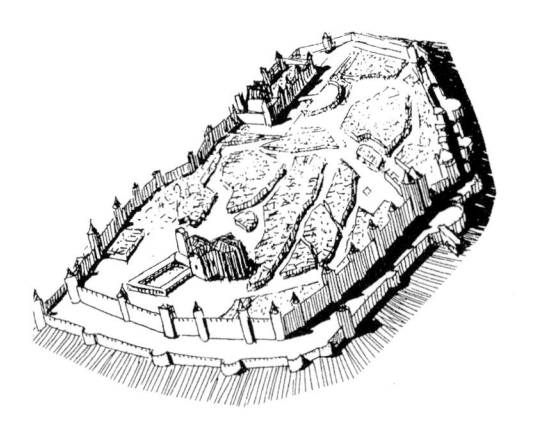

図2　13世紀のカルカソンヌ城壁
　　　出　所：J.-P. Panouillé: Carcassonne, Ouest france,
　　　　　　　1984年，69頁

のうち，ニュルンベルグは城壁都市の名残をとどめている．また，ウィーンも歴史の古い城壁都市で，13世紀以後ハプスブルグ家の居城として発展をとげる．イタリアもマジャールやイスラムの侵略に対抗して，10世紀から15世紀の間に106の城塞を築いたという．もともとイタリアの諸都市は都市国家として発展してきており，コムーネと呼ばれる自治体は中世から発達し，ルネサンス期にはヨーロッパで最も洗練された都市文化を享受していた．ローマの城壁はヨーロッパ諸都市のお手本とされていたといってよいだろう．

写真1　カルカソンヌ城壁（筆者撮影，1986年）

写真2　カルカソンヌ城壁（筆者撮影，1986年）

2．ルネサンスから絶対王政時代へ

　パリの町はその後も市域を拡大し，14世紀にはシャルル5世が右岸に新しい市壁をつくったが，左岸には全体をおおうものはつくられなかった。この市壁は16世紀にフランソワ1世が無用なものとして取り壊した。17世紀には，ルイ13世が右岸に一部城壁を新設したが，ルイ14世は道路を広くするためにこの城壁を取り除いた。すなわち，16～17世紀は外国から首都を攻められる心配がなかったものと思われる。そして，18世紀末，ルイ16世は物品入市税徴収のため，「総徴税請負人の城壁」を新たにつくった。
　ルネサンス期からブルボン朝の王たちは，かならずしもパリを居住地とはせず，ロワール河畔の数多い城やベルサイユ宮殿で過ごすことが多かった。ヴァロワ朝の王たちは行政諸機構をルーヴル宮に残したまま，戦時を除いて河畔の美しい城に妃や愛人をおいて，城館近辺で狩猟を楽しんだ。シャンボール城，シュノンソー城，アゼ・ル・リドーなどはこうした王侯貴族生活の名残をとどめている。もちろん，ロワール河畔にも要塞に近い城もあり，シノン城はジャンヌ・ダルクがイギリス軍と戦った百年戦争の面影を残す城砦である。
　ブルボン朝の始祖，アンリ4世はパリ市内の宮殿の拡大や町の整備に努力した。有名なポン・ヌフが幅広の頑丈な石橋として架設されるのも彼の治世下である。ルイ13世は右岸に新しい城壁をつくったが，同時に発展して人口が多くなり，人の通行を考慮してたくさんの市門（城門）をつくった。ルイ14世は父王の城壁を撤去させたが，サン・ドニ門やサン・マルタン門など，市門というよりも凱旋門的性格の装飾大門をつくった。だが，彼の業績として世界中に知られているのはパリ郊外にベルサイユ宮殿をつくり，古典主義文化を開花させたことであろう。18世紀になり，太陽王が去ったあと，新しい貴族身分をもつ集団が現われる。名門貴族や法服貴族とは別に「総徴税請負人」が登場した。
　総徴税請負人は市民層が力をつけ始める中で，突起したブルジョワ階層である。彼らはパリへの入市税を王から請け負い，パリに入るワイン，塩，煙草などから税金を取り立てた。18世紀前半は強固な城壁がパリを囲んでいたわけではないが，約50ほどの出入り門に小屋をつくり入市税取立所とした。王に払

う金額を差し引いても，彼らは莫大な利益を得た。これに悩まされた商人，市民はこっそり税を支払わずにパリに入る作戦に出た。しかし，徴税人たちはルイ16世からパリを囲う本当の城壁をめぐらせる権利を獲得した。1784年から91年にかけてつくられたのが「総徴税請負人の城壁」である（図1）。こうして税逃れの監視は著しく強化され，パリ市民の怒りは頂点に達した。「パリを取り囲む城壁はパリに不平を言わせる Le mur murant Paris rend Paris murmurant」という有名な言葉はこの時に生まれたものである。高さ3.2メートル，総延長24キロメートルのこの石の城壁には約60の入市税取立所があった。北はラ・ヴィレット市門，東はトローヌ市門，南はアンフェール市門，西はモンソー市門に代表される区域の城壁で，現在のパリ20区面積の半分くらいと考えてよいだろう。パリ市が12区からなる時代である。

　当時『タブロー・ド・パリ』を書いたルイ・セバスチャン・メルシエは城壁を手がけた建築家ルドゥーに怒りの声をあげた。「ああ！　ルドゥーさん，あなたは恐るべき建築家だ」。当の総徴税請負人もパリ市民の恨みをかった。フランス革命直前の頃，彼らは53人いて同業組織をもち，莫大な利益を得ていた。彼等の80%以上が新しく貴族身分に移り，豪華な邸宅を買ったり建てたりしたという。ところが，一部に彼らを賞賛していた人々がいた。文学者や芸術家たちである。思想家J・J・ルソーも彼らに庇護され，援助を受けていたのだ。総徴税請負人たちにとって，これは罪滅ぼしだったのだろうか。

3．大革命と「聖月曜日」

　フランス革命の起こる要因に「総徴税請負人の城壁」をあげる人はあまりいない。だが，革命勃発期に入市税取立所が襲われた（図3）。7月12日夜のことである。7月14日のバスティーユ襲撃事件のみが歴史教科書に取り上げられ，フランスの革命記念日はこの日と定められる。しかし，前々日に民衆の暴動は始まっていたのである。

　このとき，40もの入市税取立所が焼討ちにあい，革命中に総徴税請負人たちは皆処刑された。1791年にはいったん入市税も廃止された。しかし，数年後

図3 焼討ちにされたパリ入市税取立所
出所：多木浩二『絵で見るフランス革命』岩波書店，1989年，40頁

（1798年）また入市税は復活し，ナポレオン第一帝政時代には市壁も整備された。革命後の諸政府にとっても入市税は重要な財源であったが，逆に市民たちにすれば取り立てが徴税請負人からパリ市の役人に変わった（1804年）だけで重税の圧迫感は変わらなかった。

　こうして19世紀初め，パリ市門周辺に奇妙な現象が起きてくる。市門の外側に「関の酒場」guinguette と呼ばれる居酒屋がつぎつぎに立ち並び始めた。入市税のかかっていない物品は安いので，パリ市内か市外かで価格に開きがでてくる。したがって，パリ市内の居酒屋は市外の居酒屋よりワインやブランディが高いことになる。ここに目をつけた商売人は「関の酒場」で店を繁盛させようと目論んだ。19世紀前半の入市税品目の統計をみると，税収入の40％程度がアルコール類であった。この時期のフランスは遅れて産業革命に入る頃であり，大都市人口は急速に膨らんでいく。地方や外国からやってくる労働者はパリ市内に粗末な部屋をもっても，生活のやりくりは苦しかった。彼らは過酷な労働のあと明日への疲労回復のため一杯やった。市内で飲むと高くつくので，

関の酒場に向かうのは自然なことであった。

　1820年代,「関の酒場」が増え繁盛しだすのは,労働者たちが日曜日に家族連れでやってくるようになったからである。職業によって通う市門が違っていたらしい。そうなると,当然仕事仲間に出くわす可能性があり,別の曜日に仲間内で一杯やる習慣もできる。これが月曜日だと雇用側にとっては重要な問題となる。月曜日を「仲間の日」として仕事を休む労働者たちが出てきた。雇用者たちには困ったことである。この頃の労働者の給料は週給が一番多かった。「関の酒場」は日曜は家族と,月曜は仲間と過ごすという習慣ができてくると,これが社会的な問題として浮かび上がってくる。「聖月曜日」という言葉はこうして始まった。fêter Saint Lundi, faire le lundi というフランス語は,月曜日を労働者自ら「聖なる日」つまり,キリスト教の祭日「クリスマス」や「復活祭」と同様な日としたいという願望が込められた表現なのである。この社会・文化的な労働者たちの習慣は,エミール・ゾラが『居酒屋』で描くように,第二帝政期まで続くことになる。

4．エトワール凱旋門とティエールの城壁

　フランス人にとって,ナポレオン1世は英雄である。戦闘戦術に大変な才能をもち,ヨーロッパ統一を実現しかけた人物である。彼の功績を称えて凱旋門がつくられる。第一帝政下で完成するのはルーヴル宮内のカルーゼル凱旋門だが皇帝のお気にめさず,東の市門近くに巨大な凱旋門をつくることが決まった。しかし,建築中に当のナポレオンはヨーロッパ征服に失敗し,失脚死亡してしまう。だが,凱旋門の建設工事は王政復古時代も七月王政時代も継続され,30年を費やして1836年に完成する。高さ50メートル,幅45メートルのエトワール凱旋門はパリの名所として知らない人はいない。

　この七月王政下,都市人口の膨張問題とナポレオン失脚後外国の脅威を考慮して,ほぼ現在のパリ20区を取り囲むティエールの壁ができる（1841～45年）,市壁計画時の内閣首相の名前をとったものである。この市壁は全長33キロメートルの連続した囲いで,平均150メートルおきに95カ所の突出部,稜堡

があった。石壁は高さ10メートル，幅3.5メートルあり，城壁の外側には幅15メートルの堀が張り巡らされた。明らかに外国軍から首都を防御するためであった。総徴税請負人の城壁内面積が35平方キロメートルであったのに対し，この市壁は78平方キロメートルを取り囲んだ（図1）。作家フロベールは『感情教育』(1869年の作品だが，小説の舞台設定は1845年頃である）の中で主人公が乗合馬車で二つの市門を通り抜ける様を描いている。最初の城門はティエール城壁の門で馬車はすんなり通過するが，総徴税請負人の市門は商人らの荷車等とともに通行に手間どる。入市税の取立てがあるからだ。行政的に新しい城壁内（20区）が整備されパリ市に編入されるのは1860年である。東西の森を除く現在のパリ市街はこうしてでき上がっていく。

　ところで，七月王政期はまたセーヌ河を渡る橋の造成も盛んに行なわれた。ポン・ヌフなど古くからある橋も，ルイ・フィリップ王が建てさせた橋も，ほとんどの橋で通行税を取っていた。これが二月革命の民衆暴動で標的となり，税取立所が破壊される。また，入市税取立所も破壊された。この二月革命後，第二共和政大統領選挙でルイ・ナポレオンが当選し，3年後彼自身のクーデターにより，第二帝政へと移行していく。

　ナポレオン3世は旧市街区の整備とまだ田園風景も残る地域の開発に乗り出し，これをセーヌ県知事オスマンに計画を命じた。七月革命や二月革命で民衆が建物と建物の間をたやすく封鎖してバリケードを築いたのはまだ記憶に新しい。ヴィクトル・ユゴーが『レミゼラブル』の中で描いたとおりである。ナポレオン3世は人口増加で上下水道整備の必要性，道路の拡大の必要性などを強く感じ，大々的な都市改造を行なう。

5．オスマン計画とベル・エポック

　パリ都市改造の中で，最大の規模で行なわれたのは第二帝政期（1852～70年）のオスマン計画である。ナポレオン3世は内乱を起こりにくくするためばかりか，フランスの威光誇示（2度のパリ万国博覧会，55年と67年）にもこだわった。大通り，鉄道駅，公園，運河，劇場，百貨店などなど。大通り（グラン・

ブルヴァールという）の整備は，17世紀ルイ14世時代にもあったが，19世紀の都市改造はもっと大規模なものとなった。城壁の撤去あとを大通りとするやり方は同じでも，総徴税請負人の壁撤去は大工事で，その上鉄道の敷設や駅の整備も伴っていた。このため，旧市街地を取り巻いていた場所の道路整備だけでも，第二帝政が倒れたあとも工事が続行されることになる。

　1840年代にティエールの壁がつくられたあと，旧市街地区と新たに城壁内側となった市町村の合併話が持ち上がった。そうなると新興地区の住民が真っ先に心配するのは入市税を負担しなければならなくなることである。圧倒的国民人気で二番目の皇帝となったナポレオン3世だが，この地区の住民は別だった。1852年11月の『官報』は，第二帝政承認の国民投票を前に，「現在広範囲に出回っている噂，すなわち皇帝としての最初の仕事は入市税の課税区域拡大であるという噂はまったくのデマである」という一文をのせた。皇帝は新たにパリ市編入になる地区住民に，向こう7年間の取引税免除と10年間の非課税措置を講ずる約束で，やっと60年に20区のパリ市を実現する。

　オスマンの都市改造は急激に増えるパリ人口に対処するため，住宅の整備，上下水道工事にも着手する。パリ人口は1850年に旧市街地区のみで100万人を超え，この頃ヨーロッパで100万人都市はパリ以外，ロンドンのみであった。合併後のパリはますます人口増加していき，1901年には270万人にまで達した。

　ところで，パリ都市改造は庶民にとってどのように受け止められたのであろう。道路拡大で住んでいた場所を追われた住民が怒ったのはもちろんだが，工事の騒音，粉塵公害は多くのパリ市民にとって多大な迷惑であった。だが，この大工事で新たに雇われてパリにきた地方出身者や移民は収入への道が開かれたことになる。彼らの多くは定住してパリ市民となった。公園や娯楽施設も次々に出来ていく。公共乗合馬車の操業開始，百貨店の開店，ガルニエによるオペラ座の完成，エッフェル塔の建設，これらは都市改造と並行してつくられていく。また，鉄道網の整備は地方都市と結ぶ長距離線のみならず，近郊郊外線や市内地下鉄の建設へと向かっていく。映画館ができ，自動車や飛行機の発明も単なる夢想ではなくなってくる。こうして，世紀末から20世紀初頭，ベル・エポックと呼ばれる時期に入っていく。ベル・エポックとは時代を振り返り「よき時代」を懐かしがる言葉である。

19世紀中，パリで5回開催された万国博は，サン・シモンの「鉄の夢」を実現し，多方面の科学技術の成果とともに，ヨーロッパで知られていなかった海外の文化や習俗を紹介した。ジャポニスムやそれに続くアール・ヌーボーなどの芸術や文芸も現われる。レジャー産業も一部のブルジョワ階級のみの楽しみごとではなくなっていく。

しかし，都市改造による近代的都市生活は一挙に庶民生活にまで結びついたわけではない。たとえば，上下水道をみても金持ちの住宅には早く整備がされたが，世紀末でも庶民は公共水道栓を共同で使用していたし，1920年代になっても，パリ市内住宅で上下水道がスムーズに使えたのは8割程度に過ぎなかった。

6．20世紀，「おわりに」に代えて

ティエールの壁は第一次世界大戦後，撤去作業に入り，数年かかって除去されていく。入市税は1943年にやっと廃止された。地下鉄がパリ市外まで延び，鉄道による人の移動が急速に変化すれば，当然のことであろう。城壁跡は，60年代から「ペリフェリック」と呼ばれるパリ環状線道路に変わっていった。車社会に移行した当然の成り行きといえよう。

20世紀後半は巨大なビル建設のラッシュとなった。パリ郊外の高層集合住宅を含めて，さしずめ紀元前の巨石文化が再来したかのようである。2000年を超えるパリの歴史のうち，市壁と市門に影響されてきた期間が長かった。残された市門は凱旋門と同様，現在では歴史的モニュメントの意味しかもたなくなった。だがヨーロッパの人々は今なお地方に残る城壁都市を訪問する。失われた伝統文化を懐かしむかのように。

参考文献

カエサル（国原吉之助訳）『ガリア戦記』講談社，1994年

鹿島茂『馬車が買いたい！』白水社，1990年

喜安朗『パリの聖月曜日』平凡社，1982年

L・シュヴァリエ（喜安朗他訳）『労働階級と危険な階級』みすず書房，1993年
メルシエ（原宏編訳）『十八世紀パリ生活誌』岩波書店，1989年
J・R・ピット（手塚章他訳）『フランス文化と風景』東洋書林，1998年
J・R・ピット（木村尚三郎監訳）『パリ歴史地図』東京書籍，2000年
松井道昭『フランス第二帝政下のパリ都市改造』日本経済評論社，1997年

# 2-12 東ヨーロッパおよびロシア
―ヨーロッパとアジアのはざまで―

〔ヨーロッパ〕

川端香男里

1. 歴史とともに流動する地域概念

　1991年のソ連解体までこの地域はソ連・東欧圏と呼ばれていた。ソ連という社会主義国家が，東ドイツを含む東欧地域を政治的・経済的に支配する「超大国」として，対立する資本主義国アメリカと世界を二分していた。しかし，ソ連崩壊とともに，東ヨーロッパ諸国は1917年のロシア革命以前の「ヨーロッパの枠組み」へと回帰・復帰する動きを見せ，自分たちはもともと東欧ではなく「中欧」(中央ヨーロッパ)であるという意識を強めるようになった。ハプスブルグ家のオーストリア帝国が支配していた時代の記憶がよみがえってきて，ドナウ川沿岸諸国の昔からのきずなが復活したのである。市場化・民主化の波，EUやNATOへの加入の動きなど，東欧諸国の中欧回帰は現実のものとなりつつある。こうなると，かつてのソ連・東欧という地域単位は，政治的・経済的には意味のある単位とはならなくなっている。

　一方旧ソ連地域では，シベリア・極東地方に領土をもつロシア連邦がリーダーとなって，スラヴ民族の国家であるウクライナとベラルーシ，それにコーカサスや中央アジアの国々を束ねて，1991年「独立国家共同体」CIS ([Commonwealth of Independent States]，ロシア語ではSodruzhestvo Nezavisimykh Gosudarstv, 略称SNG［エス・エヌ・ゲー］) という国家連合体を結成した。CISには中央アジアのかつてのシルクロード国家が含まれるが，このロシア帝国，旧ソ連の領土を代替・継承する「ロシア・ユーラシア地域」は東西交渉史上きわめて重要な役割を演じてきた。現在も石油・天然ガスという資源があり，アフガニスタンをめぐって世界戦略上重要な位置を占める。

2．歴史地理学・生態学の観点から

　ヨーロッパは巨視的に見れば，東方のユーラシア本土からの絶えざる脅威にさらされていて，エンツェンスベルガーのいうように，大陸というよりはユーラシア大陸の先端にある半島であるといってよい。ヨーロッパ史はユーラシア史と密接につながっており，中でも東ヨーロッパ史は，図1の遊牧民を中心としたアジア系民族の侵入に見るように北アジア史の一部をなす部分をもっている。

　地理学・生態学の観点からすると，有史前から現在に至るまで旧ソ連（バルト諸国，コーカサス，シベリア，中央アジアも含む）およびモンゴル，そして中国の新疆，甘粛を合わせた地域は，一つのまとまった大陸性気候の「内ユーラシア」地域として，中国から南の海洋性気候の影響下にある「外ユーラシア」（東南アジア，南アジア，西アジアを含む）と区別することができる。

　内ユーラシアはその景観の単調さ，内陸性，北方性，大陸性によって特徴づけられる。乾燥した北方の大陸性の気候は厳しい生活環境をもたらし，そのため人口密度はきわめて低い。しかし，ユーラシア大陸の中心にあることが，こ

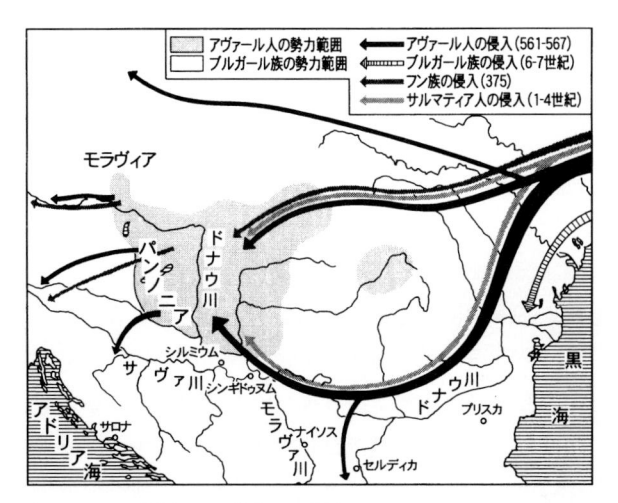

図1　スラヴ世界への遊牧民の侵入
　　　出所：森安達也編『スラヴ民族と東欧ロシア』山川出版社，1986年，47頁

の地域の重要性を高めてきた。シルクロード（絹の道）に代表される，外ユーラシア，ヨーロッパを結ぶ繁栄した交易ルートの中心の位置を占め，様々な文明の興亡の中で重要な役割を果たしてきた。シルクロードの北方にのびる草原の道は，黒海北岸を通って東ヨーロッパに至る民族移動の「ハイウェイ」となった。交易と民族移動の道は東欧を経由してヨーロッパに通じていた。この意味で，前述のように東欧地域のかなりの部分は北アジア史に属し，歴史的に見て内ユーラシアの境界地とみなすことができる。

　黒海の北方の森林地帯の川のほとりに建国されたロシアは，建国の際にノルマン人（スウェーデン・ヴァイキング）の力を借りたとされているが，ノルマン人はバルト海とギリシア・ローマを結ぶ南北の交易路・琥珀の道の開拓者であり，キエフを都としたロシアは小国ながら絹と琥珀の二つの交易路から利益を得て富み栄えた。その後ロシアは遊牧民との戦いに苦しみ，240年に及ぶモンゴル帝国の支配を受けるが，16世紀以降自立し，西欧が大航海時代に植民地を獲得することによって世界支配の体制をつくっていたのと同時期に，イワン雷帝以後驚異的なスピードでシベリアを東進し，モンゴル帝国の継承国家としてヨーロッパ，アジアにまたがるユーラシア帝国となった。

3．東ヨーロッパおよびロシアにはどんな人々が住んでいるのか

(1)　最大の民族集団スラヴ民族

　スラヴ民族とは一言で定義するならば印欧語（インド・ヨーロッパ語）の一つであるスラヴ語派に属する言語を母体とする民族で，ヨーロッパ最大の民族グループである。基本的には言語を基本とする概念であるから，スラヴ民族という呼称は，同じ印欧語に属するゲルマン民族あるいはラテン民族（ロマンス語系民族）という呼称に対応するが，単一のスラヴ民族共通の基語の時代が長かったこともあって，スラヴ諸語の言語的共通性はゲルマン系やロマンス系諸語よりもはるかに高い。このことがそのまま文化の共通性を意味するわけではないが，19世紀以降のスラヴ民族の連帯意識の重要な基盤になったことは疑いない。

共通基語の時代が長かったということは，この民族集団が歴史的に比較的長い間まとまって生活していたということを意味する。この集団の原郷（ハイマート，Original Homeland）は，ヴィスワ川流域，北はプリピャチ川，南はカルパチア山脈，東はドニエプル川中流域にまたがる地域で，森林，草原，沼沢に覆われた地方であると考えられていて，この地域は印欧語を話す集団の原郷とされている黒海，カスピ海の北方の草原からあまり離れていない。活発に移動したゲルマン民族と異なり，あまり移動することを好まなかったグループであったらしい。それが，図2で見るように，紀元3世紀以後に移動を始めるが，そのきっかけはゲルマン人に属するゴート人が彼らの居住地を突っ切って移動したことにある。ついでフン人が黒海北岸に定住したゴート人を追い立ててヨーロッパに侵入していわゆる民族の大移動が始まり，スラヴ民族も重い腰をあげ

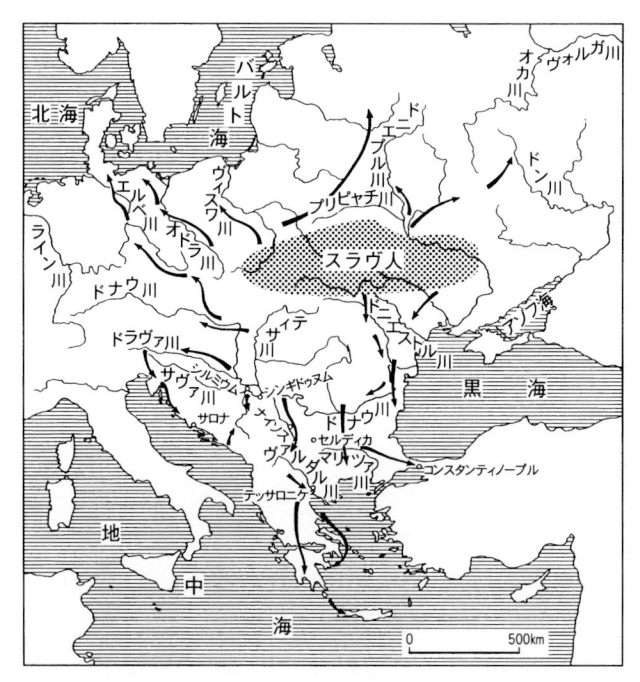

図2　6−7世紀におけるスラヴ人の移住
　　　出所：森安達也編『スラヴ民族と東欧ロシア』山川出版社，1986年，40頁

るが，その移動距離は比較的に短く，原郷からあまり遠く離れない傾向がある。

　スラヴ民族は移動する方向にしたがって西スラヴ，南スラヴ，東スラヴに分類される。移住した地域における異文化との接触をとおして，それぞれ個性を持った民族グループとなるが，これと重なる形で中世初期の国家形成期のキリスト教の影響が加わる。西側のカトリックと東側のギリシア正教（東方正教）によって，スラヴ世界が二分されることになる。さらに東ヨーロッパ地域では近代においてロシア，ハプスブルグ，オスマンの3大帝国に錯綜した形で支配されることになる。その影響が極端な形で現れたのがバルカン地域で，「ヨーロッパの火薬庫」と呼ばれ，Balkanize と英語でいえば「相反目する弱小諸国に分裂させる」という意味をもつような事態になってしまった。この状況はユーゴをめぐるさまざまな紛争に見られるように，今日でも本質的にはあまり変わっていない。

SLAV と SLAVE

　スラヴ（SLAV）といえば，きわめて似た言葉である奴隷を意味する英語 slave が連想されるが，実はこの二つの言葉の間には密接なつながりがある。中世初期にスラヴ人がヴェネツィア，ヴェルダン，レーゲンスブルクなどで大量に奴隷として売買されたという不幸な歴史的事実がある。このためスラヴ人を意味する言葉が同時に「奴隷」を意味することとなった。言語学的にいうと，Slav が slave の語源である。ところが，奴隷が語源となってスラヴという言葉ができた，だからスラヴ人は奴隷的だと結論づける学者が現れて物笑いの種となった。

---

(2) スラヴ民族と他の諸民族との関係

　スラヴ民族の原郷は地理的に印欧語族全体の原郷と近く，スラヴ民族は全体として印欧語派に属するイラン語系のスキタイ，サルマタイの強い影響を紀元前700年頃から1000年近く受けるが，その後西スラヴ人はゲルマン人，東スラヴはバルト系，フィン系，トルコ系諸語族との接触を深める。北方の西スラヴ，東スラヴの地域は広大な平野を形成し（ポーランドの国名は平原［ポーレ

に由来する），東西方向に大きな自然の障壁がなく，西ではゲルマン人の植民活動に脅かされ，東では東方アジア系遊牧民の絶えざる脅威にさらされるということになる。

　南進したスラヴ人たちは多くの場合東方からの侵入者たちに随伴する形で移動したと考えられるが，ユーラシア本土からの草原の道（前述の民族移動のハイウェイ）と直結するドナウ流域のハンガリー盆地，ルーマニア南部のワラキア盆地のような外部に開かれた土地は最も農耕に適した土地であったにもかかわらず，南スラヴ人はハンガリー人，ルーマニア人という好戦的な遊牧民系の非スラヴ系の民族に追い立てられて，さらに南の山地の多い自然の要害のあるバルカン半島に安住の地を見出すことになる（ちなみにバルカンとはトルコ語で山を意味する）。

　スラヴ民族は移住したいずれの土地でも平和的な他民族との共生，混血の道をとることが多く，もともとアジア系のブルガール人が建国したブルガリアにおいても圧倒的な人口数で国全体をスラヴ人の国に変えてしまった。古典時代の栄光を今日に伝えるギリシアにおいてもスラヴとのその後にこの地を支配したトルコの影響は強烈で，純粋の古代ギリシア人は今日は存在しない。今日のギリシア人はビザンチン文化を東欧社会と共有するスラヴ化された民族である。

　山がちのバルカン半島には数多くの山脈が走っているが，ピレネー山脈によって守られているイベリア半島や，アルプス山脈によって遮断されているイタリア半島と違って，外部から入り込むことは比較的容易であり，有史前から

最初のヨーロッパで，最後のヨーロッパ＝それがバルカンだ
　アメリカのバルカン史研究者のストヤノヴィチが「バルカン地域は最初の，そして最後のヨーロッパだ」と述べている。
　ギリシア・ローマ時代にヨーロッパで最初に農業を広めたのも，都市を築いたのもバルカン地域だったが，その後，ビザンチン，オスマン・トルコに組み込まれ，近代化の歴史の中で「最後に」ヨーロッパとなった。そのため「ヨーロッパの火薬庫」というような厄介者あつかいをされることとなったのである。

多くの民族がここに流入した。民族の数の多さ，諸民族の混住地域の多さがこの地域を特徴づける。先住民族とされるギリシア人も印欧語派の原郷から南下してこの地に定住した。バルカンの先住民族としてはアルバニア人の祖先とされるイリュリア人，ヴラフ（アルーマニア）人，ダキア（ルーマニア人はダキアとこの地を支配したローマ人との混血と考えられている）人がいる。11世紀には流浪のロマ（ジプシー）がインドから大量に流入し，16世紀には宗教的に寛容政策をとったオスマン帝国領内にスペインの宗教弾圧を逃れた多数のユダヤ人が移り住んだ。

　目をロシアに転ずると同様な深刻な民族問題と向き合うことになる。ロシア帝国時代から旧ソ連の時代まで100を超える民族と言語が存在した。帝政ロシア時代にはポーランド人やフィンランド人もロシア帝国の臣民であったことから，民族問題は今日より深刻であった。ロシア帝国が「民族の牢獄」といわれたのも無理からぬことだった。社会主義革命によって「レーニンがこの牢獄を開放し，グルジア出身のスターリンが矛盾を解決し，ソ連邦市民は単一のソビエト民族を形成しつつある」と旧ソ連時代には宣伝されたが，実際とはほど遠い。共産主義を建前とする中国が清朝の版図をそっくり回収したように，共産主義のソ連もロシア帝国領をそのまま引き継ぎ，さらに東欧圏まで支配下におき，帝政時代に果たせなかったアフガニスタン進攻まで行なったのである。結果的にはこれが命取りとなってソ連は崩壊した。

　帝政時代にロシアは18世紀から19世紀末まで，ほとんど1年の休みもなく，コーカサス，中央アジア諸国を支配下に治めるための戦争を行ない続けた。その結果，ロシア帝国の人口の約3分の1が非スラヴ系民族で占められることになった。その中で多数を占めるのがイスラム教を信ずる20あるとされているトルコ系（チュルク語系）諸民族である。

　コーカサス（カフカス）地方は，昔から多数の民族が往来した，バルカン半島とならぶ民族の大混住地域である。大多数がイスラム教を信ずる中でロシア人よりずっと前にキリスト教を受け入れたアルメニア人，グルジア人がいる。この地域は言語の上からは印欧語系（アルメニア語，オセット語，クルド語），トルコ語系，コーカサス語系（グルジア語はこれに属する）に3分される。コーカサス諸語は約40の言語からなるが，他の言語との系統は明らかではない。

4．社会と文化の特質

　北方の西スラヴ，東スラヴの諸民族は森林と平原の混在する地域で農耕を主とする生活を営んだ。農期の短い北方の平原は必ずしも農業の適地とはいいがたいが，彼らは家父長制的大家族と農村共同体による集団的労働によって困難な自然条件を克服してきた。父系制の大家族制は南スラヴにおいても見られ，ザードルガの名で知られる血縁に基をおく生活ならびに財産共同体という形をとる。

　東方遊牧民から身を守るという意味でも森はスラヴ人にとっては大切であった。スラヴの生活文化は森と切り離せない。蜜蜂は森の貴重な資源で，スラヴ人にとって最初の酒は蜜酒であり，同じように蜜蜂を愛好する熊（ロシア語では「蜂蜜を食するもの」の意味を持つ）は森に住む仲間であった。蜜蝋は木材とならんで西側への貴重な輸出品であった。しかし森がもたらした最も貴重な宝物は毛皮獣であって，シベリア開拓の最大の動機は輸出用の毛皮獣の確保ということだった。森の住人であるスラヴ人は樹皮を衣料や靴，紙代わりの筆記用の手段（白樺文書というものが大量に残っている）とした。スラヴ人は木材の加工に関しては繊細な技術を持っており，建築にも細工物にもその才能を発揮した。森の民であるスラヴ人にとっては木の実，漿果やキノコの採集がきわめて重要な意味を持っている。イタリア北部を起点としてシベリアを経由して日本に至るキノコを好んで食べる，いわゆる「キノコの三日月地帯」の中心がロシア・東欧地域である。

　牧畜は農耕と密接に結びついていて，家畜は労働力として重要視されたが，乳製品が食生活の上で占める位置はきわめて大きい。ブルガリア・ヨーグルトとか，羊の乳ケフィアなどは世界的にも知られている。バルカン地域ではオーストリア帝国をはじめとする西欧諸国への輸出品として家畜は重要であった。

　ロシア・東欧は伝統的に西方への農産物の輸出を主たる収入源としていたが，16世紀以降近代化・資本主義化の進行とともに，西欧先進国における食料品の需要が高まり，東方では領主が穀物や家畜の輸出を効率的に行なうために農民を締め付け，賦役を課し，移動を制限するようになった。西側で農民が自由を獲得しつつあった時代に，東側では農奴制が強化される方向に向かった。エン

ゲルスはこれを「再版農奴制」と呼んだが，ロシアでは18世紀になってさらに農奴制が強化されるということになり，このことがこの地域の後進性を一層強めることになった。農奴制の廃止は19世紀中葉までもちこされたことになる。オスマン帝国の支配下に入ったバルカン地方では「ティマール制」といわれる独特の封建制が形成されることになり，独自の地域性を持つようになる。

ただ注意すべきは，イスラム世界による支配は宗教的にはきわめて寛容であり，モンゴル支配下のロシアではキリスト教会は手厚く保護され，オスマン治下ではギリシア正教徒，カトリック教徒，ユダヤ教徒はそれぞれ「ミッレト」という制度のもとで内部自治が認められていた。このような歴史的事実がキリスト教世界，イスラム教世界の双方から忘れられていることが問題である。

共同体体制が根強いスラヴ社会では，法意識が西欧とは明らかに異なっている。所有権よりも使用権が優先されるということはソ連時代にも引き継がれていて，個人の権利，私的所有を基本とする資本主義や市場原理が社会に浸透しにくい条件をつくっている。

5．政治の動向

19世紀の民族覚醒期に言語的親近性を土台に夢見られたスラヴ民族の大団結は，社会主義というイデオロギーの大枠で実現されたかのように見えた。ソ連をリーダーとする第二次世界大戦後の社会主義圏の成立がそれである。チトーの指導下で南スラヴ（ユーゴスラヴィアという名称がまさにそれである）が統一国家を形成した時も社会主義がその旗印であった。社会主義はこの後進地域の近代化の強力な武器として期待され，それが成功を収めたかに見えた一時期もあったが，民主主義的な基盤が歴史的に十分でなく改革がすべて上からなされるほかなかったこの地域では，社会主義の理想はついに実現されなかった。社会主義の名のもとにソ連が世界に示したのは，モスクワ公国，帝政時代と寸分違わぬ暴力的な政治姿勢であった。

前述したハプスブルク帝国と密接にかかわる中欧概念の復活は単なる復古的なノスタルジアにとどまらず，現実の力となりヨーロッパ統合の大きな動きの

写真1　モスクワの中心部
ソ連時代に比べ，派手な公告，ネオンがめだつ。（高山智撮影，2001年9月）

一つとなった。ウクライナですら「東欧」の中に数えられることを好まない状態で，バルト諸国から西の国はいずれもその文化的伝統に従って統一ヨーロッパの一部になろうとしている。

　このような西側クラブに入れてもらえないロシアに残されている選択肢は豊かなシベリア，中央アジアの資源を利しつつ，ヨーロッパとアジアの間に位置するユーラシア大陸の国として生きることであろう，日本との調和，協力もこの路線の上で可能となる。その一方でかつてのロシア・東欧地域で多数派を形成するス

写真2　正教寺院がめだつウクライナの首都キエフの街かど
（高山智撮影，2001年9月）

ラヴ民族の動向は，宗教や歴史的状況で分断されているとはいえ，共通の言語的・民族的基盤が失われていない以上，潜在的な力は失っていない。

　バルカンから中央アジアまでに至る地域で頻発している紛争は，地域研究にとっては重要な問題である。これらの紛争の原因とされている言語，民族，宗教，文明の差異は，紛争をあおり立て，また介入しようとする者たちの口実，理論づけに用いられることが多いということに留意すべきであろう。センセーショナルな民族浄化という言葉がアメリカ・メディアによって開発された言葉であることなど，そのよい例である。文化的差異が情報戦略の道具とされることが多いのである。社会的不平等，経済格差などによって生み出された人間間の相互不信が紛争の根源に潜んでいる。もちろん，言語，宗教をはじめとする文化領域は基本的には地域的，国民的であって，他の異文化との間に摩擦や軋轢が生じがちである。そのために異文化交流，異文化理解という努力が重ねられてきているのである。文明はそういう努力の上に築かれるシステムであって，衝突するものではない。衝突する文明などは文明の名に値しないのである。

写真3　キエフの目抜き通りを散策する人々（ウクライナ）
（高山智撮影，2001年9月）

6. ヨーロッパの中の東欧と北欧

　ウラル山脈からカルパチア山脈に至るロシア・東欧の平原は，地理的にまとまった一つの単位をなしていて，前にも述べたように歴史地理学的に見ると，いわゆる「内ユーラシア」の境界地に位置し，歴史的にも北アジアの歴史と密接にかかわっている。バルト海から黒海にいたるこの平原は氷河時代に形成されたが，ポーランドがその最盛期（15～16世紀）にそのかなりの部分を領土としていたことがあって，ポーランドの支配者は自分たちの国の大きさを誇らしげに「海から海へ」（バルト海から黒海へ）と称していた。この平原地帯の他に地理的に東欧を特徴づける代表的地域は，チェコのボヘミア台地からルーマニアのトランシルヴァニア台地にいたるドナウ川流域と，南東欧のバルカン半島である。

　スラヴ人が東欧地域の最大民族となったのは，民族大移動の大波につき動かされて移動し居住地を広げていったからであるが，スラヴ人の移動は4世紀以降のこの大移動期に繰り返されたアヴァール，マジャール，ブルガールなどの数多くのアジア系諸民族の侵入と同時的現象であった。東欧の複雑な民族分布はそのような歴史の所産である。

　言語系統で整理すると（ここではバルト3国も含めて考える）ウラル語系に属するエストニアとハンガリー（マジャール）がアジア系の言語を話す民族で，あとはすべてインド・ヨーロッパ語族に属する（ブルガリアを建国したのはトルコ系のブルガール人であったが，スラヴ人に同化・吸収された）。ルーマニアの民族的起源については長い論争が繰り広げられているが，ローマ帝国の属州となってラテン文化の強い影響を受けたことは確かで，ルーマニア人は周囲をスラヴとマジャールに囲まれた「孤島」でラテン文化の伝統を守っているという意識を強くもっている。バルカン半島南西部の小国アルバニアではインド・ヨーロッパ語族に属する言語が話されているが，この言葉は複雑な国の成り立ちを反映して周辺の言語からの借用がきわめて多く，また人口の7割はイスラム教徒である。バルカン地域では言語だけが民族を決定するわけではなく，例えば旧ユーゴのボスニア人は話す言葉はセルビア語，クロアチア語と変わりないが，イスラム教徒であるがゆえに自らムスリム人と称している。

バルカン半島の南部には，ギリシアと，イスタンブールを中心とするトルコがあるが，これらの国は歴史的にも古く，それぞれ異なる要素をもっているので，地域研究の場合，東欧諸国とは別扱いをされることが多い。しかし，南東欧の歴史にこの両国は大きな影を落としており，また現在でも，ギリシア・トルコ的と定義できる文化や習俗は明確に存在し，それが南東欧バルカン諸国に大きな影響を与えていることに留意すべきである。

東欧地域でも19世紀になると民族意識がめざめ，人々はそれぞれの言語を旗印とした「民族」ごとにまとまることを望むようになり，彼らを支配していた帝国（ロシア，オーストリア，トルコ）に反抗して立ち上がった。しかし，複雑に入り組んだ民族構成や多様な宗教のために，国境線を引くこと自体が難しく，西欧のような国民国家（nation state）を建設することはきわめて難しかった。カトリック，東方正教（ギリシア正教），イスラムによって3分された地域間の差異あるいは格差とそれに由来する争い（ハンチントンのいうフォルトライン［断層線］紛争）がさらに問題を複雑にしている。

ヨーロッパの中での位置づけという観点から見ると，東欧と北欧には多くの共通点がある。一つはいずれも「小国」の集まりであるということ，もう一つは西欧との距離である。ただこの距離に関していえば，東欧は地理的に見てもヨーロッパ大陸の一部で西欧と地続きであり，ギリシア・ローマ時代からヨーロッパ史に深く組み込まれていて，カトリック，プロテスタント信仰を通じて西欧と強く結び付いてきたポーランド，ハンガリー，スロヴェニア，クロアチア，チェコ，そしてバルト3国のような国々がある。しかし，前にも述べた「再版農奴制」に代表される経済的社会体制的後進性やトルコ支配の影響が主として16世紀以降，東欧全体と西欧との距離を広げた。

これに比べると，北欧はまず地理的に見てもヨーロッパ大陸とは相対的に隔離されている。このことは北欧がヨーロッパと疎遠であったということを意味しない。スカンディナヴィアから移動したゴート人をはじめとする北方ゲルマン人やヴァイキングがローマ帝国以後のヨーロッパ形成に大きく貢献したことを忘れてはならない。

相対的に隔離されていたということは，まず第一にバルカン半島のように強国の軍事的関心の対象にならなかったということができ，第二に西欧との隔離

から生じた時間のズレ(タイム・ラグ)が有利に作用したということができる。たとえば,北欧においては封建制が未発達であったために,国家形成途上であったヴァイキングが強力な武力を持って封建的分裂状態にあったヨーロッパ大陸に侵入できたということがある。17～18世紀に北欧諸国がヨーロッパの覇権を争うことができたのも,その周辺にまだ強力な近代国家が現われていなかったためである。北欧諸国はその後一時後退するものの,19世紀末以来の産業の発展によって社会・福祉政策の面ではヨーロッパの他の諸国を追い越すような力をもつようになった。

ウラル語族に属するフィンランドとエストニアはそれぞれスウェーデンとデンマークに征服された歴史をもち,バルト海沿岸諸国ということで北欧世界と密接な関係にあるが,ことにフィンランドは後にロシア帝国の支配を受けた時期があるとはいえ,文化的には北欧の一部をなしている。

参考文献

川端香男里『ロシア—その民族とこころ』 講談社,1998年

細川滋『東欧世界の成立』(世界史リブレット22) 山川出版社,1997年

護雅夫,岡田英弘編『中央ユーラシアの世界』(「民族の世界史」4) 山川出版社,1990年

森安達也,南塚信吾『東ヨーロッパ』(「地域からの世界史」12) 朝日新聞社,1993年

アハメド・ラシド(坂井定雄,岡崎哲也訳)『よみがえるシルクロード国家』 講談社,1996年

2-13 北アメリカ —多様性にみる社会—

〔アメリカ〕

河内信幸

1. 北アメリカの地勢と地域区分

(1) アメリカ合衆国とカナダ

　北米大陸は，平野，台地，盆地，河川，湖沼などの変化に富んだ地形をなし，山岳地帯やデルタ地域などもあって，気温や降水量にかなり格差が見られる地域も存在する。その中で，アメリカ合衆国は936万3364平方キロメートルの国土面積（日本の約25.5倍）と，2億7537万人の人口（2000年央値，日本の約2.17倍）をもち，カナダは約997万平方キロメートルの国土面積（世界第2位）と約3077万人の人口をかかえる国家である。

　合衆国の地勢的な特徴は，何といっても多様な自然環境である。大西洋海岸寄りにはアパラチア山脈，太平洋側には，巨大なロッキー山脈を中心にしてアラスカ山脈，カスケード山脈，シエラネヴァダ山脈などが連なり，アパラチア，ロッキー両山脈の間に，東西約2000キロメートルにも及ぶ広大な平原のグレート・プレーンズが五大湖とともに横たわっている。そして，世界第3位を誇るミシシッピ川が広大な平原地帯の中心を流れ，オハイオ川，ミズーリ川，アーカンソー川などの支流を含めて，北から，カナダ寄りの酪農地帯，トウモロコシを中心とする"コーン・ベルト"地帯，綿花栽培の盛んな"コットン・ベルト"地帯などを形成している。ケンタッキー州やテネシー州からミシシッピ川を越えて西に進むと，しばらく緑の多い地形が続くものの，やがて降水量の少ない乾燥地帯がロッキー山脈まで広がっている。

　一方カナダは，北は北極海に臨み，東は大西洋，デービス海峡およびバフィン湾，西は合衆国のアラスカ州と太平洋，南はアメリカ本土と境を接している。カナダの海岸線総延長は世界最大級であり，本土のみで約5万8500キロメートル，諸島を含めると24万800キロメートルにも達している。

(2) アメリカとカナダの地域区分
1) アメリカ合衆国

　国勢調査局（Census Bureau）は，アメリカを北東部・中西部・南部・西部という四つの地域に大きく区分し，そのもとに，ニューイングランド・中部大西洋，中部北東部・中部北西部，南部大西洋・中部南東部・中部南西部，山岳部・太平洋という九つの地域区分を行なっている。しかし，地形や気候，さらには歴史的な背景などを考慮すると，図1のような州単位の区分に基づいて，東部，南部，南西部，中西部，西部，西海岸の六つに分けることが適切であると思われる。

①東部

　東部地域は，17世紀から18世紀にかけてイギリス人の植民地が建設されたところであり，独立革命や憲法制定の表舞台となって合衆国の社会的な基礎を形成してきたところである。したがって，この地域は大統領を最も多く輩出しており，合衆国の政治や経済の中心を担ってきたわけである。そのため，大統領

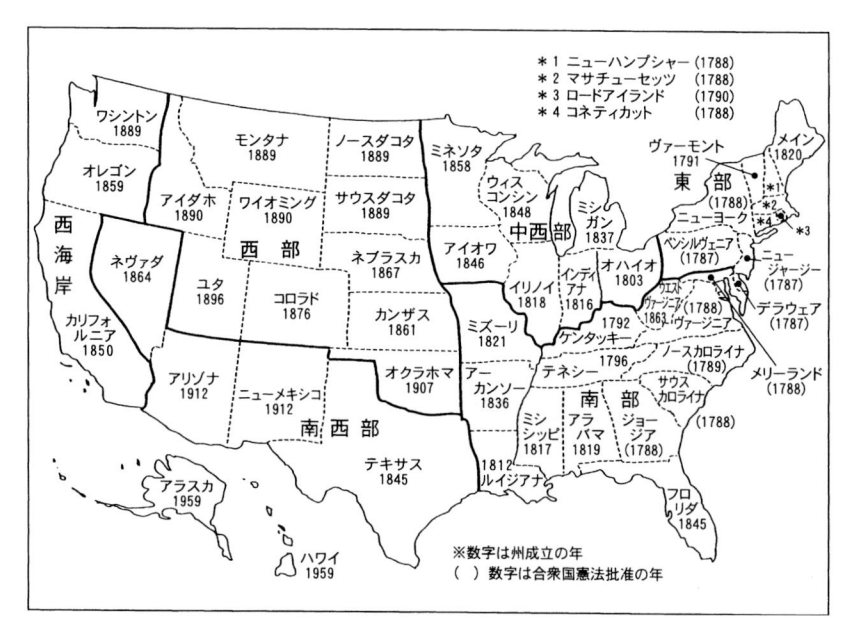

図1　アメリカ合衆国の地域区分
　　　出所：高村宏子他編『アメリカ合衆国とは何か』雄山閣出版，1999年，14頁

選挙の年には，ニューハンプシャー州の予備選挙が全米で最も早く実施され，選挙結果を占うものとして国民の目が真っ先に注がれる。

東部諸州の中で，ロードアイランド，コネティカット，マサチューセッツ，ニューハンプシャー，メイン，ヴァーモントの6州を「ニューイングランド」と呼ぶことが慣例化している。「ニューイングランド」は，17世紀にイギリスから信仰の自由を求めて植民活動が盛んに行なわれ，ピューリタニズムの伝統と生活様式を形成したところである。また，中部大西洋地域にあるニューヨーク，ペンシルヴェニア，ニュージャージーの各州には，ニューヨークやフィラデルフィアといった大都市があり，マサチューセッツ州のボストン，ワシントンDC（特別区），メリーランド州のボルティモアなどを含めて，世界でも有数のメガロポリスが形成されている。

写真1　合衆国のシンボル"自由の女神"
（筆者撮影，2001年）

②中西部

中西部地域に入るのは，一般的に五大湖周辺のオハイオ，ミシガン，アイオワ，イリノイ，ミネソタ，ウィスコンシン，インディアナの諸州であるが，ミズーリ州を含めて考える場合もある。この地域は全米の工業地帯として知られており，シカゴやデトロイトに代表されるように，自動車や鉄鋼などの重工業，および各種の製造業が飛躍的に発展してアメリカの繁栄を支えてきた。その一方で，中西部の北半分は「ニューイングランド」につながる世界的な酪農地帯となっており，オハイオ州からミズーリ州，さらにサウスダコタ州やネブラスカ州に至る地域は，"コーン・ベルト"と呼ばれて世界最大のトウモロコシの生産量を誇っている。

もともと，中西部地域の諸州は17世紀から18世紀にかけてフランス領であり，先住民との毛皮交易が盛んなところであった。しかし，19世紀に入ると東部の人々の移住が顕著になり，ヨーロッパの伝統とは異なる，実用主義と合理主義に徹したアメリカ的な生活スタイルが形成されることになったのである。

③西部

西部の範囲は時代とともに変化してきたため，この地域を定義づけることは非常に難しい。そのため，ミシシッピ川流域を含めた西方の土地を漠然と西部と呼んだり，インディアンと騎兵隊が衝突する舞台として西部のイメージができあがったりした。また，国勢調査局が開拓地と未開拓地の境界を「フロンティア」（1平方マイルあたりの人口が2～6人の地域）と定義していたので，この「フロンティア」と西部が同じような意味で使われることもあった。一般的な西部のイメージは，多くの人々が西漸運動によって西方へと移住し，開拓者の夢が次第に拡大したことによって形成されたといえるであろう。

ロッキー山脈一帯に広がるアイダホ，ワイオミング，コロラド，ユタ，モンタナの諸州は，アイダホ州の馬鈴薯を除くと農産物の栽培に適していないため，大部分が牧草地や未開拓地となっている。しかし，中西部との境界をなす，ノースダコタ，サウスダコタ，カンザス，ネブラスカ，オクラホマの諸州は，世界的に見ても小麦栽培の盛んな地域である。

④南西部

ネヴァダ，アリゾナ，ニューメキシコ，テキサスの4州を含む南西部は，16世紀から18世紀にかけてスペイン領であった地域であり，全般的に広大な乾燥地帯となっているところである。その後，この地域はスペインから独立してメキシコ領となっていたが，合衆国は，1845年にテキサスを併合するとともに，1848年に他の地域をメキシコとの戦争（米墨戦争）によって獲得した。

南西部では，灌漑技術や灌漑施設の進歩によって，河川から水を引いたり，地下水をくみ上げたりすることが可能となったため，人々の社会生活が合理的になり，宇宙開発産業やハイテク産業の発達したテキサス州のように，人口増加と経済成長の著しい"サン・ベルト"地帯の一翼を担う地域も現れた。近年，この地域はメキシコからの移住者が急増したため，英語のほかにスペイン語が飛び交い，メキシコ風文化の溢れたところとなっている。それとともに，南西

部諸州の中にはアリゾナ州やネヴァダ州のように,先住アメリカ人(アメリカ・インディアン)の生活や文化の影響を強く受けている地域も多く,歴史的な文化遺産の保存や管理が熱心に行なわれている。

⑤南部

　南部の範囲を定義することは西部と同様に難しいが,南北戦争前の奴隷州と重なる地域のうち,南西部に属するテキサス州を除いた諸州を南部と呼ぶのが一般的であろう。具体的には,ペンシルヴァニア州南端の州境(メイソン・ディクソン・ライン),およびオハイオ川より南の諸州が南部と考えられるが,さらに,これらの地域の南半分を「深南部」(Deep South)と呼んで区別する場合もある。

　南部地域では,植民地時代からプランテーション農業が経済基盤となっており,奴隷労働に基づいて綿花やタバコが大規模に栽培されてきた。やさしいアクセントでゆっくり話す南部なまりの英語,深いポーチとヨーロッパ風の調度品に彩られたプランターの邸宅などは,南部独特のイメージと雰囲気を表わすものであったが,一方で,奴隷制度や人種差別の厳しい現実が今日まで南部社会につきまとってきたことを忘れてはならない。

　しかし,第二次世界大戦後の南部社会は工業化が著しく進展し,南部の古きよき伝統やマイナス・イメージを払拭するかの如く大きな変貌を遂げた。特に,1973年のオイル・ショック以後,南部地域に進出する企業が増え,人口の流入と経済成長が加速化したため,南部の都市がビジネスの拠点になり始めた。高層ビルの立ち並ぶジョージア州アトランタは,そんな南部社会の変化を象徴する都市といえるであろう。

⑥西海岸

　西海岸地域に含まれるのはカリフォルニア,オレゴン,ワシントンの3州であり,ここは全体として海洋性気候の地域であるけれども,北半分は降水量が多く,それに比べると南半分はかなり乾燥した気候となっている。北のワシントン州やオレゴン州では,豊かな自然環境と水資源のもとで,材木業のほか,小麦,馬鈴薯,果樹などの農産物の生産も盛んである。また,南に位置するカリフォルニア州は,果物や野菜の栽培,酪農製品や肉牛の生産などが盛んな地域であり,農業生産額では全米一の地位を誇っているところである。その他,

カリフォルニア米やカリフォルニア・ワインは，日本でも馴染み深いものとなっている。

カリフォルニア州の人口は，1964年にニューヨーク州を抜いて全米でトップとなった。歴史的に見ると，カリフォルニア州に日本人や中国人などのアジア系の人々が多く移民したため，サンフランシスコやロサンゼルスでは，現在でも，その子孫を含めて日本人町やチャイナタウンが形成されている。また近年，カリフォルニア州の南部では，ヒスパニックと呼ばれる，スペイン語を話すメキシコや中南米からの移住者・不法移民が急増したため，言語教育や社会保障の面で様々な社会問題が起きている。

サンフランシスコは，さわやかな気候と美しい景観に恵まれ，年間200万人もの観光客を引きつける国際都市である。また，サンフランシスコ湾の南側に位置するサンノゼ付近は，今日"シリコン・バレー"と呼ばれるようになり，ハイテク産業の中心地として発展を続けてきた。そして，同じように恵まれた風土をもつロサンゼルスは，アメリカ最大の工業地帯の中心をなしており，航空機，自動車，通信・コンピュータなどの産業が盛んである。

2）カナダ

カナダは，長い間10の州（province）と二つの準州（テリトリー，territory）で構成されてきたが，1999年に先住民の自治を目指したヌナブット準州が創設されたため，現在は準州が三つ存在する。一般的には，国土面積の広さと寒冷な気候がカナダの自然を特徴づけているが，先進工業国の中では天然資源に恵まれた国である。カナダの地形は，東部大西洋岸のあまり高くないアパラチア地域，西部太平洋岸の高く険しいコルディエラ地域，この両者に挟まれたカナダ北極海諸島とハドソン湾低地，カナダ楯状地（ローレンシア台地），セント・ローレンス川沿岸低地，グレート・プレーンズ（内陸平原）の六つに分けることができる。

大西洋岸諸州は，主に林業と製紙業に依存しながら，低賃金・低成長が長く続いてきたところである。ケベック州とオンタリオ州を含む中央カナダ南部地域にはセントローレンス低地があり，カナダで最も重要な農業地帯であるとともに，工業製品の約4分の3が生産される地域となっている。そのため，セントローレンス低地にカナダ全体の約60％にものぼる人々が生活し，トロント，

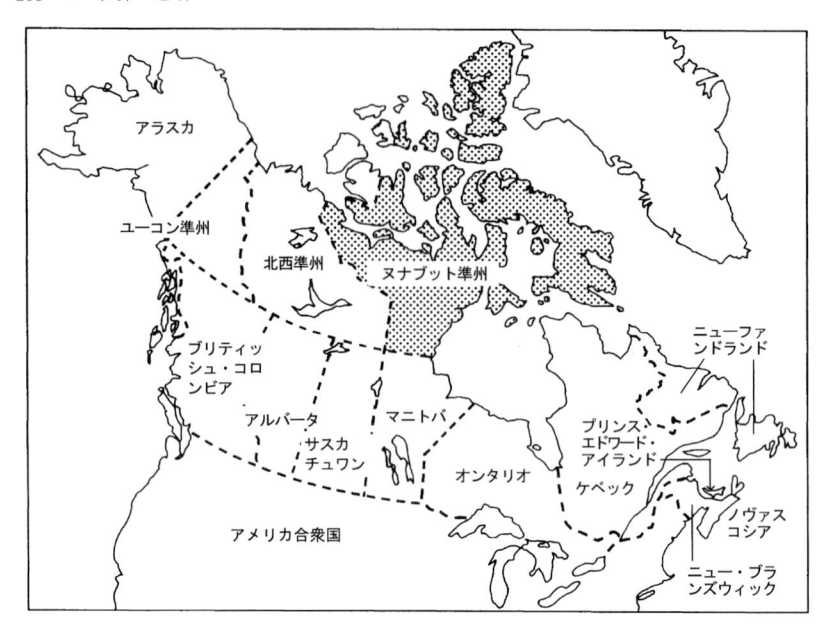

図2 カナダの地域区分
出所：日本カナダ学会編『資料が語るカナダ』有斐閣，1997年，331頁

モントリオール，オタワなどの中核都市が形成され，カナダの政治や経済の中心をなしている。

　西部太平洋岸の地域は，温暖多雨の気候で森林地帯が多く，ブリティッシュ・コロンビア州とユーコン準州は，林業，漁業，鉱業などが盛んである。また，グレート・プレーンズにはマニトバ，サスカチュワン，アルバータの三つの州があり，小麦，豆類，亜麻などの栽培と酪農などが行なわれるとともに，石油，天然ガス，石炭，岩塩，硫黄などのエネルギー資源や鉱物資源を採掘している。そして北方地方には，荒野と森林の続くカナダ楯状地，イヌイット（エスキモー）やアメリカ先住民の故郷である北西準州などがあり，林業や鉱業などが主な産業となっている。

2．北アメリカの民族・人種・出身地の構成

(1) アメリカ合衆国

　合衆国は10年ごとに国勢調査を行ない，詳細な人口統計を発表している。1990年の国勢調査によれば，最も多い白人人口は全体の約80%を占め，黒人とインディアンの人口は，それぞれ約12%と約0.8%となっている。

　アメリカでは，「1965年改正移民法」によって国別割当制度が撤廃されたため，かつてのヨーロッパからの移民が激減し，かわってアジア系や中南米系の移民が急増した。特に，スペイン語を母国語とするヒスパニックは，1990年の国勢調査では約2235万人（全人口の約9%）にものぼり，国別に見ると，メキシコ，プエルトリコ，キューバからの移民が多い。アジア系の人々は約727万人（全人口の約2.9%）を占め，中国，フィリピン，韓国などからの移民が多く，日系人も約85万人（全人口の約0.3%）にのぼる。

　アメリカに住む人々の大きな特徴は，いうまでもなくその民族的・人種的多様性であり，いわゆるアメリカン・インディアンを除けば，すべて他の国や地域からの移住者である。そのため，アメリカ人とは何か，どうしたら真のアメリカ人になれるのかというアイデンティティの問題が，個人はもちろんのこと，いつも社会全体の切実な課題となってきた。

　歴史の浅いアメリカが社会的に統合されるためには，同じような信条や価値基準，さらには生活様式などを共有することが必要であった。イギリス系アメリカ人は最初にそのような価値体系を身につけ，主にワスプ（WASP：白人・アングロサクソン・プロテスタント）が同化して「人種のるつぼ」となり，次第にアメリカ社会を形成してきたと考えられた。しかし，19世紀末から民族や移民の構成がますます多様化し，1960年代に黒人の公民権運動などが高揚すると，多くのマイノリティ集団の間に，それぞれのアイデンティティや固有な文化の違いを認め合いながら共存していくという，「サラダ・ボウル」型の社会を共有する考え方が強まってきた。

　私たちは，現在でも黒人やインディアンに対する差別・迫害を忘れることができないが，今日のカリフォルニア州とテキサス州に顕著に見られるように，1980年から1990年の間に全米で約53%も増加したヒスパニック系の人々をな

いがしろにはできない。というのは，21世紀初頭にヒスパニックがアメリカ最大のマイノリティとなると予想されるからである。

(2) カナダ

　カナダも，アメリカと同じように移民によって形成された，多様な民族構成の国である。フランス人は，17世紀の初めに植民地の建設に乗りだした時，まず先住民のインディアン（ミクマク族）に出会ったが，現在イヌイットを含む先住民の数は約47万人ほどで，全人口の約1.7％を占めている。混血していない，シングル・オリジンの集団に限れば，イギリス系の人口比率は今や約20.8％ほどでしかないが，カナダ人の約60％は英語を母語としている。また，フランス系の人口比率は約22.7％であり，仏語を母語としている人々も全体の約24.1％にとどまっている。

　近年，カナダではイギリス系やフランス系以外の人々の比率が高まり，多民族化・非ヨーロッパ化の傾向がますます強まってきた。特に，1998年の香港返還に影響されて，ブリティッシュ・コロンビア州を中心に中国系の人々の増加が著しく，全人口の約1.8％を占めるまでになった。また，複数の民族の血をひくマルチプル・オリジンの人々の割合も増加し，1991年の統計では全人口の約28.9％にまで達した。

　フランス系カナダ人は，イギリス植民地が形成される150年も前からカナダに住んでいたこともあって，ケベック州などを中心にフランス語の使用と教育を求める運動を長い間続けてきた。その結果，1963年に自由党のピアソン内閣が二言語・二文化政府委員会の設置を決定し，1969年には公用語法が制定されて英語とフランス語が公用語として認定された。

　しかしケベック州では，州固有の主権獲得とカナダとの連合を唱えるケベック党が1976年に州政権を握り，翌年定めたフランス語憲章に基づいてフランス語を州内唯一の公用語と決定した。すると，ケベック州では分離・独立の動きがますます強まり，1980年と1995年には主権・連合（提携）の賛否を問う州民投票が実施された。結果的には，2回とも分離・独立に対して反対派の勝利に終わったが，1995年の時は賛否の差がわずか1.2％に過ぎなかった。

　カナダは1971年以来多文化主義をとってきており，「1982年憲法」の「権利

と自由の章典」は，民族的出自による差別を禁止するとともに，カナダの多文化的伝統を保持・促進することを明文化した。その結果，1988年には世界で初めて「多文化主義法」が採択され，1996年には「先住民問題調査委員会」が報告書をまとめ，過去の同化政策の誤りと今後の対策について提言を行なった。

3. 北アメリカの政治制度・政治機構

(1) アメリカ合衆国

　連邦政府の権限は，憲法の条文に列挙された事項に限られており，それ以外の事柄はすべて州および国民に留保されている。したがって，連邦政府が権力を行使する場合，その根拠が必ず憲法の条項に含まれていなければならず，連邦議会が制定する法律も，当然のことながら憲法に認められた範囲内のものでなければならない。

　連邦議会は上院と下院の2院で構成され，上院議員（任期6年）は各州2名ずつで計100名となっており，下院議員（任期2年）の議員数は人口に比例して決められ，現在の総数は435名である。大統領は，行政府の首長であるとともに，対外的に国家を代表する元首であり，陸海空3軍を統率する最高司令官でもある。なお，大統領の任期は4年であり，2期を超えて選ばれることはできない。そして行政府には，省庁，大統領府，大統領直属の独立諸機関，という三つに大別される巨大な官僚機構が設けられている。

　アメリカの裁判所は，連邦裁判所の系列と州裁判所の系列とに分かれている。連邦裁判所は連邦憲法や連邦法の違反事件などを審理し，州法をめぐる事件は，各州の州裁判所で扱われることになっている。裁判は原則として陪審制がとられており，無作為の抽出リストから選定された一般市民が係争事項の審理に参加する。

　アメリカは2大政党の国であり，1860年以降は民主党と共和党が対抗して政治を運営してきた。第三政党は，1912年の革新党，1924年の革新党，1968年の独立党が一般投票数の1割以上を得たことを除けば，その影響力は著しく弱いが，˙1992年に改革党のロス・ペローが約19％を得たことは注目に値する。

1980年の大統領選挙では，共和党のロナルド・レーガンが華々しい当選を果たし，その後共和党政権の時代が12年間続いたが，1992年にビル・クリントンの勝利によって民主党政権が8年間続いた。ところが，2000年の大統領選挙は未曾有の大接戦となり，フロリダ州の集計結果をめぐって前代未聞の大混乱が起こり，結果的には共和党候補のジョージ・ブッシュJRが第43代の大統領に当選した。

近年，2大政党に政策上の違いがますます少なくなり，選挙で有権者に対立軸を示すことができなくなっている。今日のアメリカ2大政党は，4年ごと（うるう年）に行なわれる大統領選挙，その真ん中で2年ごとに実施される中間選挙などで，政党としてのアイデンティティを問われ，新たな脱皮を迫られているいうべきであろう。

写真2　連邦政治の舞台"連邦議事堂"
（筆者撮影，2001年）

(2) カナダ

イギリスの植民地から次第に発展してきたカナダは，法的には長い間イギリスに従属した状態が続いた。それは，1867年にイギリス議会で制定された「英領北アメリカ法」が，部分的な修正は行なわれたものの，120年近く統治上の基本法として維持されてきたことに如実に表われている。しかし，ピエール・トルドー首相の指導力によって，1981年11月に開かれた連邦・州憲法会議で合意が実現し，カナダは，1982年4月に自主的な「1982年憲法」をもつことになった。

連邦行政府は，イギリス国王の代行者としての総督（内閣の任命によるカナダ人）と，首相を含めて24名（1996年）の閣僚を有する内閣で構成される。

議院内閣制度に基づいて，下院の第一党の党首は総督の任命により組閣を行ない，各省の大臣である閣僚は下院から，無任所大臣は上院から選任されることになっている。

立法府も，イギリス国王代理の総督と上下両院で構成される。上院の議席は104で，地域代表として総督により任命される。上院は公共支出や課税を伴う法案の発議権がなく，予算案も拒否することはできない。下院の議席は現在301であるが，人口比で変動することになっている。司法府は連邦最高裁判所と連邦裁判所で構成されており，後者は，1875年に創設されたカナダ財務裁判所を受け継いだものである。

カナダでは，19世紀以来，2大政党の自由党と進歩保守党が政治的な伝統をもち，それぞれグリット，トーリーと呼ばれてきた。しかし，1993年10月の総選挙で進歩保守党が歴史的な大敗北を喫したため，2大政党制の伝統が崩壊した。この時自由党が勝利したことにより，クレティエン政権が発足し，1997年の総選挙で自由党はやや議席数を後退させたものの，引き続き党首のジャン・クレティエンは政権を維持した。クレティエン政権は，97年度予算で財政赤字をゼロにして約30年ぶりに財政の健全化に成功し，2000年11月の繰り上げ総選挙でも，自由党が約41％の得票率を獲得して圧勝した。

4．北アメリカの経済

(1) アメリカ合衆国

合衆国の経済は1991年3月から景気拡大のサイクルに入ったといわれ，1997年から3年連続して4％台の成長を記録し，高成長・低失業率・低インフレの持続的成長を実現する経済構造になったと思われた。このような経済成長は，電気通信・ハイテク・情報などの産業分野が活況を呈し，アメリカが世界経済のリード役を果たしてきたからに他ならない。

ところが，2000年前半は四半期ベースで4.8％，5.6％の高成長が加速したものの，同年の後半になると，景気過熱感とインフレ懸念が高まり，数年間名目2％台であった物価上昇率も確実な上昇傾向に転じた。その結果，民間の住宅

建設，企業の設備投資，さらには個人消費の伸びが鈍化し始め，2000年の第三・第四半期の成長率は，それぞれ2.2%，1.0%と急激に落ち込んだ。こうした事態の背景には，1999年6月から6回にわたって実施された利上げの影響，同じ1999年に起こった石油輸出国機構（OPEC）の減産と石油価格の高騰なども考えられるが，ハイテク・情報産業を追い風にした，いわゆる"ITバブル"が限界にきていたというのが実情であろう。

21世紀の幕開けとともに，連邦準備制度理事会（FRB）は，ブッシュ政権の発足前に連続して金利の引き下げを断行したが，すでにアメリカが景気後退の局面に入っていることは疑いないところである。そのため，レイオフや人員削減などの雇用不安が次第に目立ち始め，2001年9月に起こったテロ事件の影響も重なって，アメリカ経済の先行きとブッシュ政権の前途には不安材料があまりにも多い。

(2) カナダ

カナダの国内総生産（GDP）は，1997年：6077億ドル，98年：6265億ドル，99年：6528億ドルと順調に拡大し，その伸び率も，97年：4.0%，98年：3.1%，99年：4.2%となった。その結果，カナダ・ドルに換算したGDPが1兆ドルを超えたため，カナダは，最先進国諸国で構成される「1兆ドルクラブ」の仲間入りを果たした。また貿易の面でも，1999年は輸出：11.1%増，輸入：7.2%増と伸び，特にアメリカ向けの輸出が約14.2%も増加した。

しかし，2000年の経済成長率は4.7%と引き続き高い伸び率を維持することができたものの，エネルギー価格の高騰や消費者物価指数の上昇に見られるインフレ懸念とともに，顕著になり始めた合衆国経済の減速によって，カナダの2001年の成長率は約3%に低下すると見られている。すでに，景気減速の兆候は機械や電気通信機器の輸出減，企業の減産，一時帰休などに表われ始めており，政府は，2001年1月より個人所得税の引き下げを含む景気刺激策を実施に移した。さらにカナダ銀行も，2001年3月，アメリカに追随する形で公定歩合を0.5%引き下げ，金融緩和による景気の下支えを行なった。

(3) 北米自由貿易協定（NAFTA）

　合衆国とカナダ，それにメキシコの3国は，ヨーロッパ共同体（EC）の拡大・強化など，1980年代に見られた経済統合の動きに刺激されて，北米地域に自由貿易の経済圏を樹立するために，1994年1月に北米自由貿易協定（NAFTA）を発効させた。NAFTAによって，メキシコは直接投資と輸出の拡大を期待し，カナダは1989年に締結した米加自由貿易協定の既得権益を確保することができ，合衆国は，日本やEUと対抗する上でメキシコを含む中南米諸国との経済関係を強化することになるという見通しをもった。こうしてNAFTAは，10～15年の間に加盟国の関税を段階的に撤廃しながら，貿易，投資，金融などの面で連携や協力を強化し，欧州連合（EU）を上回る統一市場をめざしている。

参考文献

阿部齋，五十嵐武士編『アメリカ研究案内』東京大学出版会，1998年

大原祐子『カナダ現代史』山川出版社，1981年

加藤普章『多元国家カナダの実験』未来社，1990年

合衆国商務省センサス局編（鳥居泰彦監訳）『現代アメリカデータ総覧 1997/1998』東洋書林，1998/1999

河内信幸『現代アメリカの諸相』中部日本教育文化会，1991年

川島浩平他編『地図でよむアメリカ―歴史と現在』雄山閣出版，1999年

高村宏子他編『アメリカ合衆国とは何か』雄山閣出版，1999年

D・フランシス，木村和男編『カナダの地域と民族』同文館，1993年

日本カナダ学会編『資料が語るカナダ』有斐閣，1997年

2−14 ラテンアメリカ―人種と文化の混淆―　〔アメリカ〕

石井　章

1．地域概念と地域区分

　日本には「中南米」という言葉があり、「ラテンアメリカ」とほぼ重なって使われている。ここで二つの言葉の表わす内容を示しておこう。

　中南米とは、南北アメリカ州から北米（アメリカ合衆国本土〔本土以外にカリブ海に米領の島があるが、これは北米ではない〕、カナダ、グリーンランド）を除いた部分である。すなわち地理的な区分である。

　ラテンアメリカとは、ラテン系ヨーロッパ（スペイン、ポルトガル、フランス）人によって植民地化され、したがってラテン系ヨーロッパ文化の影響を強く受けているところである。こちらは歴史的・文化的な地域概念である。

　ラテンアメリカの主要国は19世紀の前半に独立を達成し（スペイン領から16カ国、ポルトガル領からブラジル、フランス領からハイチ）、20世紀の初めにキューバとパナマが独立した。第二次世界大戦終了時まではこの地域の独立国はこれら20カ国で、いずれもラテン系であったが、その後カリブ海地域を中心に旧英領、旧オランダ領の13カ国が独立した。これらの新興独立国はラテン系ではない。そこで後者も含めた地域名称として出てきたのがラテンアメリカ・カリブ（Latin America and the Caribbean［英語］、América Latina y el Caribe［スペイン語］）という呼称である。

　中南米＝ラテンアメリカ・カリブ地域をさらに区分すれば次のようになる（図1参照）。

中部アメリカ（Middle America）	メキシコ	1カ国
	中央アメリカ	7カ国
	カリブ海域	13カ国
南アメリカ（South America）	ブラジル	1カ国
	ギアナ諸国	2カ国

アンデス諸国　　　　　6カ国
南部諸国　　　　　　　3カ国

図1　ラテンアメリカの地域区分（筆者作成）
　　　注：括弧内は非独立地域

2．どんな人々が住んでいるのか

　南北アメリカ州は1492年にコロンブスによって「発見」されるまではヨーロッパ人にとって未知の世界であった。しかしそこは人跡未踏の地ではなく，すでに何世紀にもわたって先住民が暮らし，文明を築いていたのだ。今日インディオ（スペイン語），インディアン（英語）と呼ばれる先住民は，ベーリング海峡が陸続きであった最後の氷河期にユーラシア大陸からアメリカ大陸へ渡っ

てきた人々の子孫である。人種の分類でいうとモンゴロイドに属する。

　先住民の諸文明は,侵入してきたスペイン人によって16世紀前半に滅ぼされ,その後19世紀前半までの約300年間,中南米地域は主にスペインとポルトガルの植民地支配下に入る。ラテン系のヨーロッパ人が植民者として入植し,彼らと先住民との間に混血民（メスティーソと呼ばれる）が生まれた。さらに労働力としてアフリカから黒人奴隷が連れてこられ,一部の地域では黒人が人口の多数を占めるようになった。19世紀以後,ヨーロッパから新たな移民（ラテン系,非ラテン系を含む）が大勢入植し,さらにアジアからも中国人や日本人などが移民として入った。

インディオは民族名ではない

　新大陸の先住民を「インディオ」と呼ぶのはコロンブスの誤解に基づいている。コロンブスは西回りでアジアに到達する航路を求めて大西洋を西航し,陸地に到達したが,そこを未知の新世界だとは思わずアジアのインドだと誤解したために,そこの住民をインディオ（インド人の意味）と呼んだ。その後長年にわたりこの呼称が使われてきたが,これはあくまでヨーロッパ人の側からみた他称であって,彼らの自称ではない。最近はインディオに代わり「インディヘナ」（先住民,土着民の意味）という呼称もよく使われるようになった。

　いずれにせよ,インディオあるいはインディヘナという1種類の民族が存在するわけではない。先住民の間には多様な言語・文化をもった多種類の民族が存在する。

　今日のラテンアメリカを,住民の人種的構成からみて以下のように地域区分することができる。

A．インド・アメリカ（Indo-America）：ヨーロッパ人侵入以前に先住民の文明が栄えたところ（第3節参照）。
B．メスティーソ・アメリカ（Mestizo-America）：Aの周辺部で,混血民メスティーソが多い。

C．ユーロ・アメリカ（Euro-America）：南米南部の温帯地域と中米のコスタリカ。ヨーロッパ系が多い。
D．アフロ・アメリカ（Afro-America）：カリブ海域，中米の一部，南米の北部・北東部海岸地域等の熱帯。アフリカ系黒人が多い。

3．歴史の流れ

ラテンアメリカの歴史は，(1)先コロンブス時代，(2)植民地時代，(3)独立国家の時代の三つに区分できる。植民地時代が約300年，独立国家の時代がまだ200年に満たないのに対して，先コロンブス時代は数千年に及ぶ。

(1) 先コロンブス時代

先住民の古代文明が開花したのはメソ・アメリカ（メキシコ中部から中央アメリカの一部にかけての地域）と中央アンデス（南米のエクアドル，ペルー，ボリビアを中心とする地域）（図2）である。その他の地域には，より発展段階の低い先住民の生活があった。

新大陸の古代文明は通常，形成期，古典期，後古典期の三つの時期に区分される。A.D. 3世紀から9世紀にかけての古典期に最も華麗な文明が開花した。中でも特筆されるのがメソ・アメリカのマヤ文明で，独特の絵文字，正確な暦，熱帯密林の中の神殿建築などで知られる。マヤ文明の滅亡の原因は謎である。メキシコ中央高原のテオティワカン文明は壮大なピラミッドで知られる。15世紀末にコロンブスが到達した時点で栄えていたのは，メキシ

図2　先住民の古代文明が発達した2大地域（筆者作成）

写真1 グアテマラの市場にて
民族衣裳を身につけたマヤ系先住民（筆者撮影, 1990年）

写真2 アンデス地方原産の家畜リヤマ（手前の3頭）
（筆者撮影, 1990年）

コ中央部ではアステカ王国，中央アンデスではインカ帝国であった。両者は後古典期の文明に属する。

新大陸原産の栽培作物としては，トウモロコシ，インゲン豆，ジャガイモ，トマト，トウガラシ，タバコ，コカ（先住民の嗜好品，いまは麻薬コカインの原料にもなる）などがある。他方，小麦，米，コーヒー，ブドウといった作物，牛，馬，羊，豚といった家畜は，後に旧大陸から新大陸にもたらされた。また新大陸には鉄器の利用，車輪の利用，騎馬の習慣がなかった。

(2) 植民地時代

アステカ王国は1521年，インカ帝国は1532年にスペイン人に滅ぼされ，以後3世紀の間植民地支配下に入った。スペイン人は金・銀・銅などの地下資源を求め，鉱山開発のために先住民の労働力を収奪した。労働力としての酷使，旧世界からもたらされた新たな伝染病の蔓延(まんえん)などにより，植民地時代の初期に先住民の人口は激減した。植民地の各地で豊かな銀鉱脈が発見され，新大陸からスペイン経由でヨーロッパに大量の銀が送られた結果，17世紀のヨーロッパでは価格革命が引き起こされた。

スペイン人は植民地経営の拠点として都市を建設し，主にそこに居住した。一方農村部においては食糧供給基地として大農園（アシエンダ）を経営した。アシエンダの労働力はペオンと呼ばれる隷属的な先住民の農民である。アシエンダの領域外に先住民の村落共同体（コムニダ・インディヘナ）も存在した。

植民地時代に住民の混血化がすすみ，社会の上層を白人，中間層を混血民（メスティーソ），下層を先住民（インディオ）が占めるという階層構成ができあがった。カトリック教会は植民地社会の形成に大きな影響力を及ぼし，先住民のカトリックへの改宗が行なわれた。

もともと先住民の人口が少なかった地域（2節のユーロ・アメリカ）ではヨーロッパ人入植者の手により農場，牧場が開発された。

ポルトガル領植民地のブラジルは，地下資源に乏しかったため当初は開発が遅れたが，16世紀後半には北東部海岸地方で製糖業が確立し，17世紀を通じて製糖業は基幹産業となった。エンジェーニョと呼ばれる砂糖農園が生産の拠点であり，労働力は黒人奴隷に依存した。その後，内陸部で金とダイヤモンド

の鉱山が発見され，18世紀にはブラジル内陸部の開発がすすめられた。

(3) 独立国家の時代

19世紀の初めに植民地宗主国（スペイン，ポルトガル）がナポレオンの侵略を受けて混乱している機会に，植民地では独立運動が盛り上がり，1811年から28年の間にスペインの植民地から9の共和国が分離・独立した。ブラジルは1822年に独立したが，ポルトガルの皇太子を皇帝に担いで帝国となった（1889年に共和制に移行）。こうした独立の意味するものは，植民地生まれの白人（クリオーリョ）が本国からの政治的独立を勝ち取ったということであって，被抑圧者であるインディオが白人支配から脱して自立を達成したことではない。独立後も社会の基本構造は大きく変わらなかった。

スペイン系諸国では独立後しばらくの間，国家の基本体制をめぐって保守派と自由派が対立抗争を繰り返し，政治は混乱したが，19世紀半ばには自由派が勝利をおさめ，オリガルキー（寡頭支配層）と呼ばれる少数の新しい支配者層が政治・経済の実権を握った。彼らは欧米諸国をモデルに，外国資本を積極的に導入して経済発展と国の近代化を目指した。ABCM（アルゼンチン，ブラジル，チリ，メキシコ）の4国がラテンアメリカの大国として発展した。労働力が不足した国（特に南米南部のアルゼンチン，ブラジル，ウルグアイ）はヨーロッパから移民を大量に受け入れた。

外資による経済発展は，欧米市場に直結した特定の一次産品を輸出するモノカルチャー経済構造を

写真3　コスタリカの少女
独立記念日に赤・白・青（国旗の3色）のドレスを着て（筆者撮影，2001年）

もたらし，経済発展の一方で対外従属的な構造が形成された。

4．政治の特質

ラテンアメリカの政治といえば，すぐ独裁政権や軍事政権，クーデターや革命や内戦を連想するであろう。これらはラテンアメリカに固有のものであり，避けられないのだろうか。安定した議会制民主主義はこの地域に根づかないのだろうか。

ラテンアメリカは他の発展途上国と比べて，19世紀前半という比較的早い時期に政治的独立を達成した。19世紀後半以後，一次産品の輸出を背景に経済力を蓄えた少数の富裕者層（オリガルキー）が台頭し，政治権力を握った。オリガルキーによる政治・経済権力の寡占と独裁政権，軍事政権とは無縁ではない。

20世紀に入ると，近代化，都市化に伴い中間層，都市民衆層が台頭し，新たに政治の表舞台に登場した。彼らを中心に，外資と結びついたオリガルキーの寡占支配体制に対抗する民族主義的な運動が起こった。中間層出身の指導者が民衆を支持基盤として政権を掌握し，民族主義的な政策や社会福祉を実現する運動をポピュリズム（ポプリスモ）という。いくつかの国でポピュリズムの政権が登場した。

メキシコでは19世紀後半から20世紀初頭にかけて続いたポルフィリオ・ディアス長期独裁政権のもとで国内の貧富の格差，社会の矛盾が高まり，1910年にメキシコ革命が勃発した。革命後の動乱の時期を経て，政治・経済の基本体制が整い，政治的安定期に入ったが，革命によって既得権を得た層が実権を握り，単一の与党，制度的革命党（PRI）が1929年から2000年まで政権を独占した。

1960年代中頃からラテンアメリカ諸国（旧英領の新興独立国は除く）は少数の例外（メキシコ，コロンビア，ベネズエラ，コスタリカ）を除き軒並み軍事政権に移行した。その背景として，第一にあげられるのが東西冷戦の影響，なかんずくキューバ革命のインパクトである。共産主義，革命の危機から体制を擁護するという立場から軍政が登場した。第二にポピュリズムに固有の編入型

> **おお！　哀れなメキシコよ**
>
> 　「おお！哀れなメキシコよ，おまえはなんと神の国から遠く，なんと北米（アメリカ合衆国）から近いことか！」メキシコ人なら誰でも知っているこの常套句は，19世紀後半から20世紀初頭にかけて長期独裁政権をしいたポルフィリオ・ディアス大統領の言葉である。ディアス大統領はけっして反米民族主義者ではない。米国資本を積極的に導入して自国の経済発展を図る政策をとった人だ。それだけにこの言葉はかえって痛切だ。
>
> 　メキシコは19世紀中頃，対米戦争に敗れて広大な「北方領土」をアメリカに奪われた。「いまかつての"北方領土"に大勢のメキシコ人が移住して領土を取り戻しつつあるのだ。」メキシコ人は自嘲的ともいえるこんな小話で北方の巨人にせめて一矢報いようとする。
>
> 　超大国アメリカの力を世界で誰よりもよく知っているのがメキシコ（人）ではないだろうか。アメリカと長年国境を接して暮らしながら，自らのアイデンティティを決して失わないでいるメキシコ（人）を私は立派だと思う。

（異なる階層を体制に取り込む）政治が限界に達したことがあげられる。60年代以後の南米の主要国の軍政は，個人独裁色の強い旧来の軍政とは異なり，高度に官僚化した軍が独自の開発戦略や安全保障のビジョンをもって政治に介入するという形態をとった。とはいえ選挙と議会制に基づかない非民主的な統治の形態であることに変わりなく，反対勢力を武力で抑圧し，甚大な人権侵害を生じた。

　1980年代を通じて軍政から民政への移管が行なわれ，90年のチリの民政移管を最後に，ラテンアメリカに軍政の国はなくなった。現在キューバの革命政権を除き，ラテンアメリカのすべての国の政権は選挙を経て成立したものである。

5．経済の変遷

(1) 一次産品輸出経済

　19世紀の後半から1930年頃までのラテンアメリカの経済は，一次産品の輸出に基礎をおいた自由主義経済によって特徴づけられる。これは生産・貿易に関する規制を撤廃し，外国から資本・技術・労働力を導入して，比較優位をもつ一次産品（農業・牧畜・鉱業生産物）の輸出に特化するというものである。自由貿易体制を前提とした外向きの開発戦略といえる。輸出産品は国により様々であるが，主たる輸出産品によって以下の三つのグループに分けることができる。

A．温帯農産物輸出国：アルゼンチン，ウルグアイ
　　　　輸出産品：食肉，羊毛，小麦など
B．熱帯農産物輸出国：ブラジル，コロンビア，エクアドル，中央アメリカ，
　　　　　　　　　　カリブ諸国
　　　　輸出産品：コーヒー，バナナ，綿，砂糖など
C．鉱産物輸出国：メキシコ，チリ，ペルー，ボリビア，ベネズエラ
　　　　輸出産品：銀，銅，錫，硝石，石油

(2) 輸入代替工業化

　1929年に始まる世界大恐慌は，一次産品輸出に依存するラテンアメリカ経済に大きな打撃を与えた。さらに第二次世界大戦の影響で先進諸国からの工業製品の輸入が激減したことにより，ラテンアメリカ諸国は新たな経済政策の採用を余儀なくされた。そこで登場したのが，輸入工業製品を国内製品で代替し，経済的自立を目ざすという輸入代替工業化政策である。これは保護主義的な貿易政策に基づく内向きの開発戦略であり，経済ナショナリズムと結びつく。基幹産業の国有化など，経済に対する国家の介入を必然的に伴う。

　輸入代替工業化の時期においても，工業化に必要な外貨を稼ぐためには一次産品の輸出に依存せざるをえず，それが経済発展の制約条件となる。また国家の経済への介入により，公共部門が肥大化し財政赤字が増大するなど様々な問題が生じ，やがてこの政策も破綻をきたした。

(3) 新自由主義経済

1982年のメキシコの金融危機を契機に，経済危機は各国に飛び火し，1980年代のラテンアメリカは「失われた10年」と呼ばれる経済停滞を経験した。80年代の後半から，輸入代替工業化の隘路（あいろ）を克服し，経済危機から脱出するための方策として，再び外向きの経済自由化政策がとられた。新自由主義経済政策である。具体的には，貿易の自由化，外資に対する規制の緩和，国・公営企業の民営化などをその内容とする。要するに経済に対する国家の役割を縮小し，自由市場の役割を重視する，というものである。国内市場向けの輸入代替工業化と異なり，輸出志向の工業化が目指される。しかし新自由主義経済は弱者に対するしわ寄せを必然的に伴い，貧富の格差がますます拡大するといった問題を生じている。

6．民族と文化

世界の他の地域（アジア，ヨーロッパ，アフリカ）と比べた場合，ラテンアメリカは域内の共通性が大きい。それは第1節で述べたように，この地域がラテン系ヨーロッパ人によって植民地化され，その文化的影響を強く受けているためである。中でも言語（スペイン語，ポルトガル語）と宗教（カトリック）の面での共通性が重要である。スペイン語を母語とする人口はラテンアメリカ18カ国で3億人強，ポルトガル語を母語とする人口はブラジル1国で1億6000万人にものぼる。一方で域内の国家間の差異や，同一国内での階層間の差異，経済的格差も大きい。

ラテンアメリカは基本的に階層社会である。それにもかかわらず，すべての階層に共通した文化価値体系を指摘することができる。しかしこれはあくまでラテン系の民族，および文化的にその影響を強く受けた混血民（メスティーソ）について当てはまるのであって，最大のマイノリティ集団である先住民（インディオ）については当てはまらない。多くの先住民人口を擁する国，南米のペルー，ボリビア，エクアドルや中米のグアテマラにおいては，先住民と非先住民の間で文化価値観，社会の様態は相当に異なっている。

今日，先住民を他と区分するのは，使用言語によるのが普通である。先住民系の言語を使用する人口は合わせて3000万人以上いる。その中にはスペイン語も同時に話すバイリンガルの者も含まれる。先住民系言語で話者の多いのは，ケチュア語（ペルー，エクアドル，ボリビア），アイマラ語（ボリビア，ペルー），グアラニー語（パラグアイ），ナワトル語（メキシコ），キチェ語（グアテマラ）マプーチェ語（チリ）等である。ケチュア語とアイマラ語の話者は，往年のインカ帝国の国民の子孫，ナワトル語の話者はアステカ文明，キチェ語の話者はマヤ文明を築いた人たちの子孫である。

植民地時代以来の人種的混血化（メスティーソ化），社会の統合化，文化的一元化の過程で，先住民の文化は大きな変容を受けたが，一部の先住民族集団はその文化的アイデンティティを保持しえた。彼らにはその基盤となる生活領域，共同体があったからだ。それに対して奴隷として連れてこられたアフリカ系諸民族は，出身地の地域社会や民族的紐帯から切り離されたために，民族の伝統文化を保持しえなかった。ただしアフリカ起源の文化要素は，食物，料理，音楽，舞踊等に取り入れられ，今日のラテンアメリカ文化の重要な一部を構成している。

冷戦後の今日，世界の各地で民族をめぐる紛争が吹き荒れている。ラテンアメリカはそうした民族紛争からは比較的距離があるようにみえる。しかし近年一部の国では，反政府ゲリラ鎮圧の過程で先住民族に対する凄惨な弾圧が行なわれたり，開発に伴い先住民の居住環境が破壊されたりしていることも事実である。そしてなによりも歴史上，大規模な民族の殺戮が行なわれたことを忘れてはならない。

参考文献

大貫良夫他監修『ラテン・アメリカを知る事典』新訂増補版，平凡社，1999年
ラテン・アメリカ協会編『ラテン・アメリカ事典』ラテン・アメリカ協会，1996年
国本伊代，中川文雄編著『ラテンアメリカ研究への招待』新評論，1997年
国本伊代『概説ラテンアメリカ史』改訂新版，新評論，2001年
加茂雄三他『国際情勢ベーシックシリーズ　ラテンアメリカ』自由国民社，1999年
小池洋一他編『図説ラテンアメリカー開発の軌跡と展望ー』日本評論社，1999年

2−15　家族と男女関係の変動—比較日本研究の意義—

〔日本〕

U・メーワルト

1. 日本研究における家族の比較研究の意義

　家族というのは，人間の社会の基礎的な生活形態であることのみならず，日本の社会科学においては，家族における人間関係の構造はしばしば日本社会を説明するためのモデルとして挙げられてきた。このような学説は，例えば有賀喜左衛門の1943年の『日本家族制度と小作制度』における日本社会の構造に関する考え方（有賀 1966：707-710），川島武宜の『日本社会の家族的構成』と『イデオロギーとしての家族制度』（川島 1950, 1957）および中根千枝の『タテ社会の人間関係』（中根1967）に示されている。中根千枝の論説は多かれ少なかれ有賀の1943年の考え方を取り上げて，家と家連合としての同族団の構成原理を日本社会のあらゆる集団や組織の構造原理として提示した。中根の本は1968年以降，何度も外国語に翻訳されてきたので，彼女の論説は世界中から注目をあびた。

　有賀は1930年代の初め以降，日本の農村における家族制度と小作制度の関係について実証的な調査研究を行なった。有賀の出発点は「名子」という独自の小作形態の究明であったが，その分析によって東北の農村における大家族制度，家制度と複数の家から構成した同族団の構造や機能が注目されるようになった。有賀の分析の重要なポイントになったのは，それぞれの農家の歴史を追究する時に，その生活形態は繰り返して小家族の形態をとったり，大家族の形態をとったりして，時々その成員のうちに非血縁の奉公人を含んだり，あるいは血縁者のみを含むようになったりした。そして，このような農家の場合に，いつも二・三男，または奉公人を分家させて同族団を形成する傾向が強かった。このことから有賀は，日本の家族は一時的に近代的な小家族の形態をとることがあっても，いつでも血縁者に限られていない大家族的な「家」の形態に編成替えし，同族団を形成し得ることを日本における家族の特徴として推定した。この立場

に基づいて，有賀は後に日本の家族社会学の先駆者の戸田貞三とその弟子，特に喜多野清一を厳しく批判した。戸田と喜多野は家族の成員を血縁者に制限して，近代的な核家族を家族の普遍的な原型として理解し，日本における家を家父長制的大家族として把握した。これに対して有賀は，核家族は決して家族の普遍的な原型ではなく，日本における家の歴史を検討すれば，これはいつも様々な形態に編成することができ，いつも非血縁者を含みうるので，普遍的な理論よりも生活と歴史における事実上の家族形態の特質の分析から出発することが必要であると主張した（有賀 1986a, b；喜多野 1986a, b）。

　1960〜1970 年代，日本における家族研究では構造機能主義が支配的で，有賀の論点はほとんど無視されてきた。家族研究の大部分は戸田や喜多野の考え方に従って，家族を夫婦とその未婚の子供を中核とした近親者の小集団として定義した。しかし，1960 年代以降，ヨーロッパで行なった家族の歴史的研究の結果を考慮すれば，有賀の論点は重要なポイントを提供していたと思う。というのは，この成果に基づいて，ヨーロッパの家族社会学者の若い世代は，1970 年代において有賀とほぼ同じような批判を構造機能主義派の家族理論に対して行なったのである。

　有賀の研究対象になった日本における近世の家のみならず，近世中央ヨーロッパにおける家族形態も，近代的核家族とはかなり異なっていた。同時に，このような家族形態は家族社会学における前近代的家族，いわゆる家父長制的大家族として考えられたものとも違って，むしろ有賀の研究における日本の近世の家との共通点が多かった。このような家族形態は普通父，母と子供も含んでいたが，しかしその成員はこれに限られておらず，他の親族も非血縁者の奉公人も含んでいたことが通例であった。このような家族形態に対しては，フランス語で"maisonnée"，英語で"houseful"，ドイツ語で"ganzes Haus"，つまり「全き家」という用語が適用された。この昔の家族形態は原則として近親者に限られていなかったのは，現在の家族に比べて最も重要な相違であるかも知れない。例えば，ドイツの伝統的な農家の場合に，これは家長である農場の経営者の夫婦を中心として，その夫婦の子供の他に奉公人とその他の同居者の様々なグループも含んでいた。このような同居者は親戚と親族も含み得たが，普通は家長との親族関係を持たなかった。農場に住んでいた人々のすべては家

長の権力の下に置かれており，家長は彼らの行動に対して責任を持ち，農場を村落共同体の中で代表した。同じ屋根の下で住み，一緒に仕事し，一緒に食べる人々のすべては同じように家長の権力の下に置かれ，同じ義務と権利を持った。その内部においては，両親と子供からなる集団は別に区別されなかった。農民の場合には農場と「全き家」は不可分に結びついた，家のメンバーは絶えず代わりながら，祖先から子孫へ永遠に連続した存在として考えられた。現在のメンバーは，祖先と子孫に対する義務と責任を持つ一時的なメンバーでしかなかったと考えられた（メーワルト 1989）。都市に住んでいた商人と職人の家の場合にも，番頭と奉公人，若い徒弟（普通 10〜15 歳）と見習いを終えた職人が店主もしくは親方（マイスター）の家に住み，その家庭に属した成員であった。ドイツの場合，職人のマイスターの子供はツンフト（つまり同職組合，株仲間）の規則によって，自分の父親の徒弟になることが禁止されていた故に，通例として男の子は 10 歳で生まれた家と離れて，別のマイスターの徒弟になった。小農の場合にも，子供が 10 歳頃から別の農家の奉公人になることは通例であった。したがって，伝統的な「家」においては，普通子供がたくさんいたにもかかわらず，これは必ずしも家長の夫婦の子供であったわけではない。「全き家」の構成を決定した最も重要な要因は，家の生活周期とこれとの関連で変化しつつあった家業の労働力の需要であった。

　近世日本における家族も同様であった。江戸時代の初め以降に，いわゆる「近世の家」という家族的生活形態が，農民と町人の間に一般的なものになった。原則として，「近世の家」は，われわれが現在家族として理解するものの構成員の範囲を超える人間の共同生活の形態であり，これは家業に基づく生産と消費の単位として，普通奉公人，番頭なども含み，血縁者に限られていなかった。日本の場合にも，子供が 10 歳頃に自分の親の家と離れて別の家に奉公人，または徒弟になることは通例であった。有賀が幕末から昭和前期の農家の分析において指摘したとおり，日本における「近世の家」はとりあえず「労働組織」であった。つまり家の生活周期と季節別の労働力需要の相違に対応すべき労働組織によって，家の具体的な構成が決められた。日本における「近世の家」の最も目立つ特徴は，おそらく「同族団」のような「家連合」であった。「家連合」は一つの生活単位としての特殊な役割を担う家が，他の家と生活上の種々

の契機について結合している関係を意味する。家と家の間の協力がヨーロッパにおいても一般的に存在して，時々そのような関係は長期的な関係に発展していたにもかかわらず，これは普通，形式的な組織まで発展しなかった。特に同族団のようなものは，ヨーロッパにあまり見られなかった。ヨーロッパでは，17世紀末のフランスやイギリスの中産階級の上層において初めて近代的核家族が現われ，19世紀半ば以降，その他の社会階級にも普及し始めた。

　以上の話において二つのポイントが重要であると思う。第一に，ヨーロッパにおける家族の歴史的研究の成果から判断して，有賀喜左衛門の戸田，喜多野などの核家族の普遍性に対する批判は正しかったと思う。第二に，彼が日本における近世の家の特徴を家族社会学における近代家族に関する考え方と対比して，これを日本社会の特徴として把握することは誤解であったと思う。もちろん，有賀の研究成果はヨーロッパにおける家族の歴史的研究が始まった時より前に公刊されていたが，彼が日本における近世の家とヨーロッパの近代家族を対照的に把握した点に関しては，彼はそれぞれの家族形態の社会的な文脈を正しく考慮しておらず，その比較方法は不十分であったといわなければならない。日本における「近世の家」とヨーロッパにおける「近世の全き家」を正しく比較したら，日本における家族形態のみならず，日本社会の特徴もより正しく理解することが可能であったと思う。このポイントはもちろん近世の家族形態に限られていない。現在の家族と家族と関連する諸現象にも及んでいる。地域研究の目的が一つの地域における社会的・文化的な現象の特徴と他の地域との共通性を明らかにすることであるとするなら，地域研究は比較研究にならざるを得ない。

2．ヨーロッパと日本における近代家族とその男女役割分業モデルの発達

　われわれが現在家族として考えるのは，基本的には夫婦とその未婚の子供から構成された小集団である。時には，この集団は老年の祖父母も含む。外部に対して，この集団はプライバシーを守り，内部では，そのメンバーが愛情によって情緒的に結ばれている。これに加えて，多くの場合に夫が会社など外で働い

て，家族全員のための生計を稼ぎ，妻が子育てと家事に専念するような男女の役割分業も存在する。このような家族はいわゆる近代家族の理念である。歴史的に見て，この近代家族の理念はかなり新しい出来事である。

　17世紀の末以降のイギリスとフランスの社会，18世紀の末以降のドイツ社会において，この様な新しい家族観は，ブルジョアジー，つまり会社の経営者や国家の役人の上層などの中産階級の上層に現われた。そして19世紀に中産階級の上層・中層において支配的な家族理念になった。家業を持つ農民・職人や店主という中産階級の中・下層に比べて，この中産階級の上層はかなり裕福で，夫の職場が住居と離れ，夫の収入だけで家族を支えることが初めて可能になった。世帯がお手伝いさんと奉公人を含んだ時も，彼らの生活内容は世帯主の家族と離れた形をとった。子供の意識的な育児，つまり子供を計画的に教育することが必要であるという意識も初めてこの階級において広められた。

　19世紀半ばまで，商品の市場もまだあまり発達しておらず，だいたい原材料だけが売られていたので，日常生活のために必要なものの多くを家庭において作らなければならなかった。食料の保存，衣服などの製造と修繕，すべては家庭において主婦の指導の下で召使いや奉公人によって行なわれた。これに主婦の単独な仕事であった育児も加えなければならない。このような世帯をうまく運営することはかなりの仕事であった。

　19世紀の末まで，このような新しい家族理念を宣伝した人々は，これは裕福な中産階級だけにとって妥当な家族形態であり，下層において，夫婦は共働きをするのは当たり前だと考えた。中産階級に比べて，店主，職人，農民の場合には，妻が夫と同じように働かなければならなかった。工場の現場の労働者の場合には夫と妻のみならず，子供も若い頃から工場で働かなければ，家族の生計を稼ぐことが不可能であった。意識的な育児もこのような階級においてはあまり行なわれていなかった。老人や年上の子供は年下の子供の世話をし，子供が遊びながら徐々に仕事に参加するようになってきた。農民，職人などの多くの子供は10歳頃から奉公人もしくは職人の徒弟になり，労働者の子供の多くは現場で働くようになった。

　ヨーロッパにおいては，中産階級の上層・中層の家庭理念は，19世紀の半ば以降，急速に店主，職人や会社におけるホワイトカラー社員などに広まり，19

世紀の末以降，中産階級の社会改良主義家によって労働者階級においても広められてきた。しかし，この新しい家族理念が中産階級以外に一般的な家庭形態になったのは，第一次世界大戦の後であった。その背景には1920年代頃，ブルーカラー勤労者とホワイトカラー勤労者の労働組合の要求があった。組合は夫の給料が家族を支えるために十分な，いわゆる「家族給料」を要求し，労働者の家族の福祉のため，母親が家事と育児に専念することができるように，この要求は社会福祉の専門家と社会改良主義家によっても支持された。特に労働者階級の女性にとって，この新しい家族理念の実行は「家事」と「仕事」という二重負担の軽減を意味した。しかし，農民の場合には，このような家族理念を実行する余裕は，いまだなかったといってよい（落合1997，ミッテラウアー・ジーダー 1993）。

　日本においても，近代家族と，夫が外で働き，妻が育児と家事に専念するような男女役割分業の家庭理念は，歴史的に見てかなり新しい考え方である。江戸時代の農民と町人の間における生活の実状に当てはまらないような家庭理念である。人口のわずかの5％しか占めていなかった武士階級においては，儒教の影響に基づいてヨーロッパの中産階級の家族理念に似た考え方が存在した。明治時代以降，日本において工業化と近代化が進んでいったが，農民と職人，店主などの家庭においては，女性が一般的に家業で働いて，多くの場合に工場でも働いていた。けれども，明治時代以降の近代化に伴って，家族に関する法律が改定されてきたのみならず，家庭の理念像も変わっていった。このことは牟田和恵が『戦略としての家族』という本の中で示している。特にエリート，つまり高等教育機関の教員，高級官僚と会社の幹部サラリーマンの間における家庭理念が，一方では武士階級の家族観の強い影響を受けて，他方ではいち早く欧米における「近代家族」観の強い影響を受け，欧米のエリートに支配的であった「夫が外で働き，妻が家庭に専念する」ような，男女役割分業の家庭理念が採用されるようになった。この点は，特に1899年以降，文部省によって宣伝された「良妻賢母」という新しい女性理念に表われた。これは単に儒教の考え方と武士階級の伝統に基づいておらず，欧米の中産階級に支配的な育児観も取り入れて，育児の責任を姑から母親に転嫁した新しいイデオロギーであった（瀬地山1997：137，Uno 1999：42-46，牟田1996：117-121）。けれども，エ

リートを除いて，第二次世界大戦の末まで，日本における家庭の理念はむしろ家制度に基づいていたといわなければならない。日本の女性がほとんど家業や，工場の仕事と家事の仕事で，家の豊かさに非常に寄与したにもかかわらず，家制度においては，女性の地位は大変弱かったといわなければならない。

　家制度の場合には「戸主」つまり「家長」の法律的な地位が非常に強く，彼はすべての成員に対して全面的な権威と責任を持った。しかし，家の内部には，戸主との親族関係，年齢，性，家の系譜における地位などによって，権威の細分化されたヒエラルヒー（上下関係）の構造が存在した。女性の地位はまず戸主に従属したのみならず，女性は基本的に男性に従属したが，その他にも様々な従属が存在した。例えば，嫁はまず戸主の権威に従属し，続いて自分の夫，または姑に従属したが，彼女が根本的には余所者の地位を持ったので，戸主との血縁関係を持つすべての成員にも従属した。女性の法律上の地位は「無力者」のそれであった。例えば，妻は原則として自分の財産を持つことが可能であったが，彼女は自分の財産を管理する権利を持たず，妻の財産は夫が自由に管理する権利を持った。彼女が外で働きたい場合には戸主と自分の夫の許可が必要になった。夫がいろいろな理由で離婚を要求することができたのに比べて，彼女にとって離婚を要求できる理由は非常に制限されており，特に，夫の不倫は離婚の理由にならなかった（妻の不倫は刑法上に犯罪であった）。子供が親の子供としてではなく，「家」の子供として考えられたから，離婚した時に，子供が原則として夫の家に残っていた。これに加えて，夫の不倫から子供ができた場合に，夫が妻の同意なしにこの子供を家に迎え入れることができ，彼女はその子供を自分の子供と同じように取り扱う義務を持った。

　女性にとっては，特に家における統制の多層構造と仕事・家事・育児の複数負担は大変であった。したがって，敗戦後，占領軍によって行なわれた家族法の改定は，女性によって家制度における辛い生活からの解放として積極的に採用されてきた。この法改定は原則として欧米のモデルの近代家族の導入を意味し，その原理は恐らく日本国憲法の第24条に最も明らかに表われているかも知れない。この第24条は次のように述べている：①「婚姻は，両性の合意のみに基づいて成立し，夫婦が同等の権利を有することを基本として，相互の協力により，維持されなければならない。②配偶者の選択，財産権，相続，住居の

選定，離婚ならびに婚姻および家族に関するその他の事項に関しては，法律は個人の尊厳と両性の本質的平等に立脚して，制定されなければならない」。これは以前の状態に比べてどのような変化をもたらしたのだろうか？

「婚姻は，両性の合意のみに基づいて成立する」というのは，男であっても，女であっても，結婚したい人々は自分の意志のみに基づいて結婚相手を選んで，本人が望んでいない相手と結婚することを強制したり，本人が望んでいる相手との結婚を禁止してはいけないことを意味する。家制度においては，婚姻というのは原則として結婚する二人の権限ではなく，家と家の間における関係の成立であったので，家，または家の代表者としての戸主の権限であった。したがって，結婚の場合には両親の許可のみならず，戸主の許可も必要であった。男性の場合には満30歳まで，女性の場合には満25歳までそうであった。そして，本人が自由に自分の結婚相手を選択することがなく，特に女性の場合に戸主もしくは両親が仲人を媒介して結婚相手を選ぶことが通例であった。「お見合い」には本人の意志が普通くみ取られていたが，花嫁は結婚式まで将来の夫をまったく知らなかったこともしばしばあったといわれる。

「夫婦が同等の権利を有する」というのは，夫も妻も同じ権利と義務を持つことを意味する。家制度においては，夫は妻に比べて家族のすべての事柄に対して優先権を持った。このような男性の優先権が法律上廃止された。したがって，夫が命令を下して，妻が従わなければならないような婚姻関係の代わりに，婚姻が夫と妻の「相互の協力により，維持されなければならない」ようになった。

第24条第一項において根本的に規定したことは，第二項において，家制度における様々な不平等の禁止をより具体的な形で再び強調する。特に「配偶者の選択」，「財産権」，「相続」，「住居の選定」，「離婚」などの場合に，家制度においては男女の不平等のみならず本人の自由も大きく制限されていた。例えば，女性は自分の財産の管理の権利を持っておらず，彼女の財産が夫によって管理されたのみならず，家の成員のすべての個人としての財産は原則として戸主の管轄の下に置かれていた。ただし財布は主婦が保管しているのが通例であった。「相続」は家制度では原則として「長男一子相続」であったことに比べて，新しい法律はすべての子供の同等の相続権，いわゆる「均分相続」を規定した。住居の選定の場合にも明治民法は，結婚した後も，新夫婦がどこに住むかという

ことに関しては両親，または戸主の許可が必要であることを規定した。離婚の場合に，すでに触れたとおり，夫が妻より強い権利を持ったが，この場合にも両親と戸主は本人より優先権を持った。戸主あるいは両親が嫁は家に適切でないとして，本人が離婚を望まなくても離婚を強制したケースが少なくないといわれる。

　占領期における法改定によって，近代的核家族が法律上の標準になり，同時に家族の成員の情緒的結びつき，プライバシーや夫婦役割分業の家庭理念が徐々にエリート以外，すべての社会階級に普及してきた。しかし，このような核家族理念が本当に家族の支配的なものになるためには，まず大きな社会変動が必要であった。労働力調査と国勢調査の結果を検討すると，1950年には日本の労働力人口の半分くらいは農業に従事し，職人と小さい店とを加えれば，その6割くらいは家業における自営業主と家族従業者であり，4割しか会社などに勤めた勤労者はいなかった。女性の場合には家業における仕事の他に勤労者としての仕事もすでに1950年代の初頭に重要であったが，このうちに『サザエさん』に見られるような事務員の仕事は，むしろ大都市の中間階級の若い女性に限られていた。女性の勤労者の大部分は，建設と工場の現場の辛い仕事に従事した。1955年以降の高度経済成長を背景として，全勤労者の割合は急速に増加し，1960年に53％，1970年に65％に達し，現在は80％を超える。同時に女性の労働力参加率は1955年の56.7％から1975年には45.7％に減り，いわゆるM字型の女性の年齢別労働力参加パターンが形成された。つまり，女性の大部分は高等学校もしくは大学の卒業の後に就職し，結婚して子供を産んだ後，20代後半に退職し育児や家事に専念し，すべての子供が学校に入学した後，30代にパートタイム労働者として再就職し，50歳を越えてまた退職する。落合恵美子（1997）はこのような社会変化を女性の主婦化と呼んだ。これは基本的にサラリーマンの夫婦役割分業の家族理念であり，女性にとって良い職場への就職や昇進の機会が非常に制限された当時に，家制度における女性の統制と家業・工場・家事の労働の二重負担からの解放として，多くの女性によって積極的に採用されてきた。1970年代の初頭以降，このような考え方は解体し，その代わりに女性の社会進出と家庭内の夫婦協力の理念が急速に強くなってきた。

　以上の検討によって，「夫が外で働き，妻が家庭に専念する」ような男女役割

分業の家庭理念は，決して日本の大昔からの一般的な伝統ではないことが明らかになったと思う。このような家庭理念は，近代的核家族形成とともに，西洋における近代化と産業化によってもたらした社会変動と平行して，まずヨーロッパの中産階級の上層において発達してきた。19世紀の半ば以降，徐々に欧米の諸社会において支配的な家庭理念と家族形態になった。近世の地中海地域以外の西，中央，北ヨーロッパにおける男らしさと女らしさに関する考え方は，女性を家の奥に制限するアイディアを含まなかった。逆に，農業，職人と商人の女性が家業の半ば公的な領域に働かなければならなかった。このことは江戸時代の日本社会においても同様であった。中国と朝鮮の社会における儒教の伝統に基づく女性の公的領域からの排除の伝統は，日本でむしろ弱く，根本的に武士階級に限られていた（瀬地山 1997）。日本の場合には，家族の近代化が明治時代に始まった。その法典には武士階級の家族観と19世紀ヨーロッパの保守的な法律学者の家族に関する考え方に基づいて，日本独自の家制度を導入した。しかし，同時に欧米のエリートに支配的な家族観と家庭理念は，儒教における家族観とともに，日本の新しいエリートに強い影響を与えるようになった。このグループにおいては，徐々に近代的家族とその男女役割分業の実践が広まり，大正期や昭和前期にその他の社会階層にも影響を及ぼしていった。第二次世界大戦の後における家族法改定と社会変動に基づいて，このような家庭理念は1950〜60年代に日本における家族の支配的なモデルになった。しかし，1970年代以降，家族と男女関係の理想は欧米でも日本でも再び変化していく。男女の役割分業の代わりに，女性の社会進出を可能にする家庭内の夫と妻の協力やパートナーシップが新しい支配的な家庭理念になった。この変化は現在まで主として社会意識のレベルに限られており，これが大多数の家庭人の行動と実践に及ぶことを阻害する状況はまだたくさん存在するといわなければならない。

3．家族と男女関係の比較日本研究のための資料

家族と男女関係の研究資料としては様々なものが存在する。もちろん，どのような研究でも同じように，家族と男女関係の比較研究の場合にも，その出発

点は先行研究成果の検討である。家族と男女関係に関する研究は，特に家族社会学，家族史研究，家政学，女性研究とジェンダー研究によって行なわれているが，日本の場合には法社会学，農村社会研究，心理学，教育学，民俗学，文化人類学，社会史学などにおける，家族と男女関係に関する研究も重要である。そして，日本国内の研究成果のみならず，海外の日本研究の成果も無視できないと思う。このような文献研究は文献の検索で始まる。文献の検索のために，インターネットで様々なデータベース，特に文献目録の検討が重要である。文献目録データベースとしては，特に日外アソシエーツ株式会社の BOOKPLUS，MAGAZINEPLUS と，雑誌記事索引ファイル（http://web.nichigai.co.jp）が有料のデータベースとして便利であり，また多くの大学附属図書館を通せば無料の利用が可能である。女性研究の文献目録としては『図書雑誌文献目録女性と社会』（日外アソシエーツ編，日外アソシエーツ・紀伊国屋書店，2001 年），『女性学の再構築』（女性学研究会編，勁草書房，1999 年），『日本女性史研究文献目録』，『日本女性史研究文献目録 2 （1982〜1986）』，『日本女性史研究文献目録 3 （1987〜1991）』（女性史総合研究会編，東京大学出版会，1983 年，1988 年，1994 年），『〈女と仕事〉の本 1 （1945〜1974）』，『〈女と仕事〉の本 2 （1975〜1984）』，『〈女と仕事〉の本 3 （1985〜1990）』（国際女性学会編，勁草書房，1985 年，1986 年，1991 年）がある。家族研究に関する文献目録としては，『婦人・家庭・生活に関する 27 年間の雑誌文献目録，昭和 23 年〜昭和 49 年』（日外アソシエーツ編，日外アソシエーツ・紀伊国屋書店，1983 年）のようにかなり古いものしかないが，家族研究関連の学会の諸雑誌は毎年会員による文献の目録を公刊する。家族研究の主な雑誌としては『家族社会学研究』（日本家族社会学会，ISSN: 0916-328X），『比較家族史研究』（比較家族史学会，弘文堂，ISSN: 0913-5812），『家族研究年報』（家族問題研究会，ISSN: 0289-7415）が重要である。

　一次資料は，定量分析のための資料と定性分析のための資料に区別することができるが，ここでは定量分析のための資料だけを紹介する。このような資料としては，「人口動態統計」をはじめとして，まず政府の様々な機関によって提供された官庁の統計資料が重要である。そのすべてをここで紹介することはできないが，官庁統計によってどのようなことを調べることができるかを知るた

めに『統計ガイドブック社会経済』(大月書店,1992年,1998年第2版)が便利である。厚生労働省によって提供された「人口動態統計」は結婚・離婚・出産・死亡に関する統計である。これは毎年『人口動態統計』(厚生省大臣官房統計情報部編,厚生統計協会)という報告書で公刊されている。人口の構造とその変化に関して,『人口の動向:日本と世界・人口統計資料集』(国立社会保障・人口問題研究所編,厚生統計協会)という統計年報も毎年公刊され,『婚姻統計』(厚生省大臣官房統計情報部編,厚生統計協会,1997年),『離婚に関する統計』(厚生省大臣官房統計情報部編,厚生統計協会,2000年)などなどの人口動態統計の特殊報告書も公刊されている。人口に関する統計の他に,厚生労働省は労働に関する統計も提供する。このうち,特に毎年行なわれる「労働力調査」の報告書は,男性と女性の労働市場における状況に関して細かいデータを提供する。もう一つの重要な統計資料は5年ごとに行なわれる「国勢調査」によって提供されている。これは人口の年齢構造,婚姻関係,世帯のあり方,労働力参加などに関して細かいデータを提供する。『国勢調査報告書』は,国勢調査の結果を全国,県別,市町村別などで公刊する。

　最近年次の統計資料はそれぞれの機関の白書にも含まれているし,直接にインターネットでも調べることができる。官庁の統計データを提供する最も重要な機関は総務庁統計局である(http://www.stat.go.jp/index.htm,http://www.stat.go.jp/data/guide/index.htm)。このサイトは国内の主な統計のみならず,統計データを提供する国内のすべての政府機関へのリンクも,海外の統計機関へのリンクも与えてくれる。

　政府の統計データの他に,世論調査と社会調査のデータも重要である。日本の場合には,現在まで官庁と公共機構によって実施された世論調査のデータは公開されておらず,調査結果報告書の形だけで刊行されている。この場合には,その多くの報告書が出版社を利用せず,グレー文献(出版社を通さない資料)の形だけで公刊されたことが多い。このような報告書は普通,調査を行なった機関からもらえるし,これは国会図書館と各県の県立図書館にもある。世論調査とその報告書を調べるためには,『世論調査年鑑:全国世論調査の現状』(内閣総理大臣官房広報室編,大蔵省印刷局)が,国公立機関による調査の他に大学と民間機関による調査も記録し便利である。『月刊世論調査』(内閣府大臣官

房広報室編,財務省印刷局,ISSN: 0912-8018)という雑誌において,毎月官庁の重要な世論調査の結果も公刊されている。家族と男女関係との関連の主な世論調査は,総務庁の1970年代以降何回も実施した「婦人に関する世論調査・女性に関する世論調査・男女共同参画に関する世論調査」(報告書はグレー文献である),国立社会保障・人口問題研究所によって1987年,1992年,1997年に実施された「出生動向基本調査調査」(『日本人の結婚と出産』,『独身青年層の結婚観と子ども観』,厚生統計協会),総務庁青少年対策本部が1972年以降5年ごとに実施した「世界青年意識調査」(総務庁青少年対策本部編,『世界の青年との比較からみた日本の青年』,大蔵省印刷局),NHK放送文化研究所世論調査部によって1973年以降5年ごとに実施された「日本人の意識調査」(『現代日本人の意識構造』第1～5版,日本放送出版協会),文部省数理統計研究所によって1953年以降5年ごとに実施された「日本人の国民性調査」(『日本人の国民性』,第1～5,出光書店)などを含む。

参考文献

有賀喜左衛門 (1966):『日本家族制度と小作制度』未来社(『有賀喜左衛門著作集』Ⅰ・Ⅱ)

有賀喜左衛門 (1986a):「家族と家」,光吉利之・松本通晴・正岡寛司 (編):『リーディングス日本の社会学3伝統家族』東京大学出版会

有賀喜左衛門 (1986b):「同族と親族」,光吉利之・松本通晴・正岡寛司 (編):『リーディングス日本の社会学3伝統家族』東京大学出版会

川島武宜 (1950):『日本社会の家族的構成』日本評論社

川島武宜 (1957):『イデオロギーとしての家族制度』岩波書店

喜多野清一 (1986a):「日本の家と家族」,光吉利之・松本通晴・正岡寛司 (編):『リーディングス日本の社会学3伝統家族』東京大学出版会

喜多野清一 (1986b):「同族組織と封建遺制」,光吉利之・松本通晴・正岡寛司 (編):『リーディングス日本の社会学3伝統家族』東京大学出版会

メーワルト,ウルリッヒ (1989):「19世紀ドイツの農民家族」,『駒澤社会学研究』,第21号

M. ミッテラウアー／R. ジーダー (著) 若尾祐司／若尾典子 (訳) (1993):『ヨーロッ

パ家族社会史：家父長制からパートナー関係へ』，名古屋大学出版会

牟田和恵（1996）：『戦略としての家族：近代日本の国民国家形成と女性』，新曜社

中根千枝（1967）：『タテ社会の人間関係』講談社

落合恵美子（1997）：『21世紀家族へ：家族の戦後体制の見かた・超えかた』，有斐閣

瀬地山角（1997）：「ジェンダー」，刈谷剛彦（編）：『比較社会・入門』，有斐閣

Uno, Kathleen S. (1999): *Passages to Modernity: Motherhood, Childhood, and Social Reform in Early Twentieth Century Japan*. Honolulu: University of Hawai'i Press.

Ⅲ　グローバル化の現代における国際労働力移動と移民社会

1. 国際労働力移動と多文化社会

　現代の世界は，グローバリゼーションの時代に突入している。この言葉は，それを使う人によって，異なる意味合いを持たされているが，最も一般的な使い方は，運輸や通信手段の画期的な技術革新と経済活動の自由市場化が進んだことにより，「もの」「かね」「ひと」がこれまでに見られなかったほど急速で大量に移動を始め，世界全体が一体化していく方向に激しく動き出した，という意味で使われるものである。その一体化は経済のみでなく，政治も文化も含んだ幅広い分野で起こっているとみられている。

　このような動きの中で，世界のあらゆる地域が大きく揺さぶられ，グローバリゼーションに対して複雑な対応を示しているといってよい。この章では，この動きを「ひと」に焦点をしぼって，「国際労働力移動と移民社会」というテーマとして検討してみたい。

　国際的な移民は古代から存在したといってよいが，労働力移動という形をとって，量質ともに著しく増大したのは，第二次世界大戦後すなわち1945年以後のことである。その理由としては，しばしば次の点があげられる。第一に，南北問題という言葉で示されるような北の先進工業諸国と南の基本的には農業に頼る諸国との富の不平等が増大し，人々がよりよい生活水準を求めて，国境を越えて，職を得るために移動することが盛んに行なわれるようになったこと，第二に，労働力の不足に悩む先進工業諸国が，国際間の労働力移動を促進する制度的仕組みをつくったことである。

　このような国際労働力移動の事例を，ドイツの場合，特に第二次世界大戦以後の「西ドイツ」という地域について見てみよう。第二次世界大戦によって東西に分けられ，その人口の多くをポーランド，ソ連に組み込まれたドイツは，経済復興を成しとげ，さらに発展し続けるためには，労働力の不足を短期間のうちに補う必要があった。敗戦から1960年までに，西ドイツには東からの2600万人にのぼる避難民が流入したが，戦後復興に有利に働いたこの人口流入も，「鉄のカーテン」が降ろされたことによって，とどめられてしまった。このため周辺の西ヨーロッパのイタリア，スペイン，ポルトガル，さらには地中海諸国のトルコ，モロッコ，チュニジア，ユーゴスラヴィアなどから，労働者の導入

をはかった。具体的には，1955年にイタリアと結んだのを始めとして，西ドイツはこれらの国と二国間協定を結び，「ローテーション・システム」と呼ばれた短期滞在労働力受け入れのシステムを制度化したのである。

このような二国間協定では，西ドイツ側は相手国内に職業紹介のため，連邦雇用庁の出先機関を設置し，専門職員をおいていた。求人側が労働者雇用の数，資格，雇用条件などの資料を出し，相手国側は，そのオフィスを提供し，特定の職業ごとの求人，労働条件，社会保障などの情報を与え，応募してきた者の選考を求人側に代わって行なうことになっていた（手塚和彰『労働力移動の時代』1990, 94頁）。西ドイツの場合送りだし国に有利であったのは，斡旋手数料や旅費などは求人側（企業）が支払うようになっており，求人側が使用者の署名付きの契約書を出先機関に預託し，相手側の署名があれば，労働契約が成立するようになっていたことである。このような労働者にはドイツ語の「ガストアルバイター」（歓迎すべきお客さんの労働者）の名が通称としてつけられた。この場合求人側の需要が強かったという面が現われていたにしても，日本にこの後の時期から増加してくる外国人労働者の多くが，法外な職業斡旋料の支払い，事前の労働条件の不明確さ，賃金不払い，社会保障不加入などの不利益を蒙らざるを得なかった状態とは雲泥の差があった。なおこの二国間協定による雇用以外にも，これに頼らず独自に外国人労働者を採用する道も，西ドイツの雇い主には開かれていた。こうして増加した西ドイツの外国人労働者の数は，1973年には250万人を超えたのである（表1参照）。

ローテーション・システムにおいて考えられていたのは，短期間の出稼ぎ期間（通常3年）が終わった後は，彼らは母国に帰り，代わって次の新しい労働者がやってくる，という事態であった。これら外国人労働者の大部分が不熟練労働者であり，低賃金で，汚い，危険な仕事につく場合が多かったが，それでも母国での失業や低賃金よりもましだと考えて帰国しない者が増加し，労働者たちが定着しないことを予定した政策は破綻した。また雇用者側も雇用業種が製造業などの熟練を必要とする分野へ移っていくに従って，訓練コストを避けられるため雇用継続を望むような場合が増えてきた。

ちょうどこのような時，1973年の石油危機が起こった。原油価格の急騰により，先進工業諸国の経済は大打撃を受けたが，中でも繁栄していた西ドイツの

経済は不況に陥り，産業構造の転換などで失業が急増した。この結果，政府は二国間協定を停止し，労働者募集の時代は終わった。この後の時期は，不法就労に関する雇用者罰金制度の強化や帰国促進策の導入を行なうと同時に「家族呼び寄せ」に対処し，彼らの定住化に備えた「統合化（インテグレーション）」政策を進めることになったのである。

表1　西ドイツにおける各国別外国人労働者数　　　　　　　　　　　　　　（1000人）

	居住者	労働者	ギリシア	イタリア	ユーゴ	スペイン	トルコ
1954	567.9	72.9	0.5	6.5	1.8	0.4	
55	506.0	79.6	0.6	7.5	2.1	0.5	
56	466.2	98.8	1.0	18.6	2.3	0.7	
57	489.7	108.2	1.8	19.1	2.8	1.0	
58	481.9	127.1	2.8	25.6	4.8	1.5	
59	484.8	166.8	4.1	48.8	7.3	2.2	
60		329.4	20.8	144.2	8.8	16.5	2.5
61		548.9	42.1	196.7		44.2	
62		711.5	80.7	276.8	23.6	94.0	18.6
63		828.7	116.9	287.0	44.4	119.6	33.0
64		985.6	154.8	296.1	53.1	151.1	85.2
65	686.1	1,216.8	187.2	372.3	64.1	182.8	132.8
66		1,313.5	194.6	391.3	96.7	178.2	161.0
67		991.3	140.3	266.8	95.7	118.0	131.3
68		1,089.9	144.7	304.0	119.1	115.9	152.9
69		1,501.4	191.2	349.0	265.0	143.1	244.3
70		1,949.0	242.2	381.8	423.2	171.7	353.9
71	1,806.7	2,240.8	268.7	408.0	478.3	186.6	453.1
72	1,924.2	2,352.4	270.1	426.4	474.9	184.2	511.1
73	2,381.1	2,595.0	250.0	450.0	535.0	190.0	605.0
74	2,976.5	2,286.6	229.2	331.5	466.7	149.7	606.8
75	3,438.7	2,038.8	196.2	292.4	415.9	124.5	543.3
76	3,526.6	1,920.9	173.1	279.1	387.2	107.6	521.0
77	3,966.2	188.6	162.5	281.2	377.2	100.3	517.5
78	4,127.4	1,869.3	146.8	288.6	369.5	92.6	514.7
79	4,089.6	1,933.6	140.1	300.4	367.3	89.9	540.4
80	3,948.3	2,070.0	132.9	309.2	357.4	86.5	591.8
81	3,948.3	1,929.7	123.8	291.1	340.6	81.8	580.9

出典：H. Korte and A. Schmidi. *Migration und ihre Sozialen Folgen*. S.12-13.
出所：木前利秋「西ドイツにおける外国人労働力導入の構造」
　　　森田桐郎編『国際労働力移動』東京大学出版会，1987年，226頁

初期の労働者は単身者が多かったが，故郷で結婚して配偶者を呼び寄せたり，他の家族員を呼び寄せる者が増えていった。やがて子供が生まれ，彼らが生産年齢に達すると労働力となっていく。今や西ヨーロッパでの問題は，親たちの母国を知らない第二世代，第三世代の子供たちを，社会にどう統合していくかの点にあるといってよい。表2は1990年におけるヨーロッパ諸国の総人口に占める外国人人口の割合を示しているが，これによれば，ドイツにおいては約8.2％が外国人となっている。同年のヨーロッパ共同体（EC）加盟国でみると，総人口3億2700万人のうち域外からの外国人居住者は790万人で，この場合は全人口の2.4％であった。この他に1991年には約260万人の外国人が，未登録または非合法の状態で存在していたといわれる（カースルズ／ミラー『国際移民の時代』1996，86頁）。

　ドイツへの移民の流入は，1989年の「ベルリンの壁」の崩壊によって，質的な変化をとげる。これ以後，いわゆる東欧諸国やロシアからの移民（難民を含

表2　OECD主要諸国に滞在する外国人の数　　　　　　　　　　（千人単位）

国	1980	1985	1990	1990年の総人口に占める割合
オーストリア	283	272	413	5.3
ベルギー		845	905	9.1
デンマーク	102	117	161	3.1
フランス	3714*		3608	6.4
ドイツ	4453	4379	5242	8.2
イタリア	299	423	781	1.4
ルクセンブルグ	94	98		27.5**
オランダ	521	553	692	4.6
ノルウェー	83	102	143	3.4
スウェーデン	422	389	484	5.6
スイス	893	940	1100	16.3
イギリス		1731	1875	3.3

注：*1982年の数字。**1989年の数字。
　　これらは外国人滞在者の人数である。それゆえに，帰化した人々は除外されている（フランス，イギリス，スウェーデンでは，とりわけ数は多い）。また，植民地および旧植民地からの移民で移民国の市民権をもっている人々は除外されている（特に，フランス，オランダ，英国では数が多い）。
出典：OECD SOPEMI, 1992：131.
出所：S．カースルズ／M．J．ミラー『国際移民の時代』名古屋大学出版会．1996年，87頁

む）が急増したのである。ドイツでは，ドイツ人の祖先を持つ東欧出身の「ドイツ系人」に国籍を与え，定住の権利も与えてきたが，1991年から93年の間に56万人を超す「ドイツ系人」が統一ドイツに流れ込んできた。このため1992年にドイツ連邦政府は「ドイツ系人」の移民制限に踏みきり，年ごとの許可割り当て制や，ドイツ語能力を求める規制などを導入した（フランツ・ヨーゼフ・ケンペル「ヨーロッパにおける東西労働力移動とドイツ」佐藤誠／A・J・フィールディング編『移動と定住』1998，191-193頁）。

一方，定住者の社会的統合は種々の問題を抱えている。統合とは何を表わすかについては様々な意見があるが，一般には外国人労働者とその家族が，受入国の社会生活の中に安定的に位置づけられ，排除されたり，孤立化していない状態を意味している。その判定の指標には，雇用，住宅，教育，言語，政治的参加度，女性の地位，などがあげられる（桑原靖夫『国境を越える労働者』1993，159頁）。まず雇用の面については，労働市場の「分断化」問題がある。日本の場合も共通点があるが，ドイツでもドイツ人労働者が選択しなくなった下層の労働業種に就く外国人労働者が圧倒的に多かった。このような就業には昇進の機会も少なく，上方への職業移動も難しい。また景気後退期には真っ先に失業の対象となる。こうした労働者の家庭で育った子供は，親たちが受けた処遇への反発があり，一般に上方への職業選択を望むが，教育などの面で不利に陥ることが多い。

住宅の面でもかなり差別されることが多く，公共住宅の割り当てから排除されたり，低い家賃や低廉な住宅の多い空洞化した都市中心部や，工場地帯に集中する傾向があったといわれる（カースルズ／ミラー『国際移民の時代』1996，121頁）。このような住居の集中化は，移民たちが困難な状況化で口込みで住居捜しをするため，同国人でかたまる傾向が出るからである。そのうちに彼らのある者が，同国人，あるいは同文化の人々を相手に，特定の需要を満たすため商売を始め，小売り商店や料理店など，「エスニック産業」といわれるような業種への就業が増えるのも，よく見られる事象である。そのような場所では「エスニック・コミュニティー」と呼ばれるような近隣とのつき合いや，助け合いの関係が形成される。

こうした「統合化」の問題の中で，ヨーロッパ全体として大きな課題とされ

ているのが，イスラムの受け入れ方である。ドイツではトルコからの移民が多く，1990年の総人口8000万人に対して約168万人の滞在者がおり，最大の外国人人口を占める。ドイツは自国がイギリスやフランスのように，国籍に「出生地主義」（自国に生まれたものに国籍を与える）をとっておらず，「血統主義」を取っており，第二世代，第三世代の移民にも「母国」への帰国に備えさせる必要にせまられる。このため，移民家族の人権の面からも，ドイツの通常教育を受けさせると同時に，出身地の言語を学ばせ，出身地の文化も学ばせる必要がある。このような配慮から「イスラム教育」の導入の意味を持つ補習学校の設置，公教育の枠外での「コーラン学校」の開講などを行なっている。これらは，トルコ本国の公的機関により整備されており，教員がトルコ政府によって派遣されている。1980年代末にドイツには1000ほどのモスクがあったほどである。

　ドイツに限らず，西ヨーロッパ諸国では国際移民の増加によって，事実上の多文化社会が生まれていたが，イスラムの受け入れ方は最近フランスで大きな問題となった。フランスは以前植民地としてアフリカのイスラム圏地域を多く統治しており，中でもチュニジア，アルジェリア，モロッコなど，いわゆる北アフリカのマグレブ（西）アラブ地域の諸国から，第二次世界大戦後，大量の労働者が移民となって流入した。こうして1970年代には，イスラム教はキリスト教のプロテスタントを超すフランスの第二の宗教になっていたが，国籍法に「出生地主義」をとり，その取得が比較的容易で第二，第三世代になるとフランス人に数えられる移住者を多く持つフランスでは，1990年にはイスラム教がフランス人の第二位の宗教となっていた。同年のイスラム教徒数は300万人といわれた（カースルズ／ミラー『国際移民の時代』1996, 266頁）。フランス政府はモスクや祈禱室（きとう）をつくることを奨励するなどして，彼らの要望に応えてきたが，80年代後半になって，多文化社会の難しさを象徴するような問題が起こった。フランスでは政教分離の伝統が根付き，明確化されているが，イスラムの少女が公立学校に頭をくるむスカーフを付けてくることが増え，これを禁ずる学校が出たことにより大論争が巻き起こされた。スカーフを禁じることができるかどうかの論争は，結局少女の好みにまかせるという政府の決定により一応おさまったが，今まで潜伏していたイスラム教徒に関する取扱いの問題が

政治化される結果となったのである（カースルズ／ミラー『国際移民の時代』1996，269頁）。フランスが大きな価値と考えてきた「自由と平等」を最優先する政治勢力と，フランスの文化を最優先すべきだとする政治勢力との争いが表面に出てきた。ただここで注意を要するのは，ヨーロッパの伝統文化といわれるものも徐々に変化しているということである。例えば食生活でもレストランで北アフリカの食べ物であるクスクスを食べ，サッカーのワールドカップで両親が北アフリカ出身のジダンの活躍に沸き，西アフリカの音楽を愛好するようなフランス人が多くなってきているのである。こういった変化は，労働力の域内自由移動の原則を持つヨーロッパ連合（EU）がさらに発展することによって，より進むことになるであろう。

以上，国際労働力移動の問題を，ヨーロッパ，特にドイツを中心に見てみたが，これは日本が直面しつつあり，また将来直面するであろう問題を考える上で，参考となることが多いため取り上げたものである。現代の国際労働力移動や，難民などを含めた国際移民の問題は，もちろんヨーロッパに限られるわけではない。1973年以後の中東石油産出国へ向って，インド，パキスタン，バングラデシュ，スリランカなどの南アジア諸国やフィリピン，インドネシアなどの東南アジア諸国から，またトルコ，スーダンなど中東域内から，大量の出稼ぎ型の労働者が移動した。眼をアフリカに移すと，南部アフリカでは南アフリカ共和国へ，西アフリカではナイジェリア，コートジボアール等へと，発展拠点となった国へ周辺国から大勢の労働者が移動したのである。アメリカ合衆国への移民も，その流出国の構成が大きく変わり，韓国，中国，フィリピン，ヴェトナム，インドなどアジア諸国からの移民が，ラテンアメリカ諸国からと並んで，急増したのであった（図1参照）。1980年代後半からは，経済の高度成長を補う形で，日本にも外国人労働者の流入が急増した。このような世界的変化を背景として，日本の外国人労働者問題も考えられなければならないのである。

2．日本における移民社会

よくいわれるような，「日本には外国人労働者導入の経験がない」というのは

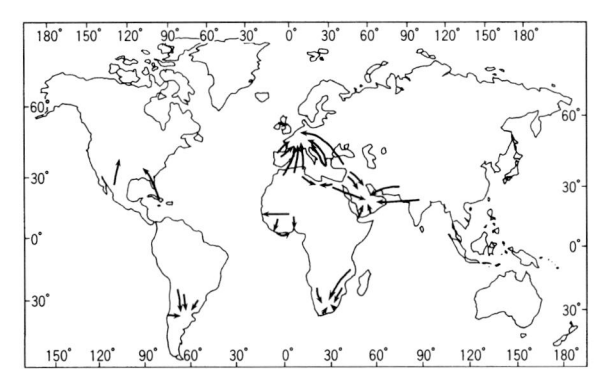

A 主要な国際労働力移動の流れ 1970年頃

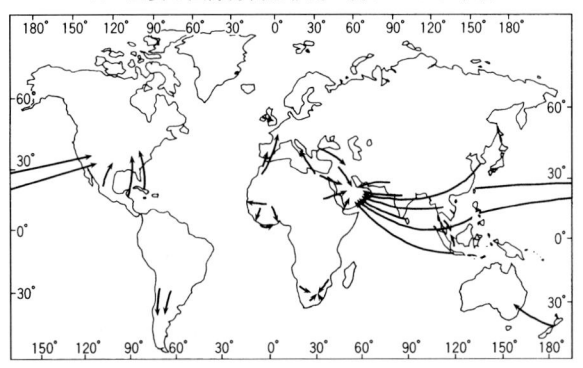

B 主要な国際労働力移動の流れ 1980年頃

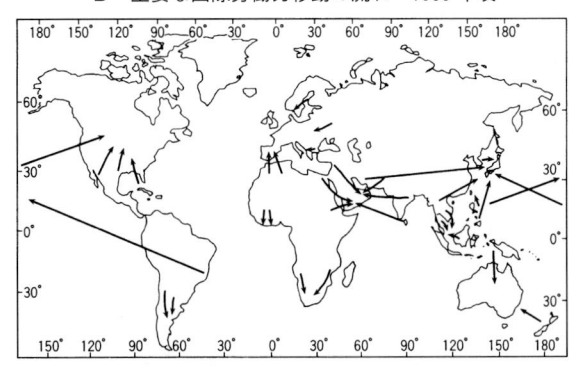

C 主要な国際労働力移動の流れ 1990年頃

図1 国際労働力移動の流れ
   出典：*International Migration Review*, Vol.23 Fall 1989.
   出所：桑原靖夫『国境を越える労働者』岩波書店, 1993年, 38, 47, 52頁

誤りであることを，ここでまず強調しておこう。卓南生が指摘しているように，「日本には，かつて労働力を大量に移入した時代があり，それも植民地支配を背景にした強制的な移入であって，もとより不公平きわまりないものであった。したがって外国人労働者に対し，道理にかなった公平な対応をしたことがないといった方が適切である」ということを覚えておきたい（卓南生「日本における外国人労働者論議の諸問題」百瀬宏，小倉充夫編『現代国家と移民労働者』1992，15頁）。

　日本が朝鮮半島を併合した1910年から，在日朝鮮人の数は増え続けたが，それでも1935年までは，在朝鮮日本人の数が在日朝鮮人の数を上回っていた。その後の在日朝鮮人の急増は，日中戦争拡大に伴う日本の「国家総動員体制」が関係しており，戦争遂行のための産業開発，徴兵などの目的による移民導入であった。こうして1944年には193万人の在日朝鮮人が存在していたという統計がある（田中宏『在日外国人』1991，55-56頁）。

　第二次世界大戦後に，これら在日朝鮮人はどうなったかというと，まず日本国内にいた朝鮮人，台湾人が戦前には参政権をもっていたものが，停止されてしまった。次いで1947年5月2日をもって，外国人登録が義務づけられ，「外国人登録証明書」の携帯，呈示の義務も課された。そして1952年4月28日の平和条約（サンフランシスコ講和条約）の発効によって，旧植民地出身者は，「日本国籍」を正式に失うことになってしまった。在日朝鮮人には，ついに「国籍選択権」が与えられなかった。1947年の時点で，帰国しなかった在日朝鮮人の数は，59万8500人にものぼっていたにもかかわらずである（文京洙「在日朝鮮人問題の起源」佐藤誠，A・J・フィールディング編『移動と定住』1998，126頁）。

　1952年の平和条約発効の際，日本政府は暫定措置により，旧植民地出身者は，「引き続き在留資格を有することなく，本邦に在留することができる」とした。1965年になって日韓国交が正常化され，「日韓法的地位協定」が締結されて，「韓国国民」は向う5年間に限り日本政府に申請すれば，「協定永住」が許可されることになった。その後1981年の「出入国管理法」によって，協定永住を取得しなかった者に対して，「特例永住」を許可する制度が導入され，この二つは1991年に提出された「入管特例法」によって，「特別永住」という在留資格

に一本化されたのである（田中宏『在日外国人』1991, 40-43頁）。そして同年に，資格申請に必要とされてきた「指紋押捺制度」に対する長年の，拒否運動を含む反対運動が実を結び，「日韓覚書」によって，永住者と特別永住者に関してはようやくその制度の廃止が確定した。

　1980年代後半になって，急速に日本への外国人労働者の流入が起こった。前にも述べたように，この頃より始まる日本経済の高度成長，急速な外貨収入の増加がもたらした円高などの影響によって，日本における賃金水準の急騰が見られ，国際競争力を維持していくために，海外から安い労働力を導入することに積極的になる企業が多くなった。また国内での「少子化現象」は若年労働力の欠如となって現われてきた。これに対し，それまで国際労働力吸引の一つの中心であった中東でオイルブームが終わり，アメリカ合衆国もヨーロッパ諸国も，経済状態は低迷していた。このような国際環境の中で，日本への海外からの労働者の流入が起こったのである（図2参照）。

　ヨーロッパ諸国などでは，外国人労働者という概念を，かなり明確に定義しているが，日本においては，それがあまりはっきりしない。これまで日本政府は一貫して，単純労働に従事する外国人労働者の入国を認めないできた。外国人労働者の入国は，「出入国管理及び難民認定法」によって，いくつかの分類がなされて認可されるが，一般的な単純労働者を法的に認可する制度はない。

　日本の場合，拒否されているはずの外国人労働者が大量に存在するという現実があり，したがって「外国人労働者」という言葉を広い文脈で，拡大して解釈しないと，真の姿が見えてこない（梶田孝道『外国人労働者と日本』1996, 33頁）。日本には「公式」の政策と「非公式」の政策があって，公式には外国人労働者を受け入れていないが，非公式には受け入れているといういい方があるのは，このような状況を表現したものである。

　梶田によれば，1990年6月の出入国管理法改正以降において，外国人滞在が認められているのは，「外交，公用，教授，芸術，宗教，報道などの特別な分野の他に，投資・経営，法律・会計業務，医療，研究，教育，技術，人文知識・国際業務，企業内転勤，興業，技能，の各分野における活動に従事する外国人」である（梶田孝道『外国人労働者と日本』1996, 34頁）。これらは，単純労働者ではなく，高度の専門知識や代替困難な技能をもっている人たちであると認

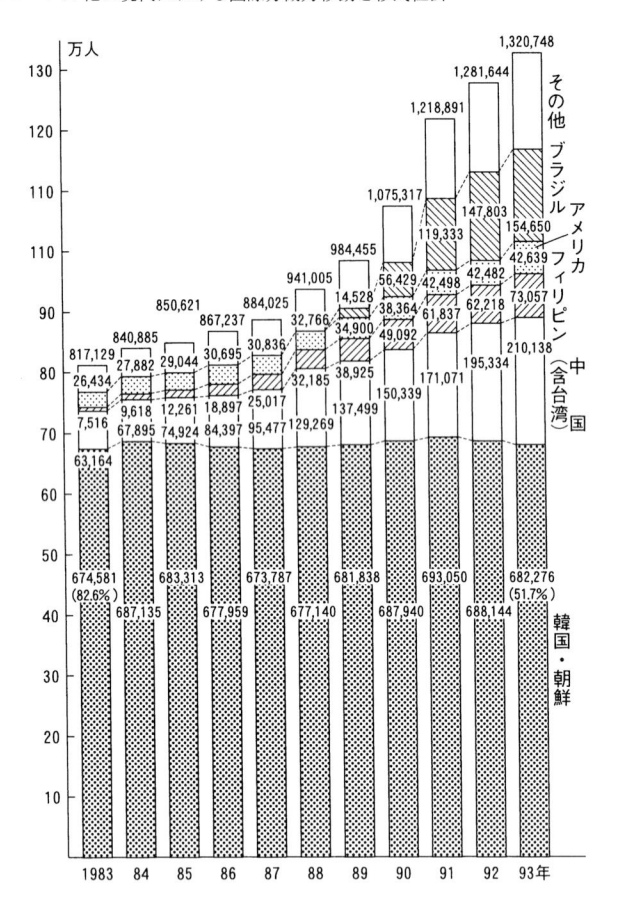

図2　外国人登録数の推移（各年末）
　　出典：法務省『出入国管理統計年報』（各年）
　　出所：田中宏『在日外国人』岩波書店1991年および1995年（新版）より狩浦正義作成

定され，合法的な就労が認められている。この範疇（はんちゅう）の外国人の数は，1991年末で，6万8000人といわれていたが，10年後の現在では，これよりはるかに多くなっているであろう。しかしこの分類で「興業」の部に入るとされる専門職に，1980年代初めから増加した俗に「ジャパゆきさん」と呼ばれる，風俗産業で働くフィリピンやタイなどからの外国人女性が入っているのは，「ご都合主義」といわれてもしかたがない。

日本において，上の専門職以外の合法的就労の形態として，「資格外就労」というものがある。その第一は，留学生（大学，専門学校）や就学生（高校や各種学校）に対して与えられるもので，入国管理局からの許可に基づいて，学業のかたわら週20時間以内のアルバイト労働が認められるものである。1992年に日本には，約5万6000人の留学生，約4万7000人の就学生がいたとされている。第二に「研修」という在留資格で入国，滞在し，労働者として仕事につく人々がいる。研修の場合は，技術の習得に現場の労働者と同じ仕事をさせる場合が多いが，研修者には通常の賃金よりはるかに低い給料しか払われず，企業の方で通常労働力の代替として悪用しがちである。最近では，その悪用を防ぐため，政府は労働の対価を支払うよう企業主を指導するようにしているが，このような研修生の名目で労働させているのは，地方の中小企業に多く，なかなか防止は難しい。1992年に「研修」の資格で入国した外国人は約2万人にのぼっており，その多くがこのような就労をしている可能性がある。

　難民も，外国人労働者になり得る人々である。アメリカ合衆国やヨーロッパ諸国では，多くの難民が殺到して就労を希望するという経験を持っているが，日本ではヴェトナム難民が発生した1970年代にごく少数の「定住枠」を難民に与える方針を打ち出したのみである。

　これに対し，最近増加しているのが，日系人の外国人労働者である。これは労働者の需要が高まった80年代に，不法就労ではない形で外国人労働者を雇用する方式を考案したもので，1990年の出入国管理法で認めるようになった。1980年代半ば頃より，日系ブラジル人の2世や3世による日本への出稼ぎが増えていたが，80年代後半になると，これがブラジルの日系人社会で，一種のブームを形成するようになった。それを加速させたのが，90年の「出入国管理法」改正であったといわれる（石川雅典「日系ブラジル人のデカセギの長期化」佐藤／フィールディング編『移動と定住』1998，94頁）。この改正によって，日本国籍を持たない日系人の就労が「単純労働」も含め，すべて合法となったのである。梶田によれば，1994年の時点で日本には20万人ほどの日系人が存在し，そのうち日系ブラジル人が約70％であり，続いてペルー人が多いとされる。彼らの大半は，製造業特に自動車産業の「企業城下町」に集まって住む傾向にある。日系人といっても日本語ができるわけではなく，文化，思考，生活習慣

において，他の外国人と大差はない。したがって彼らがどのように日本の社会で同化して暮らしていけるかは，外国移民との共存の問題の試金石ともなり得るものである。

　以上のような就労者は，いずれも合法的に働く「外国人労働者」であるが，これらの各々の資格保持者よりも数が多いのが，「不法就労者」である。不法就労者には三つの場合があるといわれる。一つは観光ビザなどで入国し，外国人登録法に基づく登録をせず就労する場合，二つ目は在留期限が来ても就労している場合（オーバー・ステイ），三つ目は無断で資格外の就労をする場合である。日本にこのようにして不法に滞在している者の数は，1993年に約29万人に達しているという推定がある（梶田孝道『外国人労働者と日本』1996，34-35頁）。

　現在，日本における最大の外国人労働者に関する問題は，この不法就労者をめぐるものといってよいが，それは彼らがおもてに見えない存在であり，労働災害あるいは犯罪でも起こさないかぎり，その存在さえ明らかにならず，問題として取り上げにくいからである。本人も存在が判れば強制送還になる恐れがあるので，おもてざたにされるのを好まない。1990年の入国管理法改正で，雇用主罰則規定が強化されたが，それでも不法就労は減らない。彼らの就業先は，小規模，零細な製造業，飲食店，建設現場などが多く，往々にして周旋屋に搾取され，また低賃金に甘んじている。社会保険制度とも無縁の状態におかれ，人権という見地からは，完全に無視されることになる。不法就労者の問題は，ヨーロッパ諸国でも頭を痛めており，一般的には，すでに受け入れた就労者には人権などの面で権利を拡大するとともに，不法就労の予防的措置を強化する傾向にある。しかし不法就労者であっても，必ずしも国内にいる者を強制送還しないのは，民主主義国家のジレンマであると桑原靖夫はいう。「こうして純然たる外国人と自国民の間に，合法，不法を問わず定着した『外国人居住者』という中間の概念が生まれ，次第にその存在を主張しつつある」のである（桑原靖夫『国境を越える労働者』1993，217頁）。

　日本への出稼ぎ労働者のなかには，すでに定住を選択する者も増えてきている。彼らがただちに直面する問題は，子供の教育問題であり，社会保険の問題であり，住宅探しや結婚・離婚などの家庭相談の問題である。このような定住する外国人就労者にとっての問題を解決しやすい，暮らしやすい環境を整える

努力が，外国人側からも地元の企業や自治体，それに長年住んでいる住民の側からも始まっている地域がある。

　この点に関して，日系ブラジル人と地域社会の対応を検討した興味深い論文がある。それによると，静岡県浜松市や群馬県大泉町のような国内有数のブラジル人集住地では，ブラジル的な生活環境が急速に進展しているという。ブラジル人向けの多様なビジネスが出現し，食料品店やポルトガル語の新聞，雑誌，ビデオなどが売られている。また国内のブラジル人向けメディアを利用でき，特に新聞は全国レベルで発行されている。最近ではデジタル・多チャンネルTVにまで加入できるようになった。外国人と共生する町として行政の取り組みが進んでいる大泉町では，日系ブラジル人商工会が町内の日本人商工会と協力しながら商業振興をはかったり，町が主催する行事にブラジル人を繋げる橋渡し役をつとめているという（石川雅典「日系ブラジル人のデカセギの長期化」佐藤／フィールディング『移動と定住』1998，106-108頁）。

　外国人労働者の日本における受け入れの問題は，結局，日本が外国人労働者を必要とするのであれば，法律を整備し，被雇用者が当然得るべき平等な賃金および福祉と人権を，最大限に保証するべきであるという問題なのである。そしてそれをどうやって実現していくかにあるということなのではないだろうか。その場合，外国から来て居住している，異なる文化の人々と共生していくためには，受け手側の態度が最も重要であるということを忘れてはならないであろう。

参考文献

小倉充夫編『国際移動論』三嶺書房，1997年

梶田孝道『外国人労働者と日本』日本放送出版協会，1996年

梶田孝道編『国際社会学』第2版，名古屋大学出版会，1999年

S・カースルズ／M・J・ミラー（関根政美，関根薫訳）『国際移民の時代』名古屋大学出版会，1996年

桑原靖夫『国境を越える労働者』岩波書店，1993年

佐藤誠，アントニー・J・フィールディング編『移動と定住』同文館，1998年

田中宏『在日外国人』岩波書店，1991年（新版1995年）

手塚和彰『労働力移動の時代』中央公論社，1990年

水野豊『移民へのまなざし―フランスの社会・教育・言語』駿河台出版社，1999年

百瀬宏，小倉充夫編『現代国家と移民労働者』有信堂，1992年

森田桐郎編『国際労働力移動』東京大学出版会，1987年

筆者（執筆順）

吉田昌夫（マケレレ大学客員教授）	第Ⅰ部，第Ⅱ部第9章，第Ⅲ部
黃　　強（中部大学国際関係学部教授）	第Ⅱ部第1章
渋谷鎮明（中部大学国際関係学部助教授）	第Ⅱ部第2章
小倉貞男（中部大学国際関係学部教授）	第Ⅱ部第3章
三平則夫（日本福祉大学経済学部教授）	第Ⅱ部第4章
畑中幸子（中部大学名誉教授）	第Ⅱ部第5章
佐藤　宏（東京外国語大学非常勤講師）	第Ⅱ部第6章
堀内　勝（中部大学国際関係学部教授）	第Ⅱ部第7章
中山紀子（中部大学国際関係学部助教授）	第Ⅱ部第8章
峯　陽一（中部大学国際関係学部教授）	第Ⅱ部第10章
水野　豊（中部大学国際関係学部教授）	第Ⅱ部第11章
川端香男里（川村学園女子大学人間文化学部教授）	第Ⅱ部第12章
河内信幸（中部大学国際関係学部教授）	第Ⅱ部第13章
石井　章（中部大学国際関係学部教授）	第Ⅱ部第14章
ウルリッヒ・メーワルト（中部大学国際関係学部教授）	第Ⅱ部第15章

地域研究入門―世界の地域を理解するために―

2002年5月1日　第1刷発行　　　　　　〈検印省略〉

編　者　　吉田昌夫

発行者　　株式会社　古今書院
　　　　　代表者　橋本寿資

印刷者　　株式会社　カシヨ
　　　　　東京都千代田区神田駿河台2-10

発行所　　株式会社　古今書院

ISBN4-7722-5061-1 C 1030　　　　　電話03(3291)2757〜59

Ⓒ M. Yoshida　2002　Printed in Japan

第三世界を描く地誌
―ローカルからグローバルへ

熊谷圭知・
西川大二郎編

A5判 275頁
2800円
2000年発行

★地域研究者が描く新しい第三世界像を，教育に生かす試み

地理学畑の地域研究者が，フィールドワークから見た「第三世界」のいまを報告する。第Ⅰ部「多声的地誌への試み」では，各著者がフィールドで得た新しい視点からの地域像をわかりやすく述べる。第Ⅱ部「地域研究から地誌・地理教育へ」では，地域研究者の認識や成果を地誌や地理教育へ生かそうと試みる。「語る／語られる」関係を乗り越える，新しい地域理解の形を示した一冊。
[おもな地域と内容] パプアニューギニア，南アフリカ ケープタウン，ジャカルタ，マレーシア，フィリピン，トレス海峡，ネパール，カリブ海地域，モンゴル，インド，地誌と地理教育，地域研究と地誌
ISBN4-7722-5049-2　C3025

増補改訂版
第三世界の開発問題

モリッシュ著
保科秀明訳

A4変型判 290頁
3500円
2000年発行

★第三世界問題に関する定番テキスト・・増補改訂！

1991年に日本語版が出版され，第三世界にかかわる人達，あるいは教育にたずさわる人達に強い影響を与え，また多くの学校でテキストとして採用され，若者の意識向上に貢献してきた。原書は1980年までの出来事を見直すべく編集・製作されたが，その後東西冷戦が終了するなど世界の情勢も大きく変化した。このたび終章に「地球環境と開発：持続的開発の課題」及び「持続的開発と都市問題：アジアの大都市問題」を訳者が追加，さらに最近の動向をボックスとして解説し，主に1990年代に起きたことと合わせて動的に把握するように再編集した。新規ボックス70項，増補21頁：現在第三世界を中心として問題になっているポイントがすぐわかる。
ISBN4-7722-5032-8　C1030

東アフリカ社会経済論
―タンザニアを中心に―

吉田昌夫著

A5判 392頁
8500円
1997年発行

★知られざるアフリカの社会と経済構造を明らかにする

本書は，東アフリカにおける植民地化以後の社会経済発展の過程，アフリカ内部からの社会経済発展の契機が，外部からの国際政治経済的な圧力や動因によって破壊されるのではなく，緩やかに取り込まれていく過程を明らかにする。東アフリカのタンザニアを中心として，その土地の制度，農業構造，農産物流通，賃金労働者組織の形成，開発政策の変遷などをテーマに分析していく。
[主な目次] 東アフリカの社会的編成／土地保有制度と農村社会／東アフリカにおける農産物流通組織の担い手／小農の経営構造／「社会主義」的農村開発政策／共同体的土地保有制度の変容と現状／都市社会と国家セクター／参考文献
ISBN4-7722-1402-X　C3033

古今書院　〒101-0062 東京都千代田区神田駿河台2-10
電話03-3291-2757　FAX03-3233-0303
http://www.kokon.co.jp/